Björn Vedder
Neue Freunde

XTEXTE

X T E X T E

Das vermeintliche »Ende der Geschichte«
hat sich längst vielmehr als ein Ende der
Gewissheiten entpuppt. Mehr denn je stellt
sich nicht nur die Frage nach der jeweiligen
»Generation X«. Jenseits solcher populären
Figuren ist auch die Wissenschaft gefordert,
ihren Beitrag zu einer anspruchsvollen Zeit-
diagnose zu leisten.

Die Reihe X-TEXTE widmet sich dieser Aufgabe und bietet ein Forum für ein Denken ›für
und wider die Zeit‹. Die hier versammelten
Essays dechiffrieren unsere Gegenwart jenseits vereinfachender Formeln und Orakel.
Sie verbinden sensible Beobachtungen mit
scharfer Analyse und präsentieren beides in
einer angenehm lesbaren Form.

Björn Vedder (Dr. phil.), geb. 1976, lebt
als Publizist und Kurator in München. Seine
Arbeiten befassen sich mit Philosophie, zeitgenössischer Kunst und Literatur. Er ist Bei-
träger des »Kritischen Lexikons zur deutsch-
sprachigen Gegenwartsliteratur« sowie von
»Kindlers Literaturlexikon« und publiziert zur
bildenden Kunst und Literatur, zur Oper und
zum Theater. Zuletzt erschienen: »Roland
Fischer – Tel Aviv. Israeli Collective Por-
trait«, mit Beiträgen von Moshe Zuckermann,
Bernhard Waldenfels und Björn Vedder, hg. v.
Björn Vedder, München 2016.

BJÖRN VEDDER

Neue Freunde
Über Freundschaft in Zeiten von Facebook

[transcript]

Diese Publikation wurde durch die Unterstützung der Andrea von Braun Stiftung ermöglicht.

Die Andrea von Braun Stiftung hat sich dem Abbau von Grenzen zwischen Disziplinen verschrieben und fördert insbesondere die Zusammenarbeit von Gebieten, die sonst nur wenig oder gar keinen Kontakt miteinander haben. Grundgedanke ist, dass sich die Disziplinen gegenseitig befruchten und bereichern und dabei auch Unerwartetes und Überraschungen zu Tage treten lassen.

Andrea von Braun Stiftung

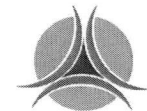

voneinander wissen

Bibliografische Information der Deutschen Nationalbibliothek
Die Deutsche Nationalbibliothek verzeichnet diese Publikation in der Deutschen Nationalbibliografie; detaillierte bibliografische Daten sind im Internet über http://dnb.d-nb.de abrufbar.

© **2017 transcript Verlag, Bielefeld**
transcript Verlag | Hermannstraße 26 | D-33602 Bielefeld |
live@transcript-verlag.de

Umschlaggestaltung: Kordula Röckenhaus, Bielefeld
Umschlagabbildung: Bjørn Melhus, Auto Center Drive,
  16mm Film, 28:00 min, 2003 (Still)
Korrektorat: Demian Niehaus, Nürnberg
Printed in Germany
Print-ISBN 978-3-8376-3868-4
PDF-ISBN 978-3-8394-3868-8
EPUB-ISBN 978-3-7328-3868-4

Gedruckt auf alterungsbeständigem Papier mit chlorfrei gebleichtem Zellstoff.
Besuchen Sie uns im Internet: *http://www.transcript-verlag.de*
Bitte fordern Sie unser Gesamtverzeichnis und andere Broschüren an unter:
info@transcript-verlag.de

Inhalt

Danksagung

Beim Schreiben dieses Buches habe ich vom Rat und der Hilfe vieler Menschen profitiert und dafür möchte ich mich bei ihnen herzlich bedanken: Die Andrea von Braun Stiftung hat mich mit einem Stipendium unterstützt. Meine Freunde Jens Poggenpohl, Roland Braun, Torsten Leistikow und Monika Schindlbeck haben das Manuskript gelesen und mit mir besprochen, ebenso die Teilnehmer des Sachbuchseminars der Bayerischen Akademie des Schreibens. Von ihnen allen habe ich viel gelernt.

Auf der Sommerakademie des Hauses am Waldsee im Jahr 2013 konnte ich meine Überlegungen das erste Mal vorstellen und insbesondere mit Katja Blomberg, Andreas Reckwitz und Christoph von Braun diskutieren. Ihnen bin ich ebenso zu großem Dank verpflichtet wie Bernhard Waldenfels für seine guten Hinweise. Bjørn Melhus hat mir großzügigerweise erlaubt, einen Still aus seinem Film *Auto Center Drive* (2003) für das Cover dieses Buches zu verwenden. Das freut mich umso mehr, als ich in Auseinandersetzung mit seinen Arbeiten angefangen habe, über Dinge genauer nachzudenken, die ich in diesem Buch weiterverfolge. Oliver Brauer, meinem Agenten, und Martin Assig danke ich für ihre Unterstützung bei der Publikation dieses Buches. Ohne die Hilfe meiner Frau Johanna Schumm wäre es allerdings nie fertig geworden. Ihr gebührt der allergrößte Dank.

Vorbemerkung

Wenn Menschen heute gefragt werden, was ihnen im Leben am wichtigsten ist, dann rangieren Freundschaft und Liebe weit vor Gesundheit oder Geld und Erfolg. Zuletzt hat die Freundschaft die Liebe sogar vom Thron gestoßen, so dass der Eindruck entsteht, wir setzten für unser Lebensglück auf keine andere Beziehung und kein anderes Gut so große Hoffnungen wie auf unsere Freundschaften. Viel stärker noch als früher gelten sie heute als das Größte, Schönste und Beste, was es gibt auf der Welt.

Doch obwohl wir Freundschaften so hoch schätzen und viele von uns viele Freunde haben, will sich das versprochene Glück nicht so recht einstellen. Woran liegt das?

Um das herauszufinden, untersucht der vorliegende Essay populäre Erscheinungen der Freundschaft heute. Was erzählen uns diese Phänomene selbst über unsere Freundschaften? Worin besteht konkret das Glück, das wir in ihnen suchen? Und worin das Unglück, das wir in ihnen finden? Und lassen sich in unserer Kultur der Freundschaft Gründe für die Abwesenheit des Glücks erkennen?

Damit knüpft die Untersuchung an eine Tradition der Philosophie an, die Peter Sloterdijk als therapeutisch bezeichnet hat.[1] Die Antike, in der sie entstanden ist, spricht von ihr als Philosophie des Glücks oder des guten Lebens. Sie trat, historisch gesehen, dann auf den Plan, als dieses Glück seine Selbstverständlichkeit verloren hatte. Ihre Aufgabe ist es, »das Glück wieder herbei zu reden und einen Baum des Glücks aufzustellen«, sagt Sloterdijk.[2] Das ist heute jedoch fast unmöglich, denn solch standfeste Formulierungen des Glücks, wie wir sie in der antiken Lebenskunst finden, setzen externe Kriterien voraus, mit denen wir das Gute vom Schlechten unterscheiden können und solche Kriterien, darauf haben neben Sloterdijk auch Michel Foucault oder Wilhelm

Schmid immer wieder hingewiesen, fehlen uns heute. Das ist das Dilemma einer auf das Glück ausgerichteten Ethik heute.[3] Mithin muss das Philosophieren seine Antworten aus den Phänomenen selbst gewinnen.

Die zeitgenössische Kultur der Freundschaft zeigt, dass die Zuneigung unter Freunden auf der wechselseitigen Auffassung des anderen als liebenswert beruht. In Freundschaften verdichtet sich das individuelle Bedürfnis nach Anerkennung, so dass die Beziehung als Ausdruck oder Spiegel des Selbstwertgefühls gesehen wird. Das macht sie der Liebe vergleichbar, wie Eva Illouz sie beschrieben hat,[4] und lässt erkennen, welche Form des Glücks in Freundschaften gesucht wird, nämlich die Bestätigung, ein liebenswerter Mensch zu sein. Zugleich deutet die wechselseitige Spiegelung im anderen jedoch auch schon an, warum sich dieses Glück nicht einstellt, denn indem sich die Freunde ineinander spiegeln, öffnen sie die Freundschaft auch für die Pathologien des Narzissmus.

Auf dieses Problem haben jedoch die beiden populärsten Formen der Freundschaft, die Kameradschaft und die Freundschaft in der Not, keine Antwort. Sie aktualisieren bloß alte Freundschaftskonzepte unter neuen Vorzeichen und schaffen damit neues Unglück.

Die Abwesenheit des Glücks in der Freundschaft ist also auch das Resultat einer gewissen Orientierungslosigkeit. Denn während sich Freundschaften nicht selten als narzisstische Beziehungen erweisen, werden unsere Vorstellungen von ihnen immer noch stark von einer philosophischen Tradition beeinflusst, die sich weniger darum kümmert, was ist, als darum, was sein soll, und die freilich auch in einer ganz anderen Lebenswelt und -praxis wurzelt, als es unsere Freundschaften heute tun.

Wenngleich diese Spannung zwischen Theorie und Praxis das Glück in der Freundschaft gravierend beeinträchtigt, ist sie in der neueren Literatur zur Freundschaft meist nur indirekt zu spüren: Entsprechende Publikationen tendieren entweder dazu, unsere tatsächlichen Freundschaften gegenüber einem überkommenen Ideal als schal und oberflächlich abzutun, oder dazu, die theoretische Reflexion ad acta zu legen.

Ich glaube jedoch, dass Kant mit seinen Überlegungen zu der Redeweise »Das mag in der Theorie richtig sein, taugt aber nicht für die Praxis« Recht hat, wenn er sagt, dass eine angemessene Theorie erklären müsste, was ist, und dass eine Praxis nur gelingen kann, wenn sie auf einem angemessenen Begriff der Sache basiert.[5] Das gilt auch für die Freundschaft, denn wenn wir keinen rechten Begriff von ihr haben, dann kann sie uns auch kaum gelingen – es sei denn, wir tun zufällig das Richtige.

Der vorliegende Essay entwirft deshalb eine Theorie der Freundschaft, die auch damit zurecht kommt, dass Freundschaften heute narzisstische Beziehungen sind und entwickelt aus der zeitgenössischen Kultur der Freundschaft heraus Prinzipien, die für das Gelingen von Freundschaften hilfreich sein können. Dass Narzissmus nicht zwingend als Pathologie aufgefasst werden muss, sondern auch positiv verstanden werden kann, ist von der Psychologie neuerdings verschiedentlich bemerkt worden. Mein Essay unterstützt eine (zumindest in Teilen) positive Bewertung des Narzissmus aus der Perspektive der Philosophie. Einen Ratgeber liefert er freilich nicht, sondern überlässt konkrete praktische Konsequenzen der Urteilskraft des Lesers.

Um ein angemessenes Verständnis von Freundschaft zu entwickeln, mache ich neuere Theorien über das Gefühl, die Anerkennung und den theatralischen Charakter unserer Lebenswelt fruchtbar. Natürlich beziehen sich die Überlegungen dabei auch auf die bestehende, bis in die Antike reichende Philosophie der Freundschaft. Um die philosophischen Überlegungen mit unserer aktuellen Lebenswelt und alltäglichen Erfahrung zu vermitteln, untersucht *Neue Freunde* zeitgenössische Freundschaften und vor allem ihre Imaginationen oder kulturellen Verdichtungen in Liedern, Filmen und Büchern. Auch das gehört dazu, die Phänomene selbst sprechen zu lassen.

Daraus ergibt sich folgender Parcours des Buches: Die ersten beiden Kapitel untersuchen Freundschaften auf Facebook und zeigen, warum Facebook-Freunde – entgegen einer verbreiteten Kritik – echte Freunde sind, denn an ihnen wird die narzisstische Prägung zeitgenössischer Freundschaften besonders deutlich. Das erste Kapitel heißt deshalb *Wir alle wollen geliebt werden* oder *Warum Facebook-Freunde echte Freunde sind* und das zweite *Die Spinne im Netz oder Freundschaft als narzisstische Beziehung*.

Die folgenden zwei Kapitel untersuchen die Kameradschaft und die Freundschaft in der Not und zeigen, warum sie den Herausforderungen der zeitgenössischen Freundschaftspraxis nicht gewachsen sind. Dabei geht es im Einzelnen um *Bruce Springsteens »No surrender«* oder *Freundschaft als Kameradschaft* und um *Freundschaft in der Not oder Was sich die Deutschen wünschen*.

In Antwort auf die mit diesen Konzepten verbundenen Probleme, entwerfen die folgenden Kapitel einen Vorschlag für eine Freundschaftspraxis, die den ökonomischen und narzisstischen Charakter der Freundschaft reflektiert und so wendet, dass die pathologischen Konsequenzen vermieden werden und Freunde das Glück finden können, das sie suchen – zuletzt auch im Hinblick darauf, was es heißt, sich selbst ein Freund zu sein. Im Einzelnen beschäftigen sich diese Überlegungen damit, warum Freundschaften an ein Interesse gebunden sein müssen (*I Have a Friend in Jesus oder warum interesselose Freundschaften unmöglich sind*) und weshalb sie trotzdem eine große moralische Souveränität haben können (*Mark Twains »Huckleberry Finn« oder Freundschaft als Gefühl betrachtet* und *Wechselseitige Anerkennung oder Wie Freundschaften aus Narzissten zumindest halbwegs anständige Menschen machen*). Daran schließt die Beantwortung der Fragen an, was es heißt, sich gut zu verstehen (*Intime Abkürzungen oder Was es heißt, sich gut zu verstehen*), worauf diese Übereinstimmung im Gefühl beruht und was sie voraussetzt (*Poetische Konjunktive oder Wie Freunde einander auffassen*). Schließlich untersuche ich, wodurch diese wechselseitige Auffassung als liebenswerter Mensch praktisch unterstützt werden kann (*Höflichkeit oder Wie Freunde miteinander umgehen*) und was wir aus der Freundschaft über die Freundschaft zu uns selbst lernen können (*»Übereinstimmung mit sich selbst« oder Was es heißt, sich selbst ein Freund zu sein*).

Dabei wird ein innerer Zusammenhang zwischen dem eigenen Streben nach Glück und dem Wohlwollen für den anderen sichtbar, der das eine im anderen absichert. Diese wechselseitige Bestätigung kulminiert in der Aufrichtung einer gemeinsamen Ordnung der Herzen, aus der nicht nur die Verantwortung für den Freund, sondern auch die Sorge um uns selbst erwächst. So ändert die Freundschaft nicht nur den Blick auf den anderen, sondern auch auf uns selbst. Es geht in ihr letztlich nicht mehr so sehr darum, wie wir sein wollen, sondern wie wir sein sollen, damit wir liebenswert sind – und glücklich. Mithin verlangt auch heute noch das Streben nach Glück von uns, unser Leben zu ändern. Die Kriterien dafür kommen jedoch nicht von außen, sondern ergeben sich aus dem ersehnten Glück selbst, dem Wunsch geliebt zu werden.

Das letzte Wort gehört jedoch der Liebe (*Über Freundschaft und Liebe oder Heitere Vertrautheit und emphatische Fremdheit*). Denn, wenn es in der zeitgenössischen Kultur der Freundschaft vor allem um die Zuneigung geht, die Freunde miteinander verbindet, und die Freundschaft also ein besonderes Gefühl ist, dann sollte auch ihr traditionell enges Verhältnis zur Liebe zur Sprache kommen. Dabei verrät noch die zeitgenössische Praxis ihrer Verbindung, die Freundschaft plus oder Friends with benefits, wie unterschiedlich beide sind: heitere Vertrautheit die eine, emphatische Fremdheit die andere.

1. Wir alle wollen geliebt werden

oder Warum Facebook-Freunde echte Freunde sind

Facebook-Freunde sind nicht nur echte Freunde, sie sind sogar viel bessere Freunde als die, die wir üblicherweise dafür halten. Wenn wir das einsehen, und daraus die richtigen Schlüsse ziehen, dann bemerken wir nicht nur, dass wir das sprichwörtlich Schönste, was es gibt auf der Welt, nämlich den guten Freund, schon hundertfach besitzen (so wie etwa 1,5 Milliarden andere Menschen auch), sondern wir können in Freundschaften auch endlich das Glück finden, das wir in ihnen suchen.

Bisher gelingt uns das allerdings noch nicht. Wie zeitgenössische Umfragen, Krankenakten und soziologische Untersuchungen berichten, sind die Menschen heute zutiefst unglücklich und ausgebrannt. Sie sind gezeichnet von der Müdigkeit, sie selbst sein zu müssen, verstrickt in narzisstische Selbstbespiegelung und ökonomische Selbstausbeutung. Von ihrer Freiheit überfordert, suchen sie Zuflucht in Sanatorien und Retreats, bei Handarbeitskursen und Psychopharmaka. Das »Unbehagen an der Moderne« hat sich zu einer ernsthaften Depression verhärtet, der es nicht an Beschreibungen und Erklärungen, vielleicht aber an Heilmitteln fehlt.[6]

Dabei könnte die Freundschaft so ein Heilmittel sein und viele suchen es schon in ihr. Unter dem Druck des kapitalistischen Konkurrenzkampfes rücken die persönlichen Nahbeziehungen wie Freundschaft oder Liebe verstärkt in den Fokus und werden mit der maßlosen Aufgabe belastet, die Erwartungen an Glück einzulösen, die der moderne Individualismus und Liberalismus geschürt, aber nicht befriedigt haben. Die größere Last lag dabei lange auf der Liebe, in der sich die Suche des Menschen nach Anerkennung »essentialisiert« hat, wie die Soziologin Eva Illouz schreibt.[7] Das heißt, die

Liebe ist zum zentralen Markt geworden, auf dem Menschen ihre gegenseitige Anerkennung aushandeln und sich ihres Selbstwertgefühls versichern. Da sich das Liebesglück jedoch nicht kontrollieren lässt, sondern Liebe oft auch weh tut, geht mit der Verdichtung der Anerkennung durch die Liebe eine massive Verunsicherung einher, die sich auch nicht dadurch einfangen lässt, dass wir mit Illouz einsehen *Warum Liebe weht tut*, d.h., welche sozialen und kulturellen Bedingungen es dafür gibt, dass Menschen in der Liebe nicht das Glück finden, das sie in ihr suchen.

Gegenüber dieser Verunsicherung erscheint das Glück der Freundschaft als das wesentlich beständigere und einfachere und das erklärt, wieso die Freundschaft der Liebe den Spitzenplatz unter den Glücksgütern in einigen Umfragen streitig machen konnte.

Auch dieser Vorzug der Freundschaft vor der Liebe hat freilich Tradition. Der französische Dichter Michel de Montaigne schreibt 1580 in seinem Essay *Über die Freundschaft*:»Die Zuneigung zu den Frauen kann man mit der Freundschaft nicht gleichsetzen«, denn »das Liebesfeuer ist [...] ergreifender, brennender und peinigender; aber zugleich ist es mutwillig und unbeständig, flatternd und sich wandelnd, eine Art Fieberglut, die auf- und abschwillt [...]. In der Freundschaft dagegen herrscht eine allgemeine Wärme, die den Menschen ganz erfüllt und die immer gleich wohlig bleibt.«[8] Diese traditionelle Gegenüberstellung der treuen Freundschaft und der flatterhaften Liebe kehrt wieder in dem alten Schlager der *Drei von der Tankstelle*, den Robert Gilbert 1930 zur Musik von Werner Heymann gedichtet hat:»Liebe vergeht, Liebe verweht, / Freundschaft alleine besteht!« Hier wird er jedoch zeitkritisch auf die Moderne bezogen, wenn es heißt:»Man vergisst, / wen man geküsst, / weil auch die Treue längst unmodern ist.« Gegenüber der modernen Liebe scheint damit das alte Ideal der treuen Freundschaft nochmals ein besonderes Gewicht zu bekommen. So singt der erste berühmte Refrain:

»Ein Freund, ein guter Freund,
das ist das Beste, was es gibt auf der Welt.
Ein Freund bleibt immer Freund,
und wenn die ganze Welt zusammenfällt.
Drum sei auch nicht betrübt,
wenn dein Schatz dich nicht mehr liebt.
Ein Freund, ein guter Freund,
das ist der größte Schatz, den's gibt.«

Der viel weniger bekannte, zweite Refrain bricht diese berühmte Apotheose der Freundschaft jedoch auf, auch musikalisch. Er lautet:

»Ein Freund, ein wirklicher Freund,
das ist doch das Größte und Beste, Schönste, was es gibt auf der Welt.
Ein Freund bleibt immer dir Freund,
und wenn auch die ganze, die große, die schreckliche, alberne Welt
vor den Augen zusammen dir fällt.
Drum sei auch nicht betrübt,
wenn dein Schatz dich auch nicht mehr liebt.
Ein Freund, ein wirklicher Freund,
das ist der größte Schatz, den's gibt.«

Diese Rede vom Freund als Größtem, Bestem und Schönstem und der Welt als groß, schrecklich und albern stört nicht nur die plane Harmonie von Musik und Text, wie sie der Anfang des Liedes noch hat, wo die Einfachheit der Botschaft mit dem Marschcharakter des Foxtrotts, seiner logischen Tonfolge und seinen geschlossenen Harmonien zusammenstimmt, sondern bringt auch eine Verunsicherung im Blick auf ebendiese treuherzige Freundschaft zum Ausdruck. Denn wenn die Welt groß, auch unüberschaubar, schrecklich und albern ist, dann ist der Freund als das Größte, Beste und Schönste, was es auf dieser Welt gibt, noch unberechenbarer, schrecklicher und alberner als alles andere, auch wenn er in seiner Schrecklichkeit der Beste und in seiner Albernheit der Schönste ist.

Diese Trübung des Glücks der Freundschaft ließe sich bis in den Film, für den das Lied geschrieben wurde, zurückverfolgen, denn dass die Freundschaft das Allerschönste auf der Welt und der Liebe überlegen ist, nimmt auch er alles andere als selbstverständlich. Aufgenommen wurde die Fassung mit dem irritierenden zweiten Refrain jedoch nur von den Comedian Harmonists. Die für den Film von Willy Fritsch, Oskar Karlweis und Heinz Rühmann gesungene Version belässt es beim Planidentischen, um alle Zweifel zu unterdrücken. Das lässt sie freilich nicht verschwinden und spricht auch nicht für ein größeres Vertrauen in die Freundschaft. Im Gegenteil.[9]

Trotz dieser Verunsicherung avanciert die Freundschaft heute zum wichtigsten Mittel, den entscheidenden Zweck des Lebens zu befördern: die eigene Glückseligkeit. Gerade weil sie jedoch schrecklich und gut, albern und schön zugleich erscheint und als Konzept unserer Beziehungen nicht klar und deutlich gefasst werden kann, sondern höchst fraglich geworden ist und sich mit anderen Konzepten diffus überlagert, wird diese Glückseligkeit in der Freundschaft kaum je gefunden.

Das liegt nicht daran, dass es für die Freundschaft keine Aufmerksamkeit gäbe und über sie zu wenig nachgedacht, gesprochen oder geschrieben würde, denn sowohl in der Populärkultur als auch in Büchern und Artikeln konnte die Freundschaft der lange Zeit dominanten Liebe den Rang ablaufen, sondern daran, dass sich zwischen der Reflexion und der Praxis ein Abstand eingeschlichen hat, der beide nicht mehr zueinander finden lässt.[10] Dieser Abstand macht es Freunden heute jedoch unmöglich, ihre eigene Praxis in den bestehenden kulturellen Mustern von Freundschaften zu spiegeln und so zu reflektieren, was Freundschaft heute eigentlich ist bzw. bedeuten kann.

Nichts ist in der Untersuchung der Freundschaft jedoch wichtiger. Auch alle praktischen Fragen im Hinblick darauf, wie Freundschaften gelingen können, lassen sich nur ausgehend davon beantworten, wer und was überhaupt ein Freund ist. Darauf gebe ich im Folgenden eine Antwort und zeige, wie eine entsprechende Praxis heute aussehen könnte.

WER ODER WAS IST EIN FREUND?

Wie wichtig die Beantwortung der Frage, wer oder was ein Freund ist, für jede Freundschaftspraxis ist, bemerken schon Sokrates und seine Freunde in Platons Dialog Lysis, mit dem die philosophische Behandlung der Freundschaft in der westlichen Tradition beginnt. In ihm erzählt Sokrates, wie er mit Lysis und Menoxenos darüber diskutiert hat, was Freundschaft ist, sie sich aber immer wieder in Aporien verstrickt haben und am Ende die Klärung der Frage aufgeben mussten. »Diesmal, o Lysis und Menexenos«, sagt Sokrates, »haben wir uns lächerlich gemacht, ich der alte Mann und ihr. Denn wir, die wir nun gehen, werden sagen, wir bilden uns ein Freunde zu sein, denn ich zähle auch mich mit zu euch, was aber ein Freund sei, hätten wir noch nicht vermocht herauszufinden.«[11] Dieses Unwissen versetzt alle Beteiligten in eine unangenehme Lage, weil sie die Frage danach, was ein Freund ist, nicht als bloß akademisches Problem abtun können, sondern sie ihre Beziehung fundamental verunsichert. Jeder von ihnen meint, Freunde zu haben, nämlich die beiden anderen, aber keiner weiß, was ein Freund ist. Sie rühmen sich offensichtlich dafür, etwas zu sein, wovon sie gar nicht wissen, was es ist, und diese Unwissenheit muss sie gegen ihre Freundschaft selber misstrauisch machen. Denn wie kann derjenige, der nicht weiß, was ein Freund ist, sagen, er sei mein Freund? Wäre so einem, der nicht weiß, wovon er redet, nicht grundsätzlich zu misstrauen? Und was kann der eine vom anderen als Freund erwarten, wenn sie sich nicht darüber geeinigt haben, was ein Freund ist? Wenn jedoch andersherum deutlich wird, was Freundschaften sind, liegen die praktischen Konsequenzen daraus auf der Hand.

Anders als Platon, der dachte, dass sich diese Frage allein durch kontemplatives Nachdenken ergründen ließe, kann sich eine zeitgenössische Philosophie der Freundschaft nicht mit einer bloßen Untersuchung des Begriffs *Freundschaft* (und seiner Geschichte) zufrieden geben, sondern muss sich der Praxis zuwenden und sich anschauen, wie Freundschaften tatsächlich geschlossen werden.

Dafür bieten die Freundschaften auf Facebook einen guten Ansatzpunkt, denn mit ihnen ist nicht nur ein neues, bisher unerklärtes Phänomen zu den vielen verschiedenen Formen der Freundschaft hinzugetreten, sondern Freundschaften auf Facebook sind auch für die Freundschaften heute exemplarisch. Sie machen deutlich, dass Freundschaften auf dem Gefühl gegenseitiger Anerkennung beruhen, worauf sich diese Anerkennung bezieht und was dem in Freundschaften (auch außerhalb von Facebook) gesuchten Glück entgegenstehen kann, warum wir also in unseren Freundschaften die Befriedigung so schwer finden, die wir dort zu finden hoffen.

Facebook-Freundschaften in diesem Sinne ernst zu nehmen, setzt freilich voraus, Freundschaften nicht danach zu beurteilen, was sie sein können oder sein sollten – also kein Ideal oder Wunschbild der Freundschaft zu zeichnen, wie das zeitgenössische Analysen immer noch tun, indem sie alte Topoi der Freundschaft als moralisch ausgezeichneter Beziehung tradieren – sondern danach zu fragen, was sie sind, auch wenn das dem üblichen Prozedere der praktischen Philosophie (wozu auch die Philosophie der Freundschaft gehört) widerspricht. Es geht also nicht darum zu beschreiben, unter welchen Umständen Menschen einen anderen als ihren Freund ansehen sollten – und unter welchen Umständen nicht –, sondern darum herauszufinden, was es ist, das ihre freundschaftliche Zuneigung zum anderen begründet und diese Zuneigung selber genauer zu beschreiben.

Der Benutzer von Facebook entwirft ein Profil seiner selbst, das er mit Fotos von sich, seinen Aktivitäten und dem, was er konsumiert, mit Zitaten und Links zu Dingen, die ihn interessieren, erfreuen oder empören, und mit kurzen Mitteilungen seiner Gedanken oder Gefühle ständig aktuell halten kann. Dabei kann er entscheiden, ob diese Posts von allen Benutzern gesehen werden können oder nur von bestimmten, etwa seinen »Freunden«. Das sind solche Benutzer, mit denen er sich durch den Austausch von elektronischen Freundschaftsanfragen darauf geeinigt hat, befreundet zu sein. Diese Freunde können seine Posts teilen, weiterleiten, kommentieren oder mit einem Mausklick (einem »Like«) auch kommentarlos affirmieren. Umgekehrt kann er dasselbe mit ihren Posts tun. Beiden geht es dabei um eine möglichst große Bestätigung dessen, was sie über ihre Posts von sich preisgeben. Das zeigt sich schon in der Anlage der Benutzeroberfläche von Facebook, die zwar negative Kommentare nicht ausschließen kann, aber Ablehnung als Geste, etwa durch einen Dislike-Button, nicht vorsieht. Sobald der Post eines Benutzer kommentiert oder affirmiert wird, benachrichtigt ihn das Programm darüber. Die Startseite hält ihn über die Aktivitäten seiner Freunde auf dem Laufenden und sie über seine. Je mehr Aufmerksamkeit ein Post bekommt (durch Likes oder Kommentare oder Teilungen), desto weiter oben steht er auf der Seite und desto größere Chancen hat er, noch stärker affirmiert zu werden. Wer hat, dem wird gegeben.

Diese Logik des Aufmerksamkeitsmarktes verlangt vom Benutzer, seine Posts im Voraus daraufhin zu entwerfen, möglichst beliebt zu sein. Im Gegenzug kann ihm eine starke Affirmation seiner Posts das Gefühl geben, ein liebenswürdiges Profil zu besitzen. Zugleich kann damit jedoch auch die Anforderung wachsen, sich der eigenen Liebenswürdigkeit durch eine ständige Kontrolle der affirmativen Gesten seiner Freunde zu versichern. Ein Druck, der mitunter zu pathologischem Nutzungsverhalten (Facebook-Sucht) führen kann und Programme populär gemacht hat, die das soziale Netzwerk zeitweise sperren.

Mit weit mehr als einer Milliarde Benutzern ist Facebook das populärste soziale Medium im Internet. Diese Beliebtheit liegt vor allem daran, dass es auf einem Prinzip beruht, das heute zum Fundament unserer persönlichen Beziehungen gehört, nämlich der Notwendigkeit, sich der Anerkennung des anderen zu versichern. Die Fokussierung dieses Prinzips ist es auch, die Facebook-Freundschaften für Freundschaften heute exemplarisch macht, denn

Freundschaften sind, wie Liebesbeziehungen, Beziehungen, in denen sich Menschen gegenseitig ihrer Liebenswürdigkeit versichern und in denen die Zuneigung des einen dem anderen sagt, dass er um seiner selbst willen liebenswert ist. Allerdings steht dieses, was der Mensch selbst ist, nicht fest, sondern ist flexibel. Es ist das Produkt eines Entwurfs, den sich der Mensch von sich selbst macht (auf Facebook durch sein Profil) und mit dem er zwei letztlich widerstreitende Interessen befriedigen will – eines, das auf ihn als das Besondere geht, sowie eines, das auf ihn als etwas Allgemeines geht. Sein Selbstentwurf soll ihn zum einen als eine individuell besondere Persönlichkeit präsentieren, schließlich will er *um seiner selbst* willen liebenswert sein. Er soll aber andererseits auch allgemeinen Ansprüchen genügen, schließlich will er *liebenswert* sein. Dabei stehen jedoch auch diese allgemeinen Anforderungen nicht fest, sondern ändern sich und wachsen stündlich.

DER WANDEL DES LIEBENSWERTEN ODER WOFÜR WIR GELIEBT WERDEN WOLLEN

Für funktionale Beziehungen, etwa im Berufsleben, ist der paradoxe Zwang, zugleich etwas Besonderes und Allgemeines zu sein und dabei einer flexiblen Individualisierung zu folgen, schon ebenso ausführlich beschrieben worden wie die daraus resultierende Erschöpfung des modernen Menschen. Mit ihr geht, wie der Soziologe Richard Sennett sagt, eine »Korrosion seines Charakters« einher.[12] Dabei meint der Begriff des Charakters hier zweierlei. Er meint zum einen das individuelle Temperament oder besonders hervorstehende Eigenschaften – also das, was wir im modernen Sinne unter Charakter verstehen und was es auch erlaubt, bei einem Wein oder einem Pferd von Charakter zu sprechen. Er meint zum anderen aber auch den Charakter im antiken Sinn als die Fähigkeit, Neigungen und Leidenschaften nicht blind gehorchen zu müssen, sondern sie rational beherrschen zu können und dabei das auszubilden, was Aristoteles (der diesen Begriff des Charakters geprägt hat) Tugenden nennt.

Die Korrosion beider Teile des Charakters sind das Resultat langwieriger, aneinander anknüpfender sozialer Veränderungen und bringen einen neuen Typus des Menschen hervor, den die Soziologie mit einem Begriff Georg Simmels die »moderne Persönlichkeit«

nennt. Mit dem Menschen verändern sich auch seine Beziehungen. Für die Liebe sind die Auswirkungen dieser Veränderung schon mehrfach beschrieben worden. In der Freundschaft findet ein ganz ähnlicher Wandel statt.

Ab dem 18. Jahrhundert beginnt das Konzept der romantischen Liebe, wie Niklas Luhmann gezeigt hat, die Qualitäten, die den anderen liebenswert machen, peu à peu zu verschieben – von den moralischen Qualitäten, die seinen Charakter im antiken Sinn ausmachen, hin zu dem, was ihn als individuellen und besonderen Menschen kennzeichnet, also zu dem, was seinen Charakter im neueren Sinn ausmacht. Weil die moderne Persönlichkeit um ihrer selbst willen geliebt werden will, will sie nicht mehr aufgrund abstrakter moralischer Qualitäten geschätzt werden, die als bloße Variationen allgemeiner ethischer Werte grundsätzlich auch bei jemand anderem gefunden werden könnten und die den Geliebten also austauschbar machen, sondern sie will aufgrund ihrer individuellen Besonderheit geliebt werden, aufgrund derer sie glaubt, sich von allen anderen Mensch zu unterscheiden.[13]

Illouz illustriert diesen Wandel, indem sie das, was Liebende heute sagen, dem gegenüberstellt, was Liebende in den Romanen von Jane Austen tun, denn in *Emma, Stolz und Vorurteil* oder *Verstand und Gefühl* wird ihrer Meinung besonders anschaulich, was es bedeutet, wenn sich die Anerkennung auf den moralischen Charakter des Geliebten richtet und nicht darauf, dass er so ist, wie er eben ist. So fühlt sich z.B. Emma (im gleichnamigen Roman) von Knightley umso stärker geliebt, je mehr er sie kritisiert und zu bessern trachtet. Sie sieht darin keine Ablehnung. Vielmehr schätzt sie Knightley dafür, dass er sie vor einem gemeinsamen Moralkodex verantwortlich macht, dem sie beide nachstreben, denn sie will sich in ihrer Persönlichkeit so entwickeln, dass sie diesem Kodex entspricht. »Jemanden zu lieben, heißt« für sie, so Illouz, »das Gute in ihm und durch in zu lieben.«[14]

Heute ist das genau umgekehrt, wie Illouz' Interviews zeigen. Die Menschen wollen nicht für ihren moralischen Charakter geliebt werden, sondern dafür, dass sie so sind, wie sie sind, und wenn der Geliebte sie kritisiert oder ihnen auch nur nicht richtig mitteilen kann, dass sie einzigartig und in ihrer Einzigartigkeit liebenswert sind, fühlen sich in ihrem Selbstwertgefühl (schwer) beschädigt. So berichtet etwa die von Illouz interviewte Christine, dass ihr Mann »sehr reizend«, ihr »treu ergeben und aufopferungsvoll« sei, aber trotzdem nicht in der Lage, ihr die gewünschte Anerkennung zu vermitteln. Es fehlen die kleinen Geschenke, die Überraschungen, die Komplimente, die ihr sagen, wie einzigartig und wertvoll sie ist. »Obwohl ich weiß, daß er mich liebt«, sagt sie, »versteht er es nicht, mich [mich] toll und besonders fühlen zu lassen. Wissen Sie, bei der Liebe geht es ganz um das Wie, nicht um das Daß. Obwohl ich weiß, dass er mich liebt. Aber dieses etwas, das bewirkt, daß man sich besonders und einzigartig fühlt, das hat immer gefehlt.«[15]

Wenngleich die Anerkennung in Freundschaften weniger existenziell ist, hat sie sich hier auf ganz ähnliche Weise gewandelt. Auch in der Freundschaft wollen Menschen für ihre individuelle Persönlichkeit anerkannt und wollen vom Freund dafür gemocht werden, dass sie so sind, wie sie sind. Das bedeutet nicht, dass sie bestreiten würden, auch über bestimmte moralische und mithin allgemeine Qualitäten zu verfügen, und die meisten würden es vermutlich übel nehmen, spräche der Freund ihnen diese Qualitäten ab; jedoch soll die Anerkennung dem gelten, dass sie genau sie sind, und nicht bloß der Ansammlung bestimmter allgemein schätzenswerter Eigenschaften.

Diese Verschiebung des Liebenswerten hat für die Konstitution des Selbstwertgefühls gravierende Konsequenzen. Solange die Liebenswürdigkeit des Menschen von seinen moralischen Qualitäten abhing, konnte er sich seines Wertes selbst versichern. Er musste sich dafür nur fragen, in welchem Maße seine Handlungen die Fähigkeit verrieten, tugendhaft zu sein. In dieser vertikalen Orientierung war er in seinem Selbstwertgefühl von der Anerkennung anderer unabhängig. Mit der Verschiebung des Liebenswürdigen auf seine individuelle Besonderheit kippt die Orientierung seines Selbstwertgefühls indes in die Horizontale, denn um zu wissen, ob das, was er um seiner selbst willen ist, tatsächlich liebenswert ist, muss der Mensch einen anderen Menschen fragen und von diesem darin bestätigt werden.

Das zwingt die Menschen, ihre Persönlichkeit flexibel zu halten – paradoxerweise gerade weil sie um ihrer selbst willen geliebt werden wollen. Der Mensch muss permanent nach Ausdrucksweisen suchen, die einerseits seine individuelle Persönlichkeit möglichst authentisch artikulieren, damit der andere ihm versichern kann, dass er um seiner selbst willen liebenswert ist. Und diese Ausdrucksweisen müssen ihm andererseits möglichst vielversprechend erscheinen, damit für den anderen tatsächlich liebenswert zu sein, denn er hängt von dieser Anerkennung in der Konstitution seines Selbstwertgefühls ganz wesentlich ab – und das umso mehr, je stärker er um seiner selbst willen geliebt werden will.

»ICH HÄNG JETZT MIT KÜNSTLERN RUM« ODER FREUNDSCHAFT ALS WAHLVERWANDTSCHAFT UND DIE MODERNE LOGIK DER ANERKENNUNG

Persönliche Beziehungen werden zum Prüfstein der Liebenswürdigkeit des eigenen Selbstentwurfes. Dieser Selbstentwurf liegt der Freundschaft jedoch nicht als etwas Festes voraus, sondern konstituiert sich erst im Wechselspiel mit der Anerkennung des anderen. Dabei stehen Menschen heute unter dem paradoxen Zwang, aus sich zugleich etwas Besonderes machen zu wollen und etwas Allgemeines machen zu müssen. Diese Flexibilisierung des Selbstentwurfes lässt sich an der veränderten Art und Weise, wie über Freundschaften gesprochen wird, gut beobachten. Wenn es in Goethes *Wilhelm Meister* von 1829 noch heißt:»Sage mir, mit wem du umgehst, so sage ich dir, wer du bist«,[16] dann vollzieht diese sprichwörtlich gewordene Wendung ihren Rückschluss vom Charakter der Freunde auf den Charakter des Angesprochenen, weil sie davon ausgeht, dass die Persönlichkeiten der Freunde dieser Verbindung als gegeben vorausgehen und sich aufgrund einer grundsätzlichen Affinität zueinander verbinden – so wie chemische Elemente, die eine Wahlverwandtschaft miteinander haben. Deshalb kann aus der Klasse der einen auf die Klasse der anderen geschlossen werden. *Qui se ressemble s'assemble*, sagen in diesem Sinne auch die Franzosen: Was sich ähnelt, verbindet sich. Wenn aber in *Rebel Without a Cause*, James Deans vorletztem Film von 1955, der Vater seinem Sohn rät:»Achte auf die Wahl deiner Freunde, lass sie nicht dich wählen«, dann befürchtet er, dass Jim die Freundschaften eben nicht als gefestigte Persönlichkeit eingeht, sondern seinen Selbstentwurf erst im Ringen um die Anerkennung der Freunde für die eigene Persönlichkeit konstituiert – und dass das negative Konsequenzen haben kann, wie der Film ja auch vorführt: Um der Missachtung von und der Konfrontation mit seinen neuen Schulkameraden zu entgehen, lässt sich Jim auf eine Mutprobe mit Buzz ein, bei der beide mit gestohlenen Autos auf einen Abhang zurasen und derjenige verliert, der zuerst bremst. Während Jim kurz vor der Klippe aus seinem Wagen herausspringen kann und das Auto führerlos in den Abgrund stürzt, gelingt dies Buzz nicht und er wird von seinem Wagen in den Tod gerissen. Als die Polizei zu ermitteln beginnt, verdächtigen Buzz' Kameraden Jim, das illegale Autorennen verraten zu haben und machen Jagd auf ihn und auf seinen Freund Plato, einen anderen Außenseiter und Leidensgenossen. Dabei verwundet Plato in Verteidigung seines Freundes einen der Rowdys, flüchtet in ein Planetarium und wird schließlich von der Polizei erschossen.[17]

Die Adoleszenz der Figuren unterstreicht die Tragik dieses Ringens um Anerkennung; sie spielt jedoch für den prekären Charakter des Selbstentwurfes nur eine nachgeordnete Rolle und wäre für Wilhelm Meister ebenfalls zu veranschlagen. Im Gegensatz zu Wilhelm Meister spiegeln die Figuren in *Rebel Without a Cause* jedoch die prekäre Lage des modernen Selbstentwurfs, der erst in der Auseinandersetzung mit anderen gefunden werden muss und nicht, wie bei Goethe, als innere Form den Beziehungen schon vorausgeht und allenfalls noch durch das, was der Roman Bildung nennt, entfaltet werden muss.

Die moderne Logik der Anerkennung bedingt, dass Persönlichkeiten sich in ihren sozialen Beziehungen erst konstituieren müssen und sich dabei leicht in den gegenläufigen Anforderungen, individuell liebenswert sein zu wollen und allgemein liebenswert sein zu müssen, verstricken.

Umso stärker sich eine Persönlichkeit in ihren Beziehungen konstituiert, desto notwendiger wird es für sie, bestehende Beziehungen aufzukündigen, wenn sie sich verändern will. Dabei kommt es nicht darauf an, ob schon ein anderer Selbstentwurf vorliegt, sondern nur darauf, dass der Freund glaubt, mit den alten Freunden diese Veränderung nicht vollziehen zu können, weil das, was er ist, für ihn wesentlich von diesen Freunden abhängt. So überträgt sich die Fragilität der modernen Persönlichkeit auch auf ihre Freundschaften. Freunde werden nicht nur durch unterschiedliche Entwicklungen getrennt, durch Umzüge, Familiengründungen, Karrieren und so weiter, sondern auch dadurch, dass sie im Zuge einer unsicheren Selbstfindung geschlossen und geschieden werden – je nachdem, wie die moderne Persönlichkeit meint, dass es ihrer Selbstfindung dient.

Dabei bietet die Kultur verschiedene Identifikationsmuster an, die Menschen wie eine Schablone für den individuellen Selbstentwurf nutzen können. Zu ihnen gehören nicht nur Haltungen und Konzepte, sondern auch Kleidung und Musik und sie sind mit verschiedenen Gruppen verbunden, so dass mit dem Wechsel einer solchen Schablone auch ein Wechsel der Freunde verbunden sein kann. Das führt z.B. ein Lied der Ärzte vor. Es heißt *Freundschaft ist Kunst* und schildert den Wechsel vom Identifikationsmuster Punk zum Identifikationsmuster Kunstwelt durch einen der Freunde als Krise der Freundschaft. Es beginnt so:

»Punk ist der Mainstream jetzt, mach du mal schön dein Ding
Verzeih, wenn ich jetzt keine Parolen mehr mit dir sing
Dein Zorn ficht mich nicht an, hab mich verändert, Mann
Und da kommst du mir dumm, hau ab, ich häng mit Künstlern rum.

Ich häng mit Künstlern rum, häng jetzt mit Künstlern rum
Dein Lebenskompromiss war mit schon lange viel zu krumm
Ich häng mit Künstlern ab, da weiß ich, was ich hab
Mach mit oder bleib stumm, denn ich häng jetzt mit Künstlern rum.«[18]

Freundschaften rücken so in die Nähe von anderen Konsumartikeln, mit deren Hilfe die moderne Persönlichkeit versucht, ihren Selbstentwurf zu gestalten, und bekommen selbst den Charakter eines Konsumartikels. Es wäre jedoch ein Missverständnis, sie deshalb oberflächlich zu nennen. Auf ihre spezifische Weise sind diese Freundschaften sogar sehr intim. Denn wenngleich die moderne Persönlichkeit sie konsumiert, um sich als Persönlichkeit zu konstituieren, bleibt diese Konstitution jedoch anderseits von der Bestätigung durch die Freunde abhängig. Diese Freunde bestätigen der modernen Persönlichkeit nämlich, dass sie etwas individuell Besonderes ist – also um ihrer selbst willen geschätzt wird – und dass dieses Selbst zugleich schätzenswert ist, also den Ansprüchen genügt, die an die Marktfähigkeit der individuellen Persönlichkeit gestellt werden.

»I LIKE« ODER ÖKONOMIE DER AFFIRMATION

Auf diese besondere Abhängigkeit des Benutzers von der Anerkennung der anderen reagieren Freundschaften auf Facebook. Denn umso mehr Freunde jemand dort hat, umso mehr Personen scheinen ihm zu versichern, dass sie ihn um seiner selbst willen schätzen und dass er, so wie er sich ihnen präsentiert, allgemein schätzenswert ist.

Dieser Wertschätzung kann sich der Facebook-User stets aufs Neue versichern und sie vertiefen – indem er versucht, mehr Freunde zu finden und vor allem, indem er seinen Freunden auf Facebook möglichst viel von seiner Persönlichkeit offenbart. Das heißt, indem er sich möglichst vollständig entblößt und ihnen die Möglichkeit gibt, das, was sie sehen, zu goutieren. Das ist so einfach wie das Internet. Sie müssen dafür nur im Angesichte dessen, was der Freund aus seinem Leben veröffentlicht, auf den *Like*-Button klicken. Sein Mittagessen, von dem er ein Foto einstellt? Ist okay. Sein Musikgeschmack am Beispiel eines YouTube-Videos oder einer Playlist auf Spotify? Ist okay. Seine sportlichen Anstrengungen, sich selbst zu optimieren, die er durch das Posten entsprechender Aktivitäten zeigt? Sie sind in Ordnung. Seine Freunde, die er auf seinen und die ihn auf ihren Posts verlinken? Akzeptiert. Seine Tapferkeit in der Achterbahn? Anerkannt. Seine neue Partnerin? Geht in Ordnung. Sein neugeborenes Kind? Auch das ist okay.

Gleichzeitig zwingt ihn die Abhängigkeit von der Anerkennung der anderen jedoch dazu, seine eigene Persönlichkeit bzw. sein Profil, mit dem er sich präsentiert, im Vorhinein daraufhin zu entwerfen, damit Zustimmung zu gewinnen. Dieser ökonomische Druck des Aufmerksamkeitsmarktes zwingt den Benutzer, sein Profil so zu behandeln wie ein Unternehmen sein Produkt, das es am Markt platzieren will. Anders als in der ökonomischen Produktion ist dieses Profil jedoch an seine individuelle Persönlichkeit zurückgebunden, die er ja darin ausdrücken und deren Liebenswürdigkeit er sich vergewissern will. Das zwingt ihn, seine eigene Persönlichkeit wie einen Konsumartikel zu behandeln und sich zu fragen, wie er sich verändern oder sich selbst entwerfen soll, um von den anderen möglichst große Zustimmung zu ernten.[19]

Dennoch kann der Wunsch, durch die Anerkennung der anderen des Wertes der eigenen Persönlichkeit versichert zu werden, nicht befriedigt werden, sondern muss stets ungestillt bleiben, denn die Aufmerksamkeit der Freunde richtet sich nicht nach dem Wert der Persönlichkeit des anderen, sondern nach dem Interesse, das der eine am anderen hat. Dieses Interesse gilt jedoch vor allem der eigenen Anerkennung, so dass sich die Aufmerksamkeit des Freundes nach der Anerkennung bemisst, die er in der Freundschaft findet oder zu finden hofft. Dabei gilt nicht nur das Interesse in viel stärkerem Maße der eigenen Anerkennung als der Persönlichkeit des anderen, sondern auch die Zuneigung – denn sie gilt letztlich nicht der Liebenswürdigkeit des anderen, sondern dem Umstand, von ihm wiederum bestätigt bzw. geliked zu werden. Der Mensch schätzt den, der ihn schätzt, dafür, dass dieser ihn schätzt. Das lässt sich an den Freundschaften auf Facebook gut beobachten. Die Betonung des Aufmerksamkeitswertes zeigt sich darin, dass der Benutzer, um die Anerkennung seiner Freunde zu erfahren, ihre Aufmerksamkeit erregen muss. Diese richtet sich jedoch nach dem Aufmerksamkeitswert der Mitteilung, also des Posts, und nicht nach dem Wert der Persönlichkeit, die sich darin mitteilt. Es wird also nicht das, was den anderen in besonderem Maße als individuelle und authentische Persönlichkeit auszeichnet, goutiert, sondern das, was für die Freunde den größten Unterhaltungswert hat. Weil sich aber die moderne Persönlichkeit ihres Selbstwertes durch die Aufmerksamkeit der Freunde versichert, ist sie angehalten, ihren Selbstentwurf nach dem Aufmerksamkeitswert für die Freunde zu gestalten, d.h. unterhaltsam zu sein. Das gilt für persönliche Beziehungen außerhalb von Facebook ebenso. Langeweile, sagt Oscar Wilde, ist die einzige Sünde, für die es keine Vergebung gibt.[20]

Mit dieser Zurichtung der eigenen Persönlichkeit auf eine für die anderen leicht zu konsumierende Unterhaltsamkeit ist die Mitteilung von persönlichen Problemen, Kummer und Leid nicht ausgeschlossen. Schließlich kann auch das Leid unterhalten, wenn es das Leid des anderen ist. Damit es unterhaltsam bleibt, darf es allerdings nicht zu groß sein, denn übergroßes Leid wirkt abschreckend, und wenn es dennoch groß ist, sollte der Freund es nicht zu lange thematisieren. Auch auf Facebook bekommen schreckliche Dinge eine große Aufmerksamkeit, aber nur, wenn sie aktuell sind.

Insgesamt haben in der Ökonomie der Affirmation positive Nachrichten jedoch den größten Wert, denn wenn der moderne Mensch sich in seinen Freunden spiegelt, dann erfüllt ihn die Bestätigung von Freunden, denen es gut geht, mehr, als die von solchen, denen es schlecht geht. Das liegt nicht nur daran, dass ein Lob von unten weniger schmeichelt als eines von Gleichen oder sogar von oben, sondern vor allem daran, dass sich der Mensch eine Welt wünscht, in der es Menschen wie ihm gut geht, und dafür ist das Wohlergehen seiner Freunde ein Anzeichen. Der Umstand, dass es ihnen schlecht geht, spricht jedoch dagegen, dass es in dieser Welt Menschen wie ihm gut geht. Deshalb, so Glenn O'Brien in seinem *Handbuch für den sozialen Aufstieg*, meiden Menschen Freunde, denen es auf Dauer schlecht geht. Sie nehmen ihnen die Zuversicht in ihre Zukunft und verderben ihnen die Stimmung.[21] Freundschaften auf Facebook sind also in dem Sinne echte Freundschaften, als sie unserer Freundschaftspraxis angemessen sind. In ihnen lässt sich das wechselseitige System der Anerkennung, das sich für die moderne Persönlichkeit daraus ergibt, dass sie um ihrer selbst willen geliebt werden will, exemplarisch beobachten. Wenngleich sie, insbesondere aufgrund einiger negativer Konsequenzen, die hier besonders deutlich hervortreten, kein Ideal der Freundschaft verkörpern, sind sie der modernen Persönlichkeit doch angemessen. Und das umso mehr, als sich in ihnen eine der beiden Anforderungen, die moderne Menschen an ihre persönlichen Beziehungen stellen, wiederum beispielhaft erfüllt, nämlich der Wunsch, in weniger intimen Beziehungen eine quantitativ möglichst große Bestätigung ihres Selbstwertgefühls zu erreichen. Dieses Bestreben gehört zu einer zweigleisigen Strategie der modernen Persönlichkeit, mit der sie versucht, ihr Selbstwertgefühl doppelt abzusichern: durch möglichst häufige Bestätigung in weniger intimen Beziehungen einerseits und durch möglichst intensive Bestätigung in intimeren Beziehungen andererseits.

Das zeigt z.b. die Untersuchung eines deutsch-niederländischen Teams von Sozialpsychologen aus dem Jahr 2008. Sie hatten die Teilnehmer aufgefordert, über den Charakter ihrer Interaktionen mit ihren Freunden Tagebuch zu führen und die Wirkung dieser Interaktionen zu bewerten. Dabei wurde nicht nur deutlich, dass das Führen von Freundschaften ganz grundsätzlich vom Wunsch motiviert ist, eine Bestätigung des eigenen Selbstwertgefühls zu erlangen und den Eindruck zu gewinnen, um seiner selbst willen liebenswert zu sein, sondern es wurden auch verschiedene Bezugssysteme sichtbar, in denen die Teilnehmer diese Bestätigung suchten und die einander ergänzten – nämlich einerseits losere und weniger intime Beziehungen und andererseits festere und intimere Beziehungen. Beide Beziehungsformen wurden als positiv bewertet, wenn sich die Teilnehmer in ihrer individuellen Persönlichkeit angesprochen und bestätigt gefühlt haben und die Interaktion mit dem anderen eine positive emotionale Wirkung auf sie hatte. Dabei wurde deutlich, dass das Selbstwertgefühl der Teilnehmer wesentlich von der positiven Interaktion mit anderen abhing und dass dabei sowohl die Häufigkeit als auch die Qualität dieser Interaktion wichtig waren.[22]

In den loseren Freundschaften, die nicht sehr persönlich und nicht sehr intim waren, hing die Höhe der Bestätigung vor allem von der Häufigkeit ab. In engeren Freundschaften spielte die Häufigkeit hingegen eine kleinere Rolle und die Stärke der Bestätigung und die Intimität der Beziehung eine größere. Während die häufigeren loseren Freundschaften vor allem als Indikator für die Popularität auf dem sozialen Markt der Anerkennung gewertet wurden und einen quantitativen Maßstab für das Selbstwertgefühl bildeten (darin liegt eben der Reiz der Freundschaft auf Facebook), bildeten die intimeren Freundschaften einen qualitativen Maßstab für das Selbstwertgefühl der Teilnehmer. Dabei erfuhren die Teilnehmer beide Systeme als komplementär. Das heißt, es war für das Selbstwertgefühl der Teilnehmer sowohl wichtig, von besonders vielen weniger intimen Freunden besonders oft bestätigt zu werden, als auch von intimeren Freunden besonders stark bestätigt zu werden. Erst im Zusammenspiel von quantitativer und qualitativer Bestätigung erfuhren sie eine umfassende Absicherung ihres Selbstwertgefühls.

Wenngleich also Facebook-Freunde in dem Sinne echte Freunde sind, als sich in ihnen die Fundierung der Freundschaft in der gegenseitigen Affirmation exemplarisch beobachten lässt, sind sie jedoch nicht die einzigen echten Freunde, sondern erfüllen als weniger intime Beziehungen nur eine Anforderung an die Freundschaft, nämlich die nach einer quantitativ möglichst großen Affirmation. Um die moderne Persönlichkeit in ihrem unsicheren Selbstwertgefühl umfassend zu bestätigen, müssen auch andere Freundschaften hinzutreten, nämlich intime Beziehungen, die den Freund möglichst intensiv bestätigen.

2. Die Spinne im Netz

oder Freundschaft als narzisstische Beziehung

Freundschaften auf Facebook machen einen Grundzug deutlich, der auch für Freundschaften außerhalb von Facebook gilt und der erklärt, warum der Wert der Persönlichkeit, so sehr das auch gewünscht wird, gar nicht Gegenstand der Anerkennung des anderen werden kann, sondern beide sich notwendig verkennen und in ihrem Wunsch nach Bestätigung enttäuschen müssen: Die freundschaftliche Zuneigung zueinander beruht darauf, dass sich die Freunde gegenseitig versichern, um ihrer selbst willen liebenswert zu sein. Freundschaft beruht mithin auf einem Gefühl der Freunde füreinander und der wechselseitigen Versicherung, dieses Gefühl füreinander zu hegen und in der freundschaftlichen Zuneigung zueinander übereinzustimmen. Damit tritt jedoch der Freund als Gegenstand der Zuneigung hinter diese Zuneigung selbst zurück. Denn was der eine am anderen liebenswert findet, ist zunächst einmal nicht dessen Persönlichkeit, sondern die von ihm ausgehende Bestätigung der eigenen Persönlichkeit.

Damit gewinnen Freundschaften einen narzisstischen Charakter. Der eine spiegelt sich im anderen und befragt dessen Reaktionen auf die eigene Erscheinung permanent daraufhin, ob sie sein prekäres Selbstwertgefühl bestätigt oder nicht. Die Frage, wie er auf den anderen wirkt, bekommt somit existenzielle Bedeutung und die Unmittelbarkeit von Empfindungen und Wahrnehmungen wird zunehmend wichtiger. Andere Aspekte der Beziehung treten hingegen in den Hintergrund, was schließlich dazu führen kann, dass die gesamte Beziehung als Ausdruck oder Spiegel des Selbstwertgefühls gesehen werden kann.

Auch das lässt sich auf Facebook, dessen Popularität, ähnlich wie die anderer sozialer Netzwerke, als Indikator für eine epidemische Ausweitung des Narzissmus angesehen wird, gut beobachten – nicht nur an der inhaltlichen Ausrichtung auf gegenseitige Affirmation, sondern auch an der kommunikativen Struktur der Plattform, die nicht nur grundsätzlich auf Bestätigung ausgelegt ist und Ablehnung (etwa in Form eines *Dislike*-Buttons) ausschließt, sondern die vor allem eine Perspektive etabliert, in welcher der Benutzer im Zentrum sitzt – wie eine Spinne im Netz. Die anderen kommen dabei mit ihren Posts auf ihn zu und sind immer schon solche, die *für ihn* etwas bedeuten, nämlich potenzielle Lieferanten von Anerkennung für die eigene Liebenswürdigkeit, Konsumenten der eigenen Unterhaltsamkeit, letztlich Kunden also, aber auch Konkurrenten um die Aufmerksamkeit der anderen, an deren Erfolg oder Misserfolg sich die eigene Präsentation orientieren muss.

Ein Perspektivwechsel, der es erlaubte, sich von außen, mit den Augen anderer zu sehen, findet jedoch nicht statt – auch der entsprechende Modus in der Profilansicht dient nur dem ökonomischen Kalkül, das den Benutzer zwingt, darauf zu achten, wie er anderen erscheint. Es gibt keine Perspektive auf sich selbst, die das eigene Selbstbild nicht ins Zentrum rückt. Das würde nämlich voraussetzen, den anderen als jemanden zu realisieren, der zunächst einmal in der eigenen Welt keine Bedeutung hat, sondern der selbst jemand ist, für den es Bedeutung gibt. Das hieße, ihn als etwas Unverstandenes und auch nicht Konsumierbares aufzufassen, als etwas radikal Anderes und Fremdes also.[23] Auf Facebook gibt es diese Art von Fremdheit nicht. Der andere ist immer schon etwas für mich und hat Bedeutung für mich (als jemand, der mich bestätigt oder unterhält). Was er *für sich* ist oder bedeutet, spielt zunächst einmal keine Rolle. Damit begünstigt Facebook einen narzisstischen Blick auf den anderen und erschwert einen empathischen Blick auf ihn, der, wie der Philosoph Robert Spaemann zeigt, eine moralische Einstellung ihm gegenüber überhaupt erst möglich machen würde. Das wäre eine Perspektive, die »uns selbst zu einem unter anderen relativiert«, wobei aus dieser Relativierung des Selbstgefühls ein besonderes moralisches Gefühl entstehen könnte, das »alle Eigenliebe niederschlägt« und das Immanuel Kant »Achtung« nennt.[24]

Diesen Perspektivwechsel fördert Facebook indes genauso wenig wie andere soziale Netzwerke, weshalb die moralischen Hoffnungen, die in das Internet als Medium des Mitgefühls und der

Humanität gesetzt werden, m.E. auf Sand gebaut sind. Wenn etwa die Kulturwissenschaftlerin Aleida Assmann meint, in den Kommunikationsplattformen des Internets wäre endlich das »kongeniale Medium« entwickelt, mit dem der »auf Kommunikation angelegte und ausgerichtete Mensch« sein »kooperatives Wesen« ausdrücken und seine große Empathiefähigkeit ausleben könne,[25] übersieht sie die grundlegende narzisstische Anlage dieser Plattformen, die eine emphatische Perspektive auf den anderen verhindert und die Mitgefühl und Achtung strukturell vermeidet.

Mit der Popularität von sozialen Netzwerken wie Facebook drückt sich mithin kein positiver Strukturwandel der Öffentlichkeit aus, das heißt, es entsteht kein Medium, in dem sich Mitgefühl und Wohlwollen gegenüber dem anderen leichter oder besser verwirklichen ließen, sondern das Gegenteil ist der Fall. Die inhaltliche und strukturelle Konzeption bedient und verstärkt narzisstische Tendenzen und gerade das macht die Freundschaften dort für die persönlichen Beziehungen heute exemplarisch, denen die Sozialpsychologie seit mehreren Jahren schon einen pathologischen Narzissmus bescheinigt.

So stellen etwa John M. Twenge und W. Keith Campbell in ihrer umfangreichen empirischen Studie über die persönlichen Beziehungen heute eine epidemische Ausweitung narzisstischer Symptome fest, die sie wie folgt skizzieren: Der Narziss prahlt mit seinen Leistungen und stellt die Fehler und Schwächen von anderen bloß. Er legt gesteigerten Wert auf seine Erscheinung, mit der er seine Persönlichkeit und seinen Status ausdrückt. Er spricht am liebsten über sich selbst. Er ist in seinen sozialen Beziehungen manipulativ und scheut auch keine Betrügereien, wenn sie ihm weiterhelfen. Er verfolgt einerseits ein übersteigertes Selbstbild, sucht indes andererseits ständig nach Gratifikation für sein labiles Selbstwertgefühl und ist bereit, fast alles für die dafür notwendige Aufmerksamkeit zu tun. Das zeigt sich auch in seinen Freundschaften, in denen er vor allem Bestätigung und Auszeichnung seiner Liebenswürdigkeit sucht.[26]

Das führt nicht nur zu einem pathologischen Selbstverhältnis des Narzissten, dessen Sehnsucht nach Absicherung des eigenen Selbstwertgefühls immer erneuert werden muss und doch stets unbefriedigt bleibt, sondern hat auch verheerende soziale Konsequenzen, denn eine Gesellschaft, in der sich jeder nur noch um sich selbst dreht, droht inhuman zu werden und das öffentliche Interesse oder Gemeinwohl aus dem Blick zu verlieren. Umso wichtiger das eigene Empfinden und Erleben werden, desto stärker treten allgemeine Interessen in den Hintergrund, und umso intensiver sich das Verhalten der Menschen an unmittelbaren Gratifikationen ihres Selbstwertgefühls orientiert, desto schwieriger fällt es ihnen, die psychologischen Muskeln spielen zu lassen, die es erlauben, Impulse zu kontrollieren und Belohnung aufzuschieben, was für moralisches Handeln grundlegend ist, wie der Soziologe Amitai Etzioni schreibt.[27] Aus dem Wunsch der modernen Persönlichkeit, von anderen um ihrer selbst willen geliebt zu werden, anstatt sich selbst durch ihr moralisches Handeln einen nur allgemeinen Wert zuzuschreiben, haben sich mittlerweile Strukturen entwickelt, die moralisches Handeln und das Verfolgen eines Gemeinschaftssinns äußerst schwierig machen, in denen sich aber auch der einzelne Mensch selber unglücklich verstrickt.

Mit Blick auf die Freundschaft kann diese pessimistische Perspektive jedoch eingeschränkt werden, denn wenngleich einige der unter dem Begriff des Narzissmus zusammengefassten Symptome auch hier ausgemacht werden können – z.B. das Buhlen um Aufmerksamkeit oder die Sehnsucht nach Gratifikation der eigenen Persönlichkeit – fallen die besonders negativen Eigenschaften wie das Betrügen, Manipulieren und Herausstellen der Fehler des anderen indes weniger auf, so dass Freundschaften auf den Narzissmus sogar eine mildernde oder sozialisierende Wirkung haben können. Das liegt daran, dass Freundschaften zwar ein ideales Mittel bieten, Narzissmus zu befriedigen, dass sie als wechselseitige Beziehungen den Narziss jedoch zwingen, seine besonders destruktiven Eigenschaften zu unterdrücken, und seinem Verhalten so ein Minimum an Gemeinschaftssinn abnötigen. Schließlich dürfen die Freunde hier nicht nur Aufmerksamkeit für sich fordern, sondern müssen sie auch zurückgeben. Das Gebot der Affirmation verbietet ein gegenseitiges Bloßstellen der Schwächen des anderen und wer seine Freunde offensichtlich manipuliert oder betrügt, wird gemieden. Freundschaften scheinen dem Narzissmus der modernen Persönlichkeit also seine asoziale Schärfe zu nehmen und ihm ein sozialeres und milderes Ansehen zu geben. Vielleicht sind sie auch deshalb so beliebt. Wenngleich die sozialen Pathologien des Narzissmus in der Freundschaft gemildert werden, behält er für den Einzelnen jedoch seinen pathologischen Charakter, denn gerade die Tatsache, dass die Freunde Narzissten sind, verhindert die gesuchte emotionale Befriedigung.

Wenn der Narziss nämlich in allem Erleben die Gratifikation seines Selbst sucht, dann bewertet er alle Beziehungen nach Kriterien des Lustgewinns. Auch seine eigenen Gefühle werden damit zu einer Investition, die Gewinn bringen muss. Eine populäre Redewendung für diese Ökonomisierung der Gefühle ist z.b. der Rat, in eine Sache nicht zu viel Gefühl zu investieren. Die Unmittelbarkeit und Intimität des Austausches verwandelt sich damit in ein Kalkül, das die freundschaftliche Zuneigung zum anderen als Investition begreift, die sich bezahlt machen muss – durch die Wertschätzung der eigenen Persönlichkeit oder anderen Lustgewinn, z.b. Unterhaltung. Wo diese Voraussetzungen nicht erfüllt werden, weil der Freund zu wenig Affirmation bietet, nicht genug Zuneigung zeigt oder bloß langweilig wird, kühlt die Beziehung merklich ab. Die Freundschaft wird damit zu einem Geschäft, das mit Gefühlen handelt – mit Affirmation, Anerkennung und Amüsement. Auch Freundschaften unterliegen mithin einer Rationalisierung der intimen Beziehungen, wie sie Illouz für die Liebe ausmacht; sie teilen das Schicksal der *Gefühle in Zeiten des Kapitalismus.*[28]

Rein vom ökonomischen Standpunkt aus betrachtet, müsste dieser emotionale Kapitalismus in Freundschaften allerdings prächtig funktionieren. Der narzisstische Charakter der Freunde garantiert ein beständiges Fortlaufen dieses Geschäfts und damit eine in diesem Sinne dauerhafte Freundschaft. Schließlich findet der eine Narziss in der unstillbaren Sehnsucht nach Affirmation und Unterhaltung des anderen Narziss einen unendlichen Markt und dankbaren Abnehmer für seine Gefühle und andersherum.

Allerdings kann die moderne Persönlichkeit diese rein ökonomische Perspektive auf ihre Freundschaften nicht einnehmen, und so will sich das Glück des guten Geschäfts nicht einstellen. Der kaufmännische Blick auf die eigene Beziehung würde von ihr nämlich das Zugeständnis verlangen, die Wertschätzung des Freundes nicht auf die Liebenswürdigkeit der eigenen Person zu beziehen, sondern nur auf die Anerkennung, die sie ihm schenkt – was bedeuten würde, dass sie nicht um ihrer selbst willen geliebt wird, sondern aufgrund eines ökonomischen Kalküls, in dem sie ein letztlich beliebiger Lieferant für Gefühle und Affirmationen ist. Gerade das widerspräche jedoch dem Bild, das sie von sich selbst hat, nämlich eine um ihrer selbst willen liebenswerte Persönlichkeit zu sein, und dem Bestreben, dessen in der Freundschaft durch die Wertschätzung des Freundes versichert zu werden. Diese Bestätigung wird für

sie jedoch nur dann erreicht, wenn die Zuneigung des anderen von
ökonomischen Interessen frei ist – oder ihr zumindest so erscheint,
als ob sie es wäre. Allerdings können sich moderne Menschen mit
einer nur scheinbaren Interesselosigkeit des anderen auch nicht zufrieden geben, denn dem zeitgenössischen Kult der Transparenz, in
dem gerade das Intimste mit beinah pornographischer Deutlichkeit
öffentlich wird und nichts uneindeutig oder ambivalent sein darf, ist
alle Scheinhaftigkeit verdächtig.[29]

Das führt zu einer paradoxen Situation: Einerseits entsteht so
eine Kultur der Entblößung, in der Menschen Rousseaus berühmtes
Diktum aus seinen *Bekenntnissen,* »einen Menschen in aller Wahrheit der Natur zeigen« zu wollen,[30] nicht nur auf sich selbst, sondern
auch auf den anderen anwenden. Andererseits wird das jedoch gerade dort vermieden, wo es wirklich weh täte, etwa im Hinblick auf
die Interessengebundenheit von Beziehungen, die als narzisstische
Kränkung erscheinen muss, weil sie dem Wunsch der Menschen,
um ihrer selbst willen geliebt zu werden, widerspricht. Deshalb
versuchen Menschen nach Kräften, das Unbehagen an der kühlen
Rationalität des Geschäftlichen mit einer gesteigerten Emotionalisierung der Beziehungen zu kompensieren. Der *homo oeconomicus*
gebiert den *homo sentimentalis.*

Die Freundschaft zeigt diesen Zusammenhang mit der modernen Gefühlskultur z.b. in einer gesteigerten Gefühligkeit des Umgangs miteinander, die von der floskelhaften Herzlichkeit des »lieb
Grüßens« und »fest Drückens« über die »xxx« als Küsse am Ende
einer E-Mail und den Emoticons in SMS bis zur Diddl-Kultur reicht,
in der sich erwachsene Menschen gegenseitig Stofftiere schenken
und als »süß« bezeichnen.

Zuletzt sind damit, etwa vom Psychologen Martin Voigt, auch
die emphatischen Liebeserklärungen junger Mädchen an ihre »aller-
beste Freundin« in Zusammenhang gebracht worden, mit denen sie
ihre Freundschaft und vor allem sich selbst als »best friends forever«
öffentlich feiern, wobei sich diese lebenslangen Freundschaften in
Luft auflösen, sobald der erste Junge greifbar wird.[31]

Die Scheinhaftigkeit ist hier jedoch nicht dieselbe wie unter den
reiferen »Süßen« mit der Diddl-Maus, denn während dort die Rühr-
seligkeit des Umgangs dem Lächeln der Kassiererin nur allzu ähnlich sieht, speist sich die Emphase der jugendlichen Freundschaft
auch daraus, dass diese die noch unbekannte Liebesbeziehung ersetzt.

Die kalkulierte Gefühligkeit des Umgangs unter erwachsenen Freunden führt hingegen auf spezifische Weise einmal mehr vor, dass es für den modernen Menschen unmöglich ist, aus dem Druck des Ökonomischen in eine kompensatorische und freie Gefühlskultur zu fliehen, weil diese Gefühlskultur bereits im gleichen Maße rationalisiert und ökonomisiert worden ist wie das Geschäftsleben und es mithin für Regressionen keinen Ort mehr gibt.[32] Das stellt moderne Menschen vor die Herausforderung, mit der Interessengebundenheit ihrer Freundschaften umzugehen, ohne sie als narzisstische Kränkung zu erfahren. Und es verlangt von ihnen, den reflexiven Charakter ihrer Zuneigung, also den Umstand, dass sich die Zuneigung des einen auf die Zuneigung des anderen zu ihm bezieht und der Freund ihr gegenüber in den Hintergrund treten kann, auf eine Art und Weise zu behandeln, bei der sie sich nicht in narzisstische Selbstbespiegelung verstricken.

Für beides gibt es bisher jedoch keine Muster, an denen sich Menschen heute orientieren könnten. Jedenfalls nicht für die Freundschaft, in der noch vormoderne Konzepte mehr schlecht als recht tradiert werden, ohne den spezifischen Anforderungen an die Freundschaft innerhalb einer narzisstischen Gefühlskultur gerecht werden zu können. Mithin perpetuiert die Aktualisierung solcher Muster nur die allenthalben beklagte Enttäuschung und Erschöpfung, wie sich gut an den beiden populärsten Konzepten von Freundschaft, der Kameradschaft und der Freundschaft in der Not, beobachten lässt. Freilich verfügen beide dennoch über eine große kulturelle Reputation und gerade diese Reputation macht sie für die an entsprechenden Mustern ohnehin arme Freundschaft besonders interessant.

3. Bruce Springsteens *No Surrender*

oder Freundschaft als Kameradschaft

Die Kameradschaft ist das zeitgenössisch populärste Modell für Freundschaften unter Männern. Das legt zumindest Tobias Rüthers Untersuchung von Männerfreundschaften nahe, für die er zahlreiche befreundete Männer und andere Experten für dieses Thema befragt hat. So wie Kameradschaft hier aufgefasst wird, könnte sie aber ebenso gut von Frauen geführt werden. Das erste, was an den von Rüther skizzierten Männerfreundschaften auffällt, ist eine Wechselbeziehung zwischen Kunst und Leben. Die Freunde orientieren sich an kulturell überlieferten Mustern, die sie in ihrer Beziehung versuchen nachzuvollziehen. Rüther nennt etwa Bruce Springsteens Lied *No Surrender*, Stephen Kings Novelle *The Body*, die als *Stand by Me* verfilmt wurde, und einige Dutzend Beispiele mehr. Die Muster variieren mit der Kultur und der Zeit, aus der die Freunde stammen.[33]

Bei meinen Freunden und mir lieferte so ein Muster z.b. der Film *Frankie und seine Spießgesellen*, den Frank Sinatra, Dean Martin, Sammy Davis, Jr., Joey Bishop und Peter Lawford zusammen gedreht haben. Er erzählt, wie sich eine Gruppe von Kriegskameraden zehn, fünfzehn Jahre nach Ende des Zweiten Weltkriegs zusammentut, um am Neujahrsmorgen fünf Casinos in Las Vegas auszurauben. Für uns war das ein wichtiger Film, weil er uns die Möglichkeit gab, uns in dieser Vorlage zu spiegeln und uns und unserer Freundschaft damit etwas von dem romantischen Reiz zu verleihen, den die Figuren und ihr Coup im Film boten. Sie machten jedem Einzelnen ein Angebot, sich selbst zu entwerfen – sei es als harter Kerl oder melancholischer Sänger oder sei es nur in einer bestimmten

Haltung, wie bei einem Freund von mir, der sich fortan angewöhnte, uns alle mit gutmütiger Kaltblütigkeit unter den Tisch zu trinken. Diese Spiegelung im großen Coup und seinen Protagonisten gab uns die Möglichkeit, auch *unser* Leben und unsere Freundschaft als »ein Abenteuer« aufzufassen, wie es im Untertitel von Rüthers Buch heißt, und im Zuge dieses Abenteuers fühlten wir uns selbst und erschienen einander etwas größer und schöner, tapferer, klüger und verwegener als sonst. Das ging mit diesem Film übrigens nicht nur uns so. Einige Jahre später drehten die Freunde Brad Pitt und George Clooney ein Remake, das so heißt wie das englischsprachige Original: *Ocean's Eleven.*[34]

Die wechselseitige Idealisierung, die wir uns so zuteilwerden ließen, ist für Freundschaften ganz zentral. »Das, was beste Freunde aneinander haben«, schreibt Rüther deshalb, »ist erst einmal eine gute Geschichte.«[35] An welche Voraussetzungen diese Verwandlung der Freundschaft in eine gute Geschichte geknüpft ist und was es für die Freunde ganz konkret heißt, einander zu idealisieren, behandelt das neunte Kapitel. Hier geht es zunächst um das prekäre Verhältnis zwischen dem Verhalten unter Freunden und den kulturellen Vorlagen, auf die sie sich dabei beziehen.

Auch Freundschaften bestätigen die für die Liebe schon ausführlich beschriebene prägende Kraft kultureller Muster, die wie Figurationen von idealer Gültigkeit in das Leben strahlen und dort nachgeahmt werden. Andersherum wirkt auch das Leben auf die Kunst, die ihre mustergültigen Gebilde zunächst aus dem Leben herausdestilliert und verdichtet, bevor sie als kulturell kodierte Leitbilder in das Leben zurückfinden und dort nachgeahmt werden. Auch das lässt sich an unserem Film gut beobachten, denn das Bild der Freunde als Spießgesellen, das er feiert und das wir nachgeahmt haben, greift nicht nur auf die Idee der Kameradschaft, sondern auch auf eine ganz konkrete Freundschaft zurück, die die Darsteller im Leben verband. Die Kunst und das Leben blicken einander so im Spiegel an.[36]

Allerdings fällt das der Freundschaft in der Regel schwerer als der Liebe, weil entsprechende Muster hier nicht nur seltener sind, sondern über ein vages Bild hinaus auch kaum orientierende Kraft besitzen. Das zeigt sich insbesondere dann, wenn sie auf die konkreten Vorstellungen oder Konzepte hin befragt werden, die ihnen zugrunde liegen, d.h., wenn an sie die sokratische Frage gestellt wird, was Freundschaft ist.

Diese Ratlosigkeit lässt sich z.b. gut an der Kameradschaft beobachten, die zwar immer noch als Ideal beschworen und von Rüther
sogar zum Prinzip der Männerfreundschaft erhoben wird, die jedoch leer und haltlos geworden ist und sich deshalb als Konzept für
zeitgenössische Freundschaften erschöpft hat.

Die wichtigste Ursache für diese Entkräftung liegt darin, dass die
Kameradschaft ein sehr gutes Konzept für politische oder kämpferi-
sche Beziehungen ist, sich als Modell einer persönlichen, intimen
Freundschaft aber nur sehr eingeschränkt eignet. Kameradschaften
entstehen nämlich nicht durch den Bezug auf einen anderen, sondern auf eine gemeinsame Sache oder ein gemeinsames Ideal. Im
Dienst dieser Sache verbrüdern sich die Kameraden. Deshalb taugt
die Kameradschaft letztlich sogar für eine Gangsterbande nur solange, als sie ihren Coup durchführt.

Kameradschaft hat also ein starkes politisches Moment, denn
mit der Verbrüderung um des Gemeinsamen willen ist zugleich der
Ausschluss von dem verbunden, was diesem Gemeinsamen entgegensteht. Das lässt sich z.b. gut an einem Gedicht von Friedrich Hölderlin beobachten, das Freundschaft ganz explizit als Kameradschaft
versteht und Kameradschaft politisch. Hölderlin dichtete sein *Lied
der Freundschaft* zur Zeit der französischen Revolution und singt darin von der »Wonne deutscher Brüder«, die – vereint im Geiste repu-
blikanischer Tugenden – dem Despotismus und der Ungerechtigkeit
die Stirn bieten und für ein demokratisches Vaterland kämpfen. Die
sechste Strophe lautet so:

»Stärke, wenn Verleumder schreien,
Wahrheit, wenn Despoten dräuen,
Männermut im Mißgeschick,
Duldung, wenn die Schwachen sinken,
Liebe, Duldung, Wärme trinken
Freunde von des Freundes Blick.«

Diese Verse machen deutlich, wie Kameradschaft konstruiert wird.
Kameraden vereinen sich um eines bestimmten Ideals willen, an
das sie glauben. Mit dieser Vereinigung geht allerdings zugleich der
Ausschluss von anderen einher, nämlich denjenigen, welche die gegenteilige Sache vertreten. In Hölderlins Gedicht sind das die Despoten und ihre Knechte, im Allgemeinen sind es die Feinde. Es ist der
Kampf gegen sie, der die Kameraden eint. Indem die Kameradschaft

durch die Unterscheidung von Freund und Feind und durch den Zu-
sammenschluss der Freunde gegen die Feinde entsteht, ist sie eine
politische Verbindung, denn zwischen Freund und Feind zu unterscheiden ist eine politische Operation, vielleicht sogar die grundle-
gendste politische Operation überhaupt, wie Carl Schmitt meint.[37]
Was es für die Freundschaft bedeutet, wenn ihre Basis darin gesehen wird, sich zu verbrüdern, zeigt Platons Dialog *Lysis*, in dem
Sokrates zu seinen Freunden sagt,»dass wir uns wegen desjenigen
als Freund bezeichnen«, das im Gegensatz zu dem steht,»dem wir
Feind sind«.»Würde aber dieses letztere fortgeschafft«, so Sokrates weiter,»so würden wir ihm, wie es scheint, nicht mehr Freund
sein.«[38] Wenn es jedoch ohne Feinde keine Freunde gibt, dann ist
die Freundschaft ganz prinzipiell eine politische Beziehung und
keine persönliche. Das bedeutet, die Zuneigung der Freunde gilt in
der Kameradschaft nur mittelbar einander, insofern sie im Dienst
derselben Sache stehen, um derentwillen sie sich verbrüdert haben,
in erster Linie jedoch dieser gemeinsamen Sache. Das führt insbesondere das Ende solcher Beziehungen vor, denn wo die gemeinsame Sache wegfällt, da hört auch die Freundschaft auf.»Würde aber
dieses letztere fortgeschafft«, dem wir Feind sind und gegen welches
wir uns mit dem anderen verbrüdert haben, so hatte Sokrates gesagt,»so würden wir ihm [dem anderen], wie es scheint, nicht mehr
Freund sein.«[39]

Gleichwohl kann auch in Kameradschaften emotionale Intimität entstehen, nämlich als warmes Gefühl der Verbrüderung, das
über den gemeinsamen Kampf für dieselbe Sache entsteht, und den
Eindruck vermittelt, verstanden zu werden und nicht allein zu sein.
Dabei kann dieses Gefühl auch einen reflexiven Charakter gewinnen und der narzisstischen Freundschaft zum Verwechseln ähnlich
sehen, weil auch die kameradschaftliche Zuneigung des einen der
Zuneigung des anderen zu ihm gelten kann. Das zeigen Rüthers Interviews und das zeigen auch Hölderlins Verse, in denen der Freund
Liebe, Duldung und Wärme»von des Freundes Blick« trinkt.

Hinzu kommt, dass der Kameradschaft auch ein besonderer ethischer Wert zugesprochen wird, nämlich durch den ethischen Wert
der Sache, für die sie kämpft, und durch die Anforderung an die
Kameraden, ihre unmittelbaren Interessen zugunsten dieser höhe-
ren gemeinsamen Sache zurückzustellen, womit Vorstellungen von
Treue, Stärke und Aufopferung verbunden sind. All das verleiht der
Kameradschaft und auch dem kameradschaftlichen Gefühl einen

besonderen romantischen Reiz und verstärkt seine Attraktivität auch für unpolitische Freundschaften heute.

Diese romantische und idealisierende Kraft ist so groß, dass die Idee der Kameradschaft immer noch populär ist, obwohl sie für eine moderne Freundschaft ungeeignet ist. Denn diese Freundschaften gründen sich nicht auf die Unterscheidung von Freund und Feind, sondern auf die persönliche Zuneigung von zwei Menschen zueinander, und dabei geht es den Freunden vor allem darum, um ihrer selbst willen geliebt zu werden. Um dennoch das romantische und idealisierende Potenzial der Kameradschaft für die Idealisierung der eigenen Freundschaft fruchtbar zu machen, muss die Kameradschaft also entpolitisiert und auf ihren sentimentalen Charakter reduziert werden. Auch das zeigen die Interviews von Rüther, der vorführt, dass Männer ihre Freundschaft als eine Verbrüderung gegen Feinde verstehen, um sie zu romantisieren, ohne jedoch einen konkreten Feind zu benennen, gegen den sie sich vereinen. Mit dem Verschwimmen dessen, dem sie Feind sind, muss nach der Logik der Verbrüderung aber auch ihre Freundschaft haltlos werden. Sie klammern sich deshalb an ein indifferentes Gefühl der Verbrüderung, das sich nur noch ins Offene richtet. Wie prekär diese sentimentalisierte Kameradschaft ist, zeigt insbesondere Bruce Springsteens Freundschaftshymne *No Surrender*, die für Rüther emblematische Bedeutung hat und der er große orientierende Kraft für Männerfreundschaften zuspricht, die mir jedoch im Gegenteil als Ausweis des Scheiterns und der Erschöpfung dieses Freundschaftsverständnisses erscheint. Das Lied bietet ein markantes Beispiel einer Freundschaft, die noch in der Logik der Verbrüderung verharrt, aber politisch entleert ist, die jedoch auch nichts besitzt, womit sie diesen Mangel kompensieren könnte. Im Refrain heißt es:

»Well, we made a promise we swore we'd always remember
No retreat, baby, no surrender.
Like soldiers in the winter's night with a vow to defend
No retreat, baby, no surrender.«

Diese Freunde gaben sich ein Versprechen und sie werden sich immer daran erinnern: keinen Rückzug, keine Aufgabe. Sie sind wie Soldaten in einer Winternacht, die ihr Gelöbnis nicht brechen dürfen, deshalb:»No retreat, baby, no surrender.« Sie sind miteinander verschworen. Das Gemeinsame, um dessen willen sie sich verbrüdert haben, ist jedoch nicht konkret politisch bestimmt, sondern bloß ein blasser Schimmer einstiger Hoffnungen auf romantische Selbstverwirklichung. In den ersten beiden Strophen heißt es:

>»Well, we busted out of class
>Had to get away from those fools
>We learned more from a three-minute record
>Than we ever learned in school
>Tonight I hear the neighborhood drummer sound
>I can feel my heart begin to pound
>You say you're tired and you just wanna close your eyes
>And follow your dreams down
>
>Refrain [...]
>
>Well, now young faces grow sad and old
>And hearts of fire grow cold
>We swore blood brothers against the wind
>I'm ready to grow young again
>And hear your sister's voice calling us home
>Across the open yards
>Well, maybe we could cut someplace of our own
>With these drums and these guitars«

Der Rock'n'Roll als glitzernde Gegenwelt, an denen sich Phantasien der Schüler entzündet haben. Mit Gitarre und Schlagzeug die Welt erobern. Groß und schön. Unabhängig und frei. »That's when Rock and Roll dreams come true«, würde Springsteens Kollege Meat Loaf singen. Aber inzwischen sind die Herzen traurig und kalt geworden (now young faces grow sad and old / And hearts of fire grow cold) und das gemeinsame »Band der Not«, das alle Menschen in der bürgerlichen Gesellschaft zusammenkettet und jeden zwingt, ein Mittel für die Zwecke des anderen zu sein,[40] hat die unendliche Weite möglicher Selbstverwirklichung scharf eingezäunt. Zuchthaus des Lebens, trübe und schal. In der Erinnerung flackert die alte Sehnsucht noch auf, ihre Erfüllung ist jedoch in eine sentimentalische Ferne gerückt und der Enttäuschung gewichen.

Springsteen besingt die Ent-Täuschungen und Entzauberungen des romantischen Selbstbildes gut dreißig Jahre, bevor sie von Ehrenberg, Honneth oder Han als Krise der modernen Persönlichkeit theoretisch beschrieben werden. Zugleich hat das Lied eine besondere sentimentale Qualität, die Springsteen dadurch, dass er das Stück auf Konzerten nur noch solo und akustisch spielt, auch selber unterstreicht. Es bäumt sich trotzig gegen diese Entzauberungen auf, obwohl klar ist, dass die Schlacht geschlagen ist und das romantische Bild, das sich die Freunde von sich und der Welt machten, ohne Wiederkehr verloren bleibt.

Damit kehrt hier ein sentimentalischer Ton wieder, wie ihn die deutsche Kultur der Freundschaft etwa aus der Lyrik Friedrich Schillers kennt. So schildert dieser z.B. in seinem Gedicht *Die Bürgschaft* von 1799 eine Freundschaft, in welcher der eine bereit ist, sein Leben für den anderen zu geben, anhand folgender Geschichte, die im Syrakus des 4. Jahrhunderts v. Chr. spielt: Möros schleicht sich an den Hof von Dionysos II. Er will den Tyrannen töten, wird jedoch gestellt und zum Tode verurteilt. Der Tod schreckt Möros nicht. Wohl aber, dass seine Schwester noch unverheiratet ist. Um das zu ändern, bittet er Dionysos um drei Tage Urlaub. Als Pfand seiner Rückkehr wolle er seinen Freund Selinuntium am Hof lassen. Freund und König willigen ein und so kann Möros fortgehen und die Schwester verheiraten. Seine Rückkehr wird jedoch durch Unglücksfälle erschwert und so droht der dritte Tag zu verstreichen, ohne dass Möros den Freund auslösen kann. Dionysos lässt schon das Kreuz aufrichten, an das Selinuntium geschlagen werden soll, doch dieser glaubt fest an die rechtzeitige Rückkehr seines Freundes, der auch im letzten Moment tatsächlich erscheint und den anderen befreit. Gerührt von der unverbrüchlichen Treue der Freunde, die bereit waren, füreinander in den Tod zu gehen, erlässt Dionysos Möros die Strafe.

Schiller kleidet dieses Verzeihen in die berühmten Verse, die Dionysos spricht: »Ich sei, gewährt mir diese Bitte, / in eurem Bund der Dritte.« In ihnen drückt sich auch die Läuterung des Tyrannen aus, der in den Bund der Freundschaft aufgenommen werden und sich mit den Menschen verbrüdern will. So lässt Schiller diese antike Szene von einem modernen republikanischen Geist durchwehen und verleiht der Freundschaft eine kameradschaftliche, politische Dimension.

Er kleidet auch andere Details dramatisch aus, vor allem die Unglücksfälle, die Möros' Rückkehr zu verhindern drohen, aber er überträgt die Handlung, die auf eine alte griechischen Legende zurückgeht, nicht in seine Gegenwart, sondern belässt sie ganz bewusst in der griechischen Antike, weil damit zugleich der idealische und utopische Charakter dieser Freundestreue bis in den Tod deutlich wird. Das Gedicht – und das begründet seinen sentimentalen Ton – beschreibt ein Ideal, das nicht mehr realisiert, sondern nur noch in der Erinnerung besungen werden kann. In einem anderen Gedicht, *Die Götter Griechenlands*, nennt Schiller das antike Griechenland ein »Fabelland«, in dem die Welt schöner und die Menschen glücklicher waren, dessen Schönheit und Glück jedoch »ohne Wiederkehr verloren bleiben«. Allenfalls die Dichtung kann sie noch besingen und so – als ein freilich immer schon Verlorenes – wieder aufscheinen lassen.[41]

In diesem Sinne kann auch in *No Surrender* das romantische Selbstbild der Freunde nur noch im Rückblick als gemeinsames Gefühl beschworen, aber nicht mehr wirklich werden. Es ist, wie Schiller sagen würde, in sentimentalische Ferne gerückt. Alles, was die Freunde bei Springsteen noch aufrecht hält, sind die Erinnerung daran, was einmal hätte gewesen sein können, aber nicht wurde und nie mehr wird – und der müde Appell, nicht umzufallen. Darin besteht ihre Kameradschaft.

Damit gewinnt auch die Gefühlskultur der heutigen Freundschaft schärfere Kontur. Sie ist getragen von einem sentimentalen Gefühl der Enttäuschung: Die Glücksversprechen der Moderne haben sich nicht erfüllt, sondern können nur noch als ein unwiederbringlich Verlorenes antizipiert werden. Und dennoch wird an ihnen trotzig festgehalten. Es ist ein Glück, das immer schon vertan ist, in der Gefühligkeit des Umgangs und der Emotionalisierung der Beziehungen aber dennoch heraufbeschworen wird. Gleichzeitig drückt sich darin jedoch auch Unbescheidenheit, ja Maßlosigkeit aus, die versucht, auf versunkenen Stufen emporzusteigen und lieber an der Unerreichbarkeit des großen Glücks leidet, als sich mit dem kleinen Glück zu bescheiden – und das verstärkt die Erschöpfung.

Auch das zeigt Springsteens melancholische Durchhalteparole – insbesondere dann, wenn man sie mit einem ganz ähnlichen Lied Schillers vergleicht, das dieser *An die Freunde* singt. Auch bei Schiller »rauscht« es »von größerm Leben« und »schönre[n] Zeiten« noch in der Phantasie, und »das Große aller Zeiten« zeigen die »Bretter, die die Welt bedeuten«. Das Theater steht für Schiller an der Stelle, die für Springsteen die Musik besetzt, und liefert ihm die Figurationen von idealer Gültigkeit, die dieser im Rock'n'Roll sucht. Anders als *No Surrender* setzt Schillers Gedicht den Brettern, die die Welt bedeuten, jedoch das »kleine[...] Leben« entgegen, das sich mit dem ruhigen Glück begnügen muss. Aber das hat es immerhin, und darin liegt auch ein gewisser Stolz: »Wohl von größerm Leben mag es rauschen, / Wo vier Welten ihre Schätze tauschen« und »Größres mag sich anderswo begeben, / als in unserm kleinen Leben«:

»Aber nicht im trüben Schlamm der Bäche
der von wilden Regengüssen schwillt,
Auf des Baches stiller Fläche
spiegelt sich das Sonnenbild.«[42]

Wenngleich unspektakulär, bietet dieses kleine Leben doch ein bescheidenes, heiteres Glück, das sich hier gerade deshalb einstellen kann, weil es in ihm nicht so hoch hergeht und auch nicht so hoch hergehen muss. Bei Springsteen gibt es dieses zufriedene Glück im Kleinen nicht, sondern dort überwiegen die Enttäuschung darüber, dass »nicht alle Knabenmorgen-Blütenträume reiften«, wie es in Goethes Gedicht *Prometheus* heißt, und die Erschöpfung daran, sich nicht nach dem eigenen Bilde geformt haben zu können, also kein Prometheus zu sein, d.h. die gegenwärtige Müdigkeit, man selbst zu sein.[43]

Damit wiederholt sich in der zeitgenössischen Freundschaft ein Unglück, das für den modernen Menschen schon vielfach allgemein beschrieben worden ist, aber kaum je so deutlich wird: nämlich dass die Idee der Freiheit (und der individuellen Selbstverwirklichung) keine Chance hat, in die Tat (und sei es auch nur die des Rocksongs) umgesetzt zu werden, ohne sich zu beschädigen oder sogar aufzulösen. Das ist eine tragische Geschichte – ja eigentlich die Idee des Tragischen selbst.

4. Freundschaft in der Not

oder Was sich die Deutschen wünschen

Die Vorstellung, echte Freunde zeichneten sich dadurch aus, dem anderen nicht nur in guten, sondern auch in schlechten Zeiten zur Seite zu stehen, ist immer noch die populärste Vorstellung von Freundschaft in Deutschland. Das besagt zumindest die vom Allensbacher Institut für Meinungsforschung 2014 durchgeführte Jacobs-Studie. In ihr hatten die Befragten »Verlässlichkeit«, »Rat und Hilfe« und »Ehrlichkeit« als die drei wichtigsten Qualitäten genannt, die sie von einem Freund erwarten.

Alle drei unterstreichen den ökonomischen Charakter dieser Freundschaft als einem Geschäft auf Gegenseitigkeit, bei dem es vor allem darum geht, vom Freund zuverlässig unterstützt und nicht ausgenutzt zu werden, und das heißt, alles, was wir für ihn tun, auch vergolten zu bekommen. Das gilt nicht nur für den Rat und die Hilfe, die im Zentrum des Tauschhandels stehen, sondern auch für die Verlässlichkeit und die Ehrlichkeit, die hier ebenfalls einen ökonomischen Charakter gewinnen.

Verlässlich zeigt sich der Freund, wenn er dem anderen hilft. Sei es, weil er sich damit für Hilfe revanchiert, die er selbst zuvor vom ihm empfangen hat, oder sei es, dass er in Vorleistung für ihn geht. Es ist die Verlässlichkeit des ehrlichen Kaufmanns, der Schulden zurückzahlt und auf Treu und Glauben einen Vorschuss gibt, um im Geschäft zu bleiben.

Das kann er jedoch nur tun, wenn der andere auch ehrlich ist. Hinter der Forderung nach der Ehrlichkeit des Freundes steht also der Wunsch, das Risiko der eigenen Investition abzusichern und vom Partner nicht betrogen zu werden. Wer seinem Freund mit Rat und Hilfe zur Seite steht und ihm nicht nur in guten, sondern auch in schlechten Tagen treu ist, der möchte sichergehen, dass der andere ihm diesen Beistand nötigenfalls auch gewährt und zurückgibt, was er bekommen hat.

Davon können Freunde in der Not jedoch nicht ohne Weiteres ausgehen, denn ihre Freundschaft ist nicht nur eine ökonomische Beziehung, in der sie materielle Interessen verfolgen und auf ihre Kosten kommen wollen, sondern sie ist auch eine emotionale Beziehung, in der sie sich verstanden und anerkannt fühlen und auch den Eindruck haben möchten, um ihrer selbst willen liebenswert zu sein.[44] Auch das zeigen die Ergebnisse der Allensbacher Umfrage: Dass der Freund denselben Humor hat, offen und verständnisvoll ist oder Trost spendet, ist den Befragten fast genauso wichtig wie dass er ihnen zurückzahlt, was sie ihm gegeben haben.

Allerdings harmonieren die materiellen und emotionalen Interessen hier nicht, sondern stören einander. So wird z.B. der ökonomische Charakter der Beziehung nicht transparent, sondern vom Bekunden wechselseitiger Zuneigung überdeckt. Das bedeutet, Freunde in der Not legen nicht genau fest, welche Verpflichtungen sie gegeneinander haben, sondern behaupten, dass sie das, was sie füreinander tun, aus reiner Liebe zum anderen täten – obwohl beide insgeheim an ihren materiellen Interessen festhalten. Mithin muss der eine die Zuneigungsbekundungen des anderen als Zeichen seiner Verlässlichkeit ansehen und kann so leicht ausgenutzt werden. Denn ein Freund, der nicht ehrlich wäre, könnte dem anderen seine Zuneigung nur vorspielen, damit dieser etwas für ihn tut und eigene Interessen zurückstellt. Fiele der andere auf dieses Schauspiel herein, dürfte er sich jedoch nicht darauf verlassen, dass sein Einsatz ihm vergolten würde, sondern er fände sich betrogen.

So habe ich z.B. lange Nachmittage mit einem Schulfreund gelernt. Ich wäre lieber mit den anderen ins Freibad gegangen oder hätte mich sonst wie vergnügt, denn es war endlich Sommer geworden, wir hatten Ferien und ich war frei. Aber mein Freund hatte eine Nachprüfung zu bestehen und bat mich um meine Hilfe. Also habe ich darauf verzichtet. Dabei hat es mir auch geschmeichelt, dass er mir sagte, wie hilfreich ich für ihn sei und dass er mir meine Hilfe hoch anrechnete. Ich glaubte, wir würden durch das gemeinsame Pauken enge Freunde werden und war mir sicher, er würde meinen Einsatz nicht vergessen. Beides hat sich jedoch nicht erfüllt. Kaum dass wir genug gearbeitet hatten, begann sein Interesse wieder nachzulassen und als ich mal seine Hilfe brauchte, hatte er keine Zeit. Auf dieses Risiko, enttäuscht zu werden, reagiert der Wunsch nach der Ehrlichkeit des Freundes. Der Freund soll nur dann Zuneigung versprechen, wenn er sie auch ehrlich meint, und d.h., wenn er auch bereit ist, die damit erkauften Freundschaftsdienste zu vergelten. Die Freundschaft in der Not ist also ein Geschäft auf gegenseitige Hilfe, das jedoch durch vielfältige Wechsel in einer anderen Währung geführt wird, und wenn die Freunde einander erklären, wie gern sie sich mögen, können sie nur hoffen, dass dieser Scheck auch gedeckt ist. Sicher sind sie sich dessen jedoch nie, denn der Wechselkurs ist nebulös. Ob und zu welchem Verhältnis die Zuneigung in Hilfe getauscht werden kann, bleibt immer undurchsichtig. Das rückt nicht nur den Tausch ins Zwielicht, sondern auch den Freund, und sät Misstrauen untereinander. »Wie Papiergeld statt des Silbers«, schreibt Arthur Schopenhauer über die Freundschaft in der Not, »so kursieren in der Welt statt der wahren Achtung und der wahren Freundschaft die äußerlichen Demonstrationen und möglichst natürlich mimisierten Gebärden derselben. Indessen läßt sich andererseits auch fragen, ob es denn Leute gäbe, welche jene wirklich verdienten. Jedenfalls gebe ich mehr auf das Schwanzwedeln eines ehrlichen Hundes, als auf hundert solche Demonstrationen und Gebärden.«[45]

Die Zuneigung unter den Freunden steht im Ruch des Falschgeldschwindels und das macht den Freund dem Freunde verdächtig – sowohl im Hinblick auf seine Sympathie für den anderen als auch mit Blick auf seine Bereitschaft, etwas für ihn zu tun und dabei die eigenen Interessen hintanzustellen. Denn beides wird hier mit demselben Ausdruck des Wohlwollens versichert und so kontaminiert das eine das andere. So entsteht Misstrauen, wie auch die Umfrage zeigt. Denn warum sonst sollte die Ehrlichkeit des Freundes so wichtig sein?

Der massive Wunsch danach verrät mithin nicht nur viel über die Freundschaft in der Not, sondern auch darüber, wie die Menschen, die sie preisen, ihre Freunde einschätzen: nämlich als solche, deren Handlungen auf »egoistischen Motiven der mannigfaltigsten Art beruhen«, um noch einmal Schopenhauer zu zitieren, die aber bereit sind, das zu verschleiern, wenn es ihnen weiterhilft.[46]

Damit wird die Heuchelei zum Kernproblem der Freundschaft in der Not. An ihr droht nicht nur die Freundschaft selbst zu scheitern, sondern sie behindert auch die Befriedigung der materiellen und emotionalen Interessen, aus deren Widerspruch sie hervorgeht. Die Gefahr der Heuchelei schürt ein Misstrauen unter den Freunden, das den Austausch von Gefälligkeiten bremst. Und wenn der Freund unter dem Verdacht steht, durch seine Zuneigung nicht die Anerkennung der eigenen Person zu bekunden, sondern sich materielle Vorteile erschleichen zu wollen, dann gerät seine Sympathie unter den Verdacht der Schmeichelei und kann seinem Freund nicht mehr die Anerkennung schenken, die er sich wünscht. Deshalb ist Schopenhauer »das Schwanzwedeln eines ehrlichen Hundes« hundert Mal lieber als die Bekundung der Freundschaft.

Mithin gehen die Freunde in der Not durch die Kontamination von Hilfe und Liebe und die alles vergiftende Angst vor dem Betrug, die daraus resultiert, nicht nur der Möglichkeit verlustig, sich in ihren Freundschaften nach Kräften zu unterstützen, sondern auch des psychologischen Gewinns, den sie aus der wechselseitigen Auffassung als liebenswert gewinnen könnten.[47] Für Ersteres müssten sie ihre Freundschaft als reine Geschäftsbeziehung begreifen. Doch daran hindern sie ihre psychologischen Interessen. Für Letzteres müssten sie bereit sein, sich ganz der Illusion hinzugeben, von ihrem Freund nur um ihrer selbst willen geliebt zu werden, doch daran hindern sie ihre materiellen Interessen. Solange dieser innere Widerspruch besteht, können die Verstrickung der Freunde darein und das Problem der Heuchelei nicht ausgeräumt werden.

Der Philosoph Claude-Adrien Helvétius, ein Kammerherr am Hofe Ludwigs des XV., hat deshalb vorgeschlagen, diesen Widerspruch zugunsten der materiellen Interessen aufzulösen und Freundschaft ganz nüchtern als Geschäft zu verstehen. »Liebe ist ein Bedürfnis. Es gibt keine Freundschaft ohne Bedürfnis: sonst wäre es eine Wirkung ohne Ursache«, schreibt er in seinem Buch *Vom Geist* und kritisiert seine Zeitgenossen dafür, romantischen Vorstellungen von der Freundschaft nachzuhängen: »Sie stellen sich die Freundschaft wie einen Roman vor und reden sich wirklich eine solche Freundschaft ein, bis die Gelegenheit ihnen und ihren Freunden die Augen öffnet und sie lehrt, daß sie einander nicht so sehr geliebt haben, wie sie es sich eingebildet haben.«[48]

Zu dieser Auflösung des Widerspruchs sind die Freunde jedoch nicht bereit, denn sie verlören damit auch die Möglichkeit, sich vom

Freund um ihrer selbst willen geliebt zu fühlen – und darauf möchten sie nicht verzichten. Allerdings wiegen die psychologischen Interessen der Freunde auch nicht so stark, dass sie bereit wären, dafür ihre materiellen Interessen aufzugeben und den Widerspruch so von der anderen Seite zu lösen. Also suchen sie nach einer Möglichkeit, das Problem der Heuchelei und den Widerspruch ihrer Interessen zumindest zu begrenzen.

Deshalb moralisieren sie die Freundschaft. Echte Freunde loben den Altruismus, verurteilen den Egoismus und geißeln alle Heuchelei. Cicero würde sie am liebsten verbieten und aus der Freundschaft verbannen: »Weder Heuchelei noch Verstellung darf es geben« fordert er, »denn alles in der Freundschaft ist Wahrheit und freier Wille.« »Die Heuchelei ist die materia prima des Teufels«, schreibt der Philosoph Thomas Carlyle, »von der aller Lug und Trug, alle Schwachheit und Abscheulichkeit herrührt, von der nichts Wahres kommen kann. Denn die Heuchelei ist selbst eigentlich eine doppelt destillierte Lüge, eine Lüge in der zweiten Potenz.«[49] Und Heinrich Heine kennt »die kalte, gleißende Schlangenhaut der Heuchelei«[50].

Diese Reihe ließe sich lang fortsetzen, denn die Zahl der rhetorischen Ausfälle gegen die Heuchelei ist Legion. Sie sind aber vor allem *rhetorisch*. Denn wenn die Freunde tatsächlich so altruistisch und wahrheitsliebend wären, wie diese Reden fordern, oder wenn es eine andere Möglichkeit gäbe, die Heuchelei unter den Freunden zu unterbinden, dann wären diese Reden gar nicht notwendig. So aber müssen sich die Freunde auf die rhetorische Kraft ihrer Forderung verlassen – und auf den guten Willen des anderen.

Deshalb appellieren sie an seine Ehrlichkeit und seinen Altruismus – wohl wissend, dass das viel verlangt ist. Schließlich fußt ihre Freundschaft auf egoistischen Interessen und nur der Wunsch, keines davon aufzugeben, macht die Moralisierung der Freundschaft nötig. Unter diesen Umständen ist der echte Freund jedoch so selten wie der schwarze Schwan, wie Immanuel Kant schreibt.[51] Andere sind noch skeptischer: »Freunde in der Not gehen Tausend auf ein Lot«, sagt der Volksmund, weil sie von so unendlich kleinem Gewicht sind, dass es sie eigentlich gar nicht gibt. Die »wahre, echte Freundschaft«, so Schopenhauer, »setzt eine starke, rein objektive und völlig uninteressierte Teilnahme am Wohl und Wehe des andern voraus und diese wieder ein wirkliches Sich mit dem Freunde identifizieren. Dem steht der Egoismus der menschlichen Natur so sehr entgegen, daß wahre Freundschaft zu den Dingen gehört, von denen man, wie von den kolossalen Seeschlangen, nicht weiß, ob sie fabelhaft sind oder irgendwo existieren.«[52] Mithin muss den Freunden schon ein Minimum an Altruismus als Wunder erscheinen und sie sprechen bereits dann von echter Freundschaft, wenn sich unter die egoistischen Interessen des anderen wenigstens eine kleine Prise Mitleid mischt, die es ihm erlaubt, sich in Ausnahmefällen über die eigenen Interessen hinwegzusetzen und zugunsten des Freundes zu handeln, ohne dabei auf den eigenen Vorteil zu achten.

Ein derart überschießendes Wohlwollen würde jedoch den Charakter dieser Freundschaft grundlegend verändern, denn es würde dem anderen um seiner selbst willen gelten und nicht dem eigenen Interesse. Damit enthöbe es die Freundschaft der Ökonomie des Tausches und verwandelte sie in eine Beziehung, die nicht auf den Interessen der Freunde, sondern ihrer Interesselosigkeit beruht. Dafür müssten allerdings auch die Freunde ganz anders sein, als sie sind, zumindest in ihren besten Momenten. Wenn sich die echte Freundschaft jedoch in der interesselosen Liebe für den anderen beweisen sollte, dann stellt sich die Frage, warum es überhaupt nötig sein sollte, sie im wechselseitigen Interesse zu begründen.

Im Traum von der Liebe des Freundes, die dem anderen nur um seiner selbst willen gilt, verrät auch die Freundschaft in der Not ihren sentimentalen Charakter. Sie treibt über sich selbst hinaus auf etwas hin, von dem sie gleichwohl weiß, dass sie es nicht hat und sucht das Glück in einem anderen, das sie negiert, dort, wo sie selbst aufgehoben wäre. Auch ihr Glück ist ein immer schon verlorenes und das verbindet sie mit der Kameradschaft.

Denn tatsächlich herrscht ja in der Praxis ein ganz anderes Prinzip, wie die Umfrage zeigt. Nicht das als reiner Altruismus überschießende Mitleid für den anderen bestimmt die Freundschaft in der Not, sondern das altruistische Kalkül, nach dem der Freund nur dann mit seinem Freunde mitleidig ist, wenn dieser sich im Gegenzug auch mitleidig mit ihm zeigt. Das belegen nicht zuletzt die Tests, denen der Freund unterzogen wird. Sie sollen prüfen, wie ehrlich er es mit seiner Zuneigung meint und ob er in der Not wirklich Mitleid mit einem hätte. Nur dann nämlich wäre das eigene Mitleid ihm gegenüber gut investiert.

Da sich das mit Gewissheit jedoch erst dann feststellen lässt, wenn eine dringende Notlage eintritt, die den anderen zwingt, für

seinen Freund bedeutende Opfer zu bringen oder als Heuchler da-
zustehen, also womöglich zu spät, müssen subtilere Kniffe gefunden werden, um ihm auf den Zahn zu fühlen. So empfiehlt z.b.
Schopenhauer, dem Freund ein kleines Unglück oder eine persönliche Schwäche zu berichten und darauf zu achten, wie er reagiert.
»Alsdann nämlich malt sich in seinen Zügen entweder wahre, innige, unvermischte Betrübnis, oder aber sie bestätigen durch ihre
gefaßte Ruhe oder einen flüchtigen Nebenzug den bekannten Aus-
spruch des Rochefoucauld: In dem Unglück unserer besten Freunde
werden wir immer etwas finden, was uns nicht mißfällt« – nämlich
die Freude, nicht selbst betroffen zu sein oder vielleicht sogar das
Gefühl der Überlegenheit. »Die gewöhnlichen sogenannten Freunde«, so Schopenhauer weiter, »vermögen bei solchen Gelegenheiten
oft kaum das Zucken zu einem leisen, wohlgefälligen Lächeln zu
unterdrücken« – und entlarven damit unwillkürlich die Falschheit
ihrer Zuneigung.[53]

Die Freunde begnügen sich hier nicht mit dem frommen Wunsch,
dass der Freund ehrlich sein möchte, sondern versuchen ihn der
Heuchelei zu überführen, damit sie ihr Mitleid nicht verschenken.
Damit erweist sich jedoch der Versuch, den Widerspruch zwischen
den psychologischen und materiellen Interessen der Freunde durch
die Moralisierung der Freundschaft zu begrenzen, als gescheitert.
Denn diese sogenannte echte Freundschaft in der Not kann weder
beanspruchen mitleidig noch echt zu sein. Ein Mitleid, das berechnet, ist kein echtes Mitleid; ein Altruismus, der auf Gegenseitigkeit
aus ist, ist kein Altruismus, sondern ein versteckter Egoismus.

Allerdings dürfen die Freunde hier gar nicht ehrlich sein. Denn
wenngleich die Freundschaft vom Egoismus der Freunde ausgeht,
dürfen sie ihn nicht sehen lassen, wenn sie überhaupt Freunde haben wollen. Der Wunsch, um seiner selbst willen geliebt zu werden,
verlangt hier schließlich einen Umgang miteinander, in dem alles
zumindest so aussieht, als ob es aus reiner Zuneigung zum anderen
geschähe. Die Heuchelei ist hier also Programm.

Das verleiht der Freundschaft jedoch einen durch und durch theatralischen Charakter und die Freunde müssen sich ununterbrochen
fragen, ob die Zuneigung ihres Freundes echt oder nur gespielt ist.
Liebt er sie wirklich uneigennützig oder verfolgt er nur egoistische
Interessen? Und können sie von ihm überhaupt ein Verhalten erwarten, das nicht egoistisch ist, wenn es gerade ihr Egoismus ist, der
ihren Wunsch nach seinem Altruismus motiviert? So entsteht ein

ganz grundlegendes Misstrauen unter den Freunden, das es ihnen, von echten Notlagen abgesehen, schließlich sogar unmöglich macht, den Altruismus des Freundes überhaupt zu erkennen, wenn er sich wider alle Wahrscheinlichkeit doch einmal zeigen sollte. Denn wenn die Freunde davon ausgehen, dass eigentlich alle Handlungen auf einem bestimmten Eigeninteresse des Freundes beruhen, und zugleich verlangen, dass sich alle egoistischen Handlungen den Anschein des Altruistischen geben müssen, wie können dann die wenigen Ausnahmen selbstlosen Handelns überhaupt erkannt werden? Mit Sicherheit gar nicht. Vielmehr belegt das alle Handlungen des Freundes mit dem Anschein des Betrügerischen und lässt schon im Zucken seiner Mundwinkel den Verrat vermuten.

Die Zuneigung unter den Freunden steht damit immer unter Vorbehalt und gilt nur solange, bis sich der Argwohn, der sie ständig begleitet, bewahrheitet. Das belegt auch die Bestätigung der eigenen Liebenswürdigkeit mit dem Verdacht der Schmeichelei. Die psychologischen Interessen der Freunde können deshalb nur sehr vordergründig befriedigt werden.

Anstatt die Freunde also ihrer Liebenswürdigkeit zu versichern, wird die Freundschaft zu einem Bühnenstück, in dem einerseits alle schauspielern, andererseits jeder Schauspieler aber zugleich versucht, hinter die Theatermaske des anderen zu blicken, um herauszufinden, was dieser tatsächlich empfindet, obwohl er weiß, dass er das im Zweifelsfall gar nicht sicher erkennen könnte, sondern bestenfalls erraten müsste. Damit werden Freundschaften zu einem Spiel aus Täuschung und Ent-Täuschung, in dem Schein und Sein kaum noch zu unterscheiden sind.

Das macht sie zu riskanten Beziehungen, zumindest dann, wenn die Freunde nicht bereit sind, auf die Befriedigung ihrer Interessen zu verzichten. Sie benötigen dann ganz andere Qualitäten, um erfolgreich miteinander befreundet zu sein, als die Allensbacher Umfrage ergeben hat oder die Moralisierung der Freundschaft fordert. Wenn nämlich die Simulation von Altruismus und die Dissimulation von Egoismus in der Freundschaft so verbreitet sind, wie es die Freundschaft in der Not vorsieht, dann sind nicht Verlässlichkeit, Hilfsbereitschaft oder Ehrlichkeit die entscheidenden Qualitäten für eine in diesem Sinne echte Freundschaft, sondern die Freunde müssen vor allem schlau sein.

Eine Freundschaft zu führen, wird damit zu einer Frage der persönlichen Klugheit und erfordert eine gewisse Kunstfertigkeit.

Es ließe sich also ebenso eine Kunst der Freundschaft denken, wie es auch andere lebenspraktische Künste gibt, die Kunst der Verführung oder die Kunst der Intrige. Indem solche Künste den anderen jedoch zum Gegenstand der eigenen Kunstfertigkeit machen, lösen sie das gemeinsame Band der Zuneigung noch weiter auf. Wer seine Freundschaften kunstvoll meistert, kann sich überhaupt nicht mehr der Illusion hingeben, von seinem Freund um seiner selbst willen geliebt zu werden, sondern wird die Bestätigung seines Selbstwertgefühls allein darin finden müssen, den anderen zu beherrschen.

Das zeigen etwa die Künste der Freundschaft, die Baltasar Gracián und Barney Stinson formulieren, der eine, ein spanischer Jesuitenpater, in seinem barocken *Handorakel oder Kunst der Weltklugheit*, der andere, eine Figur aus der amerikanischen Sitcom *How I Met Your Mother*, in seinem *Playbook*.[54] Beide führen eine Kunst der Freundschaft vor, welche die Herausforderung, die die Freundschaft in der Not an die Schlauheit der Freunde stellt, annimmt. Dabei wäre Graciáns Brevier wohl auch der erste Titel, den Schopenhauer nennen würde, wenn er angeben müsste, wo die Klugheit, die die echte Freundschaft verlangt, zu lernen wäre. Er hat das Buch ins Deutsche übersetzt und schließt in seinen eigenen Überlegungen zur Freundschaft daran an. Seither kursiert es als Handreichung für ein riskantes Leben unter deutschen Schriftstellern und Intellektuellen. Als Walter Benjamin das Buch seinem Freund Bertolt Brecht schenkte, schrieb er ihm als Widmung einen Vers aus Brechts *Ballade von der Unzulänglichkeit* hinein: »Denn für dieses Leben ist Mensch nicht schlau genug.«

DIE KUNST DER FREUNDSCHAFT

Die Kunst der Freundschaft hebt den inneren Widerspruch der Freundschaft in der Not zwar nicht auf, sie hebt ihn jedoch auf die höhere Ebene des Spiels oder gesellschaftlichen Schauspiels. Sie antwortet damit auf den gescheiterten Versuch, die Freundschaft zu moralisieren und ändert die Kategorien, unter denen die Freundschaft betrachtet wird. Es geht ihr nicht um die ethische Qualität der Beziehung oder darum, bestimmte moralische Anforderungen an den Freund zu stellen, sondern darum, die eigenen Interessen möglichst effektiv durchzusetzen, ohne sich mit moralischen Problemen aufzuhalten. Damit erhält die Kunst der Freundschaft einen machiavellistischen Zug. Das zeigt sich vor allem im Umgang mit der Heuchelei, die nicht nur von ihren moralischen Kautelen befreit, sondern selber zur Kunst erhoben wird.

Wenn das Vortäuschen von Altruismus und das Verbergen von Egoismus so offensichtlich sind wie in der Freundschaft in der Not, dann kann eigentlich nicht behauptet werden, dass hier jemand getäuscht werden würde. »Die Verbeugungen (Komplimente) und die ganze höfische Galanterie, samt den heißesten Freundschaftsversicherungen mit Worten, sind zwar nicht eben immer die Wahrheit«, schreibt etwa auch Kant, »aber sie betrügen darum doch auch nicht, weil ein jeder weiß, wofür er sie nehmen soll« – nämlich für ein Schauspiel, in dem jeder seine eigenen Interessen maskiert und bei dem doch ein jeder diese Maske durchschaut, wenn er klug ist.[55] Beklagenswert ist also nicht die Heuchelei, sondern der Dummkopf, der sie nicht erkennt und selber nicht beherrscht. »Freunde sind die, welche Freundschaft erweisen«,[56] schreibt Gracián und empfiehlt, sich das Wohlwollen der Freunde durch Schmeichelei und Gefälligkeiten zu sichern. Dabei muss jedoch aller Anschein der Berechnung vermieden werden, d.h., es gilt, so zu tun, als würde alles für den anderen bloß aus Zuneigung zu ihm getan und nicht, weil man eine Gegenleistung erwartet. Das ist die hohe Kunst der Schmeichelei und auch das Betragen der Freunde in der Not. Was dort der Scheck auf die wechselseitige Zuneigung ist, nennt Gracián »die Sachen um den Höflichkeitspreis verkaufen«.

Klug angewandt, kommt so ein Höflichkeitspreis den anderen jedoch teuer zu stehen. Zumindest dann, wenn er sich an das sittliche Gebot von Gabe und Gegengabe hält oder wenn er wenigstens so erscheinen möchte, als täte er dies – und darauf verpflichtet ihn ja die Freundschaft in der Not. Dann nämlich, so Gracián, wird ihm die Gefälligkeit, die der Freund erweist, nicht eigentlich geschenkt, sondern doppelt verkauft, einmal für den tatsächlichen Wert, den sie hat, und einmal für den Wert der Höflichkeit, die sie erweist. »Die Höflichkeit schenkt nicht«, schreibt Gracián, »sondern legt eine Verpflichtung auf, und die edle Sitte ist die größte Verpflichtung. Für den rechtlichen Mann«, oder für den, der zumindest als ein solcher erscheinen will, »ist keine Sache theurer, als die, welche man ihm schenkt: man verkauft sie ihm dadurch zwei Mal und für zwei Preise, den des Werthes und den der Höflichkeit.«[57]

Durch die vordergründige Moralisierung der Freundschaft erhält der Freundschaftsdienst einen doppelten Preis, der es erlaubt,

den anderen zu betrügen, und das ist in der Freundschaft in der
Not besonders leicht, weil sie ihren ökonomischen Charakter nicht
transparent macht, sondern in ihr *alles* um den Höflichkeitspreis
verkauft wird. Das Festhalten an ihren psychologischen Interessen
zwingt die Freunde dazu. Deshalb müsste die Zahl derjenigen,
die sich auf diese Weise binden lassen, besonders groß sein. Es sei
denn, alle sind gleich gewieft. Dann sollten ihnen statt Geschen-
ken lieber Versprechen auf Gewinn gemacht werden, um damit
ihre »Abhängigkeit zu begründen«: »Wer klug ist«, schreibt Gracián – und das liest sich wie eine Lehre aus den Enttäuschungen,
die die echte Freundschaft in der Not zu bieten hat, oder eine Vor-
sichtsregel, die sie vermeidet –, der »sieht lieber die Leute seiner
bedürftig, als ihm dankbar verbunden.« Deshalb sei es für gewöhn-
lich besser, »sie am Seile der Hoffnung [zu] führen«, als sich auf
ihre Dankbarkeit zu verlassen. Die Dankbarkeit ist vergesslich, die
Hoffnung auf Gewinn bleibt hingegen immer wach. »Man erlangt
mehr von der Abhängigkeit als von der verpflichteten Höflichkeit:
wer seinen Durst gelöscht hat, kehrt gleich der Quelle den Rücken,
und die ausgequetschte Apfelsine fällt von der goldenen Schüssel
in den Kot. Hat die Abhängigkeit ein Ende«, warnt Gracián, »so
wird das gute Vernehmen es auch bald finden und mit diesem die
Hochachtung. Es sei also eine Hauptlehre aus der Erfahrung, daß
man die Hoffnung zu erhalten, nie aber ganz zu befriedigen hat,
vielmehr dafür sorgen soll, immerdar nothwendig zu bleiben«[58] –
auch dem Freund.

Der Freundschaftsdienst wird so zur taktischen Gabe. In einer
Beziehung wie der Freundschaft in der Not, in der die Freunde gezwungen sind, ihr Interesse zu verleugnen und so zu tun, als gälte
ihre Liebe zum anderen nur dessen persönlicher Liebenswürdigkeit,
müssen sie ihn für alles mit dem Höflichkeitspreis bezahlen und
doppelt zurückerstatten, was sie bekommen haben. Andernfalls
würden sie moralisch disqualifiziert. So muss sich, wer nicht als Betrüger gelten will, betrügen lassen. Das ist die brutale Dialektik der
sogenannten echten Freundschaft, die Gracián hier offenlegt. Ihr
entkommt nur, wer nichts vom Freunde annimmt oder zumindest
im Voraus berechnet, wie viel ihn dieser Gefallen unter Umständen
kosten wird. Das hieße, nur so zu tun, als kaufte man die Sache um
den Höflichkeitspreis, tatsächlich aber den eigenen Vorteil im Blick
zu behalten und darauf zu achten, dem anderen nötig zu bleiben,
während man ihm Dankbarkeit heuchelt.

Die Freundschaft wird so zum verminten Gelände, in dem es vor
allem darauf ankommt, den Freund zu durchschauen, sich aber selber nicht in die Karten blicken zu lassen. Insofern wäre es unklug,
ehrlich zu sein. Es sei denn, man wäre es aus taktischen Gründen.
Wenn nämlich alle einander betrügen und jeder in dem, was der
Freund sagt, eine Finte wittert, die seine wahren Interessen verbirgt,
dann kann sporadische Ehrlichkeit ein geschickter Winkelzug sein.
Deshalb empfiehlt Gracián »bald aus zweiter, bald aus erster Absicht
[zu] handeln«:

»Ein Krieg ist das Leben des Menschen gegen die Bosheit des Menschen.
Die Klugheit führt ihn, indem sie sich der Kriegslisten, hinsichtlich ihres Vor-
habens, bedient. Nie thut sie das, was sie vorgiebt, sondern zielt nur, um zu
täuschen. Mit Geschicklichkeit macht sie Luftstreiche; dann aber führt sie in
der Wirklichkeit etwas Unerwartetes aus, stets darauf bedacht ihr Spiel zu
verbergen. Eine Absicht läßt sie erblicken, um die Aufmerksamkeit des Geg-
ners dahin zu ziehen, kehrt ihr aber gleich wieder den Rücken und siegt durch
das, woran Keiner gedacht. Jedoch kommt ihr andrerseits ein durchdrin-
gender Scharfsinn durch seine Aufmerksamkeit zuvor und belauert sie mit
schlauer Überlegung: stets versteht er das Gegentheil von dem, was man ihm
zu verstehen giebt, und erkennt sogleich jedes falsche Miene machen. Die
erste Absicht läßt er immer vorübergehen, wartet auf die zweite, ja auf die
dritte. Indem jetzt die Verstellung ihre Künste erkannt sieht, steigert sie sich
noch höher und versucht nunmehr durch die Wahrheit selbst zu täuschen:
sie ändert ihr Spiel, um ihre List zu ändern, und läßt das nicht Erkünstelte
als erkünstelt erscheinen, indem sie so ihren Betrug auf die vollkommenste
Aufrichtigkeit gründet.«[59]

Mit der Wahrheit täuschen, das ist die doppelt destillierte Lüge der
Heuchelei, die Carlyle verurteilt. Auf ihr ruht die Kunst der Freundschaft. Sie verlangt von den Freunden mithin, nicht Schaf, sondern
Wolf zu sein, um mit dem Vokabular des Machiavellismus zu reden,
ein Wolf im Schafspelz, versteht sich.

Damit entfernt sich die Kunst der Freundschaft maximal weit
vom wechselseitigen Wohlwollen und der Zuneigung, die Menschen in der Freundschaft suchen. Sie ist eine Fortsetzung des
Krieges mit anderen Mitteln und darin der Politik vergleichbar.
Das verleiht auch den Freundschaften einen politischen Charakter.
Sie werden zu strategischen Partnerschaften für die vordergründig
gemeinsame oder wechselseitige, tatsächlich jedoch egoistische

Befriedigung einzelner Interessen, für die es die Mitwirkung eines anderen braucht. Die Mittel, mit denen die Hilfe des Freundes erreicht werden soll, sind den Kriegslisten vergleichbar, mit denen die Feinde bekämpft werden. Die Freunde werden durch Geschenke verpflichtet und durch die Hoffnung auf Gewinn gebunden. Gegen die Feinde wird intrigiert. In beiden Fällen ist es notwendig,»die Daumschraube eines Jeden zu finden«, d.h., ausfindig zu machen, woran er am stärksten interessiert ist.[60] »Alle sind Götzendiener«, schreibt Gracián,»Einige der Ehre, Andre des Interesses, die Meisten des Vergnügens. Der Kunstgriff besteht darin, daß man diesen Götzen eines Jeden kenne, um mittelst desselben ihn zu bestimmen. Weiß man, welches für Jeden der wirksame Anstoß sei, so ist es als hätte man den Schlüssel zu seinem Willen.« Das gilt für Freund und Feind. Den einen bindet der kluge Mensch mit diesem Schlüssel an sich, den anderen setzt er so »schachmatt«. Ist er dabei besonders geschickt, muss der andere diese Manipulation überhaupt nicht bemerken. Unter Umständen erkennt er nicht einmal, dass der andere sein Feind ist, sondern er hält ihn für seinen Freund. Dem Feind ein vorgeblicher Freund sein, um ihn dann im entscheidenden Moment zu vernichten oder sich zumindest der eigenen Vernichtung durch ihn zu erwehren, auch das gehört zur Kunst der Freundschaft, in der die Freunde immer auch Feinde sind.»Halte deine Freunde nah, aber deine Feinde näher«, sagt der Pate im zweiten Teil des gleichnamigen Films von Francis Ford Coppola, denn das Verhalten gegen Freund oder Feind ist dasselbe.[61]

Indem sie die Grenzen zwischen Freund und Feind verwischt, pointiert die Kunst der Freundschaft eine Instabilität der Freund-Feind-Unterscheidung, die in der Freundschaft in der Not immer schon angelegt ist, weil dort jeder sein Interesse zu befriedigen sucht und sich die dafür günstigsten Partnerschaften leicht ändern können. Daher die verbreitete Warnung, dass Freunde leicht Feinde werden. So empfiehlt Cicero, den Freund von vornherein so zu lieben, wie jemanden, den man eines Tages vielleicht hassen wird; und seinen Feind so zu hassen wie jemanden, den man später vielleicht als Freund liebt.[62]

Der Bruch der strategischen Partner- oder Gegnerschaft ist also immer schon einkalkuliert. Daraus zieht die Kunst der Freundschaft ihre praktischen Schlussfolgerungen und zeigt sich auch darin als konsequente Verwirklichung der Freundschaft in der Not. Sie löst

indes auch die Freundschaft vollends auf, denn sie kann sie weder
von der Feindschaft unterscheiden noch irgendeine Art des Wohlwollens unter den Freunden erhalten. Vielmehr spitzt sie die Interessengebundenheit der Zuneigung auf einen geheimen Krieg der
Freunde zu, der es ihnen unmöglich macht, sich von anderen gemocht zu fühlen. Die einzige Bestätigung der eigenen Persönlichkeit, die sie zulässt, ist das Gefühl, den anderen überlegen zu sein.
Damit kommt sie den Wünschen einer narzisstischen Persönlichkeit allerdings sehr entgegen und das ist vielleicht der Grund dafür, dass sie von Barney Stinson adaptiert wird.

Er zeigt, wie keine andere Figur der Serie How I Met Your Mother,
die dramatisch gesteigerte Emotionalisierung und die permanente
Suche nach Wertschätzung, die Verkennung des anderen und das
prekäre Selbstwertgefühl, die heute intime Beziehungen bestimmen. Die Psychologin Danielle Grider schreibt deshalb in ihrer
Charakteranalyse der Figur, dass Barney alle Symptome einer narzisstischen Persönlichkeitsstörung erfülle.[63] Barney führt aber auch
vor, wie so jemand mit Schmeichelei und Provokation, falschen Informationen und gezielten Indiskretionen, mit großen Szenen und
kleinen Einlagen andere Menschen dazu bringen kann, zu tun, was
er möchte. Einen Höhepunkt markiert dabei die Folge »Der Sporttaucher« (Staffel 5, Episode 8), in deren Mittelpunkt eine Sammlung
von theatralischen Einlagen und persuasiven Techniken steht, die
Barney in einem Buch zusammengetragen hat, dem Playbook. Das
komplexeste dieser kleinen Schauspiele, die er gibt, oder Fallen, die
er stellt, ist der sogenannte »Sporttaucher«, ein Schauspiel so kunstvoll verwoben, wie die Handlungsführung eines barocken Dramas.

Es beginnt in einer Bar. Die Stimmung ist angespannt. Barneys
Freunde Marshall, Lilly, Ted und Robin sind verärgert, weil sie das
Gefühl haben, von ihm an der Nase herumgeführt worden zu sein.
Zugleich sind sie neugierig, weil Barney angekündigt hat, heute sein
Meisterwerk der Verführungskunst aufzuführen, den Sporttaucher.
Er hat sich dafür schon kostümiert und trägt einen Taucheranzug.
Sie haben jedoch keine Ahnung, wie der Trick funktioniert. Als er
ihnen sagt, auf welche Frau er es abgesehen habe, warnen sie diese
und berichten ihr die Ereignisse der letzten Tage: Barney und Robin
haben sich gerade getrennt. Deshalb hat Barney angekündigt, nun
jede Frau in New York verführen zu wollen. Dazu bedient er sich
verschiedener Schauspiele, die er in seinem Playbook gesammelt hat.
Dabei kam er jedoch seinem Freund Ted in die Quere und spannte

ihm Shelly aus, ein Date, das Lilly für Ted arrangiert hatte. Als Lilly ihn deswegen zur Rede stellte, war Barney sich jedoch keiner Schuld bewusst. Er rühmte sich vielmehr seiner darstellerischen Leistung und meinte, dass Ted angesichts der erotisch blassen Performanz von Shelly nichts verpasst habe, sondern vielmehr ihm, Barney, dankbar sein könne, dass dieser Kelch schalen Vergnügens an ihm vorübergegangen sei. Wenn überhaupt jemand zu verurteilen sei, sagte er, dann sei es Lilly, weil sie Shelly über Barney aufgeklärt und so enttäuscht habe. Das sei verletzend, nicht sein Betrug.

Diese kurze Szene zeigt eine narzisstische Persönlichkeit in der Nussschale: Barney geht es vor allem um die Bestätigung der eigenen Persönlichkeit und er bewertet Beziehungen danach, wieviel Lust sie bereiten. Dabei hat diese Lust jedoch einen reflexiven Charakter, d.h. er genießt nicht eigentlich die Lust, die der andere ihm bereitet (in diesem Sinne disqualifiziert Barney ja Shelly), sondern er genießt sich in der Interaktion mit dem anderen vor allem selbst. Deshalb erscheint ihm auch die Lust, die er meint Shelly bereitet zu haben, als so ein hoher Wert. Es ist ein reflexiver Genuss, der mit Blick auf die Unterscheidung, die das Deutsche Wörterbuch der Brüder Grimm zwischen dem »Genießen« und dem »Ergötzen« trifft, als ein Sich-Ergötzen am anderen bezeichnet werden kann. Denn während »genießen« eine passive, negative wie positive, fühlende Anteilnahme oder Teilhabe an einer Sache meint, die vom Fühlenden verschieden ist, bezeichnet »ergötzen« ein Genießen, bei dem sich der sich Ergötzende an sich selbst erfreut, indem er etwas genießt.[64] Es ist ein selbstbezügliches Gefühl, das sich nicht auf einen anderen richtet, der um seiner selbst willen Bedeutung hätte, sondern sich an ihm als einem Objekt entzündet und dann für sich selbst brennt. So lässt auch das Verhalten Barney Stinsons gegenüber Shelly das romantische oder frühidealistische Erbe der zeitgenössischen Gefühlskultur erkennen. Er vergöttlicht sich selbst und würdigt alles andere zu seiner Schöpfung herab. Eben dies zeichnet das romantische Selbstgefühl aus.[65]

Lilly war über Barneys Verhalten so verärgert, dass sie zur Gegenintrige ansetzte. Er hatte ihr seinen nächsten Streich verraten und sie engagierte eine Schauspielerin, die nur zum Schein auf Barneys nächstes Schauspiel hereinfiel und ihm sein Playbook stahl. Als sich Barney bei seinen Freunden über den Diebstahl empörte, klärte Lilly ihn auf. Sie hoffte, ihn damit zu stoppen, konnte ihn jedoch nicht beeindrucken. Er kündigte vielmehr an, am Abend

im McLaren's sein größtes Meisterwerk aufzuführen, den »Sporttaucher«. Ärgerlicherweise konnten die Freunde jedoch keinen
Trick dieses Namens im *Playbook* finden. Deshalb sind sie heute
in die Bar gekommen, um ihn *in actu* zu vereiteln. Damit hat die
Handlung wieder den Anfang erreicht und die Freunde fragen sich,
wieso Barney nun, da sein nächstes Opfer gewarnt und so seinen
Anschlag auf Claire, so heißt die Frau aus der Bar, vereitelt haben,
nicht aufgibt. Und was hat er eigentlich vorgehabt? Voller Neugier
setzen sie sich zusammen mit Claire zu Barney an den Tisch und
fragen ihn. Barney macht ein sehr trauriges Gesicht. Er sagt, Lilly habe vollkommen Recht gehabt. Es sei ein Fehler gewesen, sich
sogleich nach der Trennung von Robin, seiner ersten ernsthaften
Beziehung, wieder ins Singleleben zu stürzen – zumal mit der von
ihm gezeigten Rücksichtslosigkeit. Er sehe darin jetzt selbst einen
Ausdruck von Verletzung und Trauer, die er sich nicht zugestanden
habe, nun aber verarbeiten wolle. Wie albern all das gewesen sei,
zeige nicht zuletzt sein lächerliches Kostüm.

Das rührt seine Freunde. Sie gewinnen den Eindruck, mit Barney
grundlegende moralische Überzeugungen und emotionale Dispositi-
onen zu teilen. Sie fühlen sich von ihm in ihrer Gefühlskultur und
ihren moralischen Ansprüchen bestätigt. Vor allem Lilly ist über Barneys Wende im Umgang mit seinen Gefühlen, die sie auch als ihren
Verdienst ansieht, sehr froh und überredet deshalb Claire, mit Barney
einen Kaffee trinken zu gehen. Tief in seinem Herzen, sagt sie, sei er
ein guter und aufrichtiger Mann. Robin pflichtet ihr bei und so verlässt Claire mit Barney, der immer noch seinen Taucheranzug trägt,
die Bar. Als er um die Ecke biegt, zwinkert er in die Kamera. Kurz darauf erhält Marshall von ihm eine SMS, die ihn auffordert, unter dem
Tisch nachzuschauen. Dort findet Marshall die letzte Seite des *Playbook*, die Barney herausgerissen hatte, bevor er es sich stehlen ließ. Sie
trägt die Überschrift »Der Sporttaucher« und zeigt, dass Barney von
der Ankündigung neuerlicher Libertinage über die Verführung Shel-
lys bis zum Zusammenbruch in der Bar alles, was passierte, genau so
geplant hatte. All die Täuschungen und vermeintlichen Aufhebungen
der Täuschung gehörten zur Falle, die er seinen Freunden und Claire
gestellt hat, und die nur zuschnappen konnte, weil sich alle von ihm
in gewünschter Weise manipulieren ließen.

Das ist für die Freunde eine demütigende Erfahrung. Sie sind
enttäuscht, weil ihr Freund ihr Vertrauen missbraucht und ein

Einverständnis simuliert hat, das von seiner Seite nicht bestand. Sie fühlen sich düpiert, wie so oft in vergleichbaren Szenen, in denen sie auf die von Barney gesetzten Reize so reagieren wie der pawlowsche Hund auf das Läuten der Glocke, denn sie merken, dass sie auf die von ihm gesetzten Anreize so verlässlich reagieren wie eine Marionette auf den Zug des Puppenspielers an ihren Fäden. Wenngleich dem die Bewunderung für Barneys Können gegenübersteht und er diese Herabsetzung mit seiner starken Anhänglichkeit an seine Freunde und verschiedenen großherzigen Handlungen für sie immer wieder ein Stück weit kompensiert, bleiben auf ihrer Seite doch Verletzung und Misstrauen zurück, die, bei allen Versuchen, sie wegzulachen, eine größere Intimität mit Barney verhindern. Sie stellt sich zwischen den anderen, nicht manipulativen Figuren zwar ein, aber nicht mit Barney. Er bleibt gegenüber der Gruppe ein Außenseiter, der sie wie ein Mond umkreist.

Das ist die ernste Rückseite dieser komischen Szenen. Zu ihr gehört auch die Auflösung der Gewissheit des Freundes, denn so unvertraut und fremd die Freundschaft durch ihre theatralische Dimension hier wird, so uneindeutig gerät sie auch. Sie wird zu einem fortgesetzten Spiel aus Täuschungen und Ent-Täuschungen, das die Frage nach dem, was in dieser Freundschaft echt oder wahr ist, zugunsten eines Schauspiels suspendiert, in dem Schein und Sein nicht mehr zu unterscheiden sind. Auch das macht »Der Sporttaucher« deutlich: Barneys Zwinkern in die Kamera weist den Zuschauer darauf hin, hier einem Spiel im Spiel beizuwohnen, das gerade die Ununterscheidbarkeit von Schein und Sein betont: Innerhalb der Folge, die ein Schauspiel für den Zuschauer ist, führt Barney in den Fallen für die Frauen ein Schauspiel für seine Freunde auf und Lilly innerhalb dieses Schauspiels eine theatralische Gegenintrige mit der Schauspielerin, die Barney sein Skript klaut. Darüber hinaus führt Barney innerhalb dieses Schauspiels für seine Freunde im Umgang mit diesen ein Schauspiel für den Zuschauer auf. Das zeigt das Zwinkern an. Mit diesem Zwinkern macht er den Zuschauer zu seinem Komplizen. Dennoch entsteht damit für den Zuschauer keine eindeutige Situation. Denn obwohl er von Barney in die Täuschung seiner Freunde eingeweiht wird, kann er nicht wissen, ob nicht auch dieses Zwinkern nur eine Finte ist, mit der ihn Barney ebenso hinters Licht führen möchte, wie dieser das mit seinen Freunden getan hat.

Mithin führt die Episode »Der Sporttaucher« nicht nur vor, was es heißt, seine Freunde zu manipulieren, sondern auch, wie die Freundschaft damit eine theatralische Dimension erhält, und zwar so eine, die Freundschaften undurchschaubar macht. Wie schon bei Gracián und Schopenhauer, weiß auch hier der andere nicht, wie er die Gesten der Freundschaft verstehen soll und ob der Freund wirklich ein Freund ist.

Damit unterscheidet sich diese theatralische Form der Freundschaft von der Höflichkeit, die zwar auch eine Form des Schauspiels ist, aber durchschaubar bleibt. »Ein jeder weiß, wofür er sie nehmen soll«, sagt Kant – nämlich für ein theatralisches Spiel, mit dem Menschen zwar ihre wechselseitigen Interessen verkleiden, um den Umgang untereinander zu erleichtern, das aber auf diese Interessen hin durchsichtig gehalten wird. Deshalb wird hier auch niemand betrogen.

Diese Offenheit setzt freilich voraus, die Interessengebundenheit der Freundschaft anzuerkennen. Wo das nicht geschieht, sondern die Freunde gezwungen werden, so zu tun, als ob sie den anderen um seiner selbst willen liebten, wie es das Konzept der Freundschaft in der Not verlangt, da verwandelt sich das durchsichtige Theater der Höflichkeit in ein fortgesetztes Spiel der Täuschungen, in dem Schein und Sein ununterscheidbar werden. In ihm verwandelt sich die Höflichkeit von der Kunst, sich selbst geltend zu machen, wie der Freiherr von Knigge schreibt, in die Kunst der Manipulation, wie sie Barney und Gracián vorführen.

Die zeitgenössische Kultur der Freundschaft hat dem jedoch nichts entgegenzusetzen, sondern flüchtet sich in künstliche Paradiese einer Gefühlskultur, welche die gesuchte Harmonie und Intimität nur vorspielen. Indes spiegelt auch dieses Gaukelspiel die Widersprüche und Pathologien wider, gegen die es aufgerufen wird, wie sich etwa an Dionne Warwicks Weihnachtshit *That's What Friends Are For* ablesen lässt, der überdies deutlich macht, in welchem Maße auch die Freundschaft in der Not eine narzisstische Beziehung ist. Warwick and Friends beschwören die Verlässlichkeit echter Freunde in guten wie in schlechten Zeiten, können diese Treue jedoch in nichts anderem als der Zuneigung der Freunde zueinander begründen, wobei diese Zuneigung nur mittelbar dem anderen gilt, und in erster Linie seiner Zuneigung, an der sich das Wohlwollen für ihn entzündet hat. Das verrät etwa die dritte Strophe:

»Well, you came in loving me
And now there's so much more I see
And so by the way
I thank you«

Damit gewinnt die gegenseitige Liebe, die Vers um Vers beeidet wird, einen reflexiven Charakter, der narzisstische Beziehungen kennzeichnet, als Fundament wechselseitiger Verantwortung jedoch unglaubwürdig erscheint. Gleichwohl sind der emotionale Überschwang, mit dem Liebe behauptet, und das Pathos, mit dem die emotionale Intimität besungen wird, überdeutlich, wie schon die erste Strophe und der Refrain zeigen:

»And I never thought I'd feel this way
And as far as I'm concerned
I'm glad I got the chance to say
That I do believe, I love you
And if I should ever go away
Well, then close your eyes and try
To feel the way we do today
And then if you can remember

Refrain: Keep smiling, keep shining
Knowing you can always count on me, for sure
That's what friends are for
For good times and bad times
I'll be on your side forever more
That's what friends are for«

Kaum eine Zeile, in der nicht Liebe gefühlt wird. Soll indes eine Antwort auf die Frage gefunden werden, warum auf die Liebe der Freunde Verlass sei, dann kann die Antwort wiederum nur lauten: weil sie sich lieben – und zwar im doppelten Sinne: Jeder liebt sich und jeder liebt es, dass der andere ihn liebt. Man liebt sich dafür, dass man sich liebt, und versichert sich so der eigenen Liebenswürdigkeit. D.h., man stimmt eigentlich nur darin überein, sich selbst liebenswert zu finden. Da nämlich die eigene Zuneigung unmittelbar nur der Zuneigung des anderen gilt und dem anderen nur insofern, als er einen liebt, kann der andere gar nicht Gegenstand der Zuneigung werden, zumindest nicht um seiner selbst willen. Er ist auch hier immer schon jemand, der etwas für den anderen bedeutet, aber niemand, der zunächst einmal nur etwas für sich bedeutet. D.h. die Zuneigung des Freundes bleibt immer bei sich selbst und kann sich, wie auch das Mitgefühl des Freundes in der Not, nicht von den eigenen Interessen lösen.

Damit scheinen auch hier selbstlose Handlungen, die die Logik des ökonomischen Kalküls dadurch durchbrechen, dass sich der eine in die Lage des anderen hineinversetzt und sich mit dessen Leiden identifiziert, als ob es sein eigenes wäre, ausgeschlossen zu sein. Da die Freunde an ihren unmittelbaren ökonomischen Interessen festhalten und mithin auch im Empfinden bei sich bleiben – so hatte das die Freundschaft in der Not vorgeführt – wird auch das Mitleid ökonomisiert und der gesuchte Altruismus verwandelt sich unter der Hand in einen versteckten Egoismus.

Mithin bietet auch die Freundschaft in der Not kein Muster, an dem sich die Praxis der modernen Persönlichkeit orientieren könnte, um sich aus der pathologischen Verstrickung in narzisstische Bespiegelung zu befreien. Vielmehr verleiht ihr Imperativ der Klugheit der theatralischen Dimension der Freundschaft eine besondere Härte, die entweder zur wechselseitigen Manipulation der Freunde führt oder in kühler Distanznahme mündet, wenn sich die Freunde nicht – im Versuch, diese Härte durch kleine Fluchten in eine regressive Gefühlskultur zu kompensieren – selbst betrügen.

Damit wird zugleich deutlich, was ein produktives Muster der Freundschaft leisten müsste. Es müsste zum einen den ökonomischen Charakter der Zuneigung in einer Art und Weise verstehbar machen, die für die moderne Persönlichkeit nicht kränkend ist. Es müsste eine Möglichkeit aufzeigen, wie die Reflexivität der Zuneigung eine Freundschaftspraxis tragen kann, die sich nicht in narzisstischer Selbstbespiegelung verstrickt, sondern auch die Handlungen aufrichtiger Freundschaft möglich macht, die sich Menschen wünschen und der sie den Namen der echten Freundschaft in der Not gegeben haben. Es müsste dafür die Grundlage der wechselseitigen Zuneigung deutlicher herausarbeiten und erklären, was es heißt, dass zwei Freunde einander lieben. Und es müsste auf Grundlage dieser Beobachtungen eine Praxis formulieren, die die theatralische Dimension positiv zu wenden, d.h. glücklich zu spielen. Das alles leisten die folgenden Kapitel. Ich beginne mit den ökonomischen Charakter von Freundschaften, den sie notwendigerweise haben müssen, damit es sie überhaupt gibt.

5. I Have a Friend in Jesus

oder Warum interesselose Freundschaften
unmöglich sind

Um einzusehen, dass Freundschaften an ein Interesse gebunden
sein müssen, das die Freunde darin verfolgen, genügt es, sich eine
Freundschaft vorzustellen, in der die Freunde kein Bedürfnis verfolgen, sondern gänzlich uneigennützig handeln. So eine Freundschaft kann es nicht geben, denn völlig uneigennützige Freunde
könnten keinen konkreten Freund haben, sondern müssten allen
ein Freund sein – und das ist unmöglich. Außerdem könnte man
nicht erklären, wieso solche Freunde überhaupt das Bedürfnis haben sollten, miteinander befreundet zu sein. Das zeigen etwa die
Überlegungen Kants, der sich so eine interesselose Freundschaft
vorstellt und dann selbst merkt, dass sie für Menschen unmöglich
zu verwirklichen ist.

Am Anfang der Überlegungen steht dabei die Frage, wie aus einer gewöhnlichen interessegebundenen Freundschaft eine interesselose Freundschaft werden kann. Denn jeder will auf seine Kosten
kommen, niemand tut etwas nur dem anderen zuliebe und die Menschen sind sogar bereit, einander ihr Wohlwollen nur vorzutäuschen,
wenn sie daraus einen Vorteil ziehen können. In so einer Freundschaft ist »alle menschliche Tugend im Verkehr« miteinander nur
»Scheidemünze«, also eine Art von Falschgeld, und »ein Kind ist
der, welcher sie für echtes Gold nimmt«.[66] Das konnte im vorigen
Kapitel am Beispiel der Freundschaft in der Not gut gesehen werden.

Um diesen Zustand zu überwinden, müssten die Freunde echte
und nicht nur gespielte Achtung füreinander empfinden. D.h. »diese anfänglichen leeren Zeichen des Wohlwollens und der Achtung
[müssten] nach und nach zu wirklichen Gesinnungen dieser Art

hinleiten« und unter den Freunden eine gegenseitige Wertschätzung etablieren, die dem anderen ohne alles Eigeninteresse gilt.
Aber wie können die Freunde dieses interesselose Wohlwollen
für den anderen aufbringen? Sie müssen die Perspektive auf ihn ändern und in ihm einen Repräsentanten der »Idee der Menschheit«
erkennen. Denn diese Idee der Menschheit verlangt von ihnen unbe-
dingte Achtung und schlägt »alle Eigenliebe nieder«. »Der Mensch
ist zwar unheilig genug«, schreibt Kant, »aber die Menschheit in seiner Person muß ihm heilig sein.«[67]

Deshalb trifft die Verweigerung dieser Achtung auch nicht nur
den Freund, sondern die Menschheit überhaupt, der jeder Mensch als
Mensch verpflichtet ist. Es ist »die Menschheit in der Person des
Menschen«, die »geehrt werden« muss, und den anderen nicht zu
achten ist »ein an der Menschheit verübter Hochverrath«. [68]

Damit gewinnt die Freundschaft eine große ethische Souveränität und verlangt vom Freund eine Zuneigung zum anderen, die tatsächlich von seinen egoistischen Interessen frei ist. Zugleich verliert
die Freundschaft damit jedoch ihren persönlichen Charakter. Sie
richtet sich nämlich nicht eigentlich an den individuellen Freund,
sondern an ihn als einen Repräsentanten der Idee der Menschheit.
Allerdings kann dann die Zuneigung des interesselosen Freundes
auch niemandem versichern, um seiner selbst willen liebenswert zu
sein. Also kann sie das Bedürfnis der modernen Persönlichkeit nach
individueller Anerkennung nicht erfüllen. Sie ist nämlich keine individuelle und persönliche Beziehung, sondern eine allgemeine Liebe
zur Menschheit und nur als diese allgemeine Liebe zur Menschheit
an sich, zur moralischen Idee von ihr, kommt sie ohne persönliches
Interesse aus. Die individuellen Beziehungen indes, die Menschen
sonst führen, in denen sie einem Interesse folgen und in denen ge-
heuchelt und betrogen wird, werden zwar auch als Freundschaften
bezeichnet, sie führen diesen Namen aber nur aus Gründen der Höflichkeit.[69]

Wenn Menschen also eine persönliche Freundschaft führen
möchten, in der sie sich und einander versichern, um ihrer selbst
willen liebenswert zu sein, kommt dieses Konzept der interesselosen
Freundschaft für sie nicht in Frage.

Außerdem macht es diese Freundschaft unmöglich, jemand Bestimmten als Freund zu benennen. Das ist ein weiterer Grund dafür,
warum sie als Modell moderner persönlicher Freundschaften versagt. Indem sich die Freundschaft nämlich auf die moralische Idee

der Menschheit bezieht, muss sich die Freundschaft an jeden Menschen richten, der sie repräsentiert. Mithin hat also jeder Mensch Anrecht auf die Achtung des Freundes. Wer ein echter Freund sein will, muss jedem ein Freund sein. Ist es aber überhaupt möglich, dass »man von jedem Menschen ein Freund sein kann«? In Anbetracht der Achtung, die jeder Mensch der Idee Menschheit schuldet, kann man vielleicht ein »allgemeines Wohlwollen gegen jedermann haben, aber jedermanns Freund sein«, resümiert Kant, »das geht nicht an, denn wer ein Freund von allen ist, der hat keinen besonderen Freund. Die Freundschaft ist aber eine besondere Verbindung.«[70]

Die interesselose Freundschaft ist also praktisch unmöglich, nicht nur für moderne Menschen, weil sie ihnen die individuelle Anerkennung verweigert, sondern überhaupt für alle Menschen. Denn wer allen ein Freund ist, der ist keinem ein Freund. Wer jeden zum Freund hat, der hat keine Freunde. Freundschaft ist dann ein Begriff, der alle und keinen bezeichnet und sich auf eine zugleich übervolle und leere Menge bezieht – auf alle Menschen überhaupt, aber auf keinen einzigen konkret. Die interesselose Freundschaft ist also »ein leerer Begriff, ens rationis«, ein bloßes Gedankending, auf Deutsch gesagt: »Nichts«.[71]

Gibt dazu keine Alternative? D.h. wäre nicht doch jemand vorstellbar, der jedermanns Freund ist? Das müsste dann jemand sein, der »von guter Gesinnung« ist und außerdem geneigt, »alles auf die beste Seite zu legen«. »Diese Gutherzigkeit, mit Verstand und Geschmack verbunden, macht einen allgemeinen Freund aus«, schreibt Kant und findet, dass ein solcher Mensch in moralischer Hinsicht recht vollkommen wäre. Er wäre aber wohl auch sehr einsam, denn er hätte jeden zum Freund und zugleich keinen. Gerade deswegen wird niemand so ein Freund der Menschheit sein wollen – selbst dann nicht, wenn er tatsächlich moralisch vollkommen wäre. Das würde nämlich von ihm verlangen, sich in seiner moralischen Vollkommenheit für die Menschheit aufzuopfern.

Tatsächlich macht es dieses Märtyrertum, das ihm die atlantische Aufgabe überträgt, allen ein Freund und trotzdem einsam zu sein, schwer, sich diesen Freund der Menschheit selber als einen Menschen vorzustellen, denn diese Aufgabe ist übermenschlich groß. Sie passt viel besser zu Christus – »dem Urbild sittlicher Gesinnung« – als zu einem Menschen.[72]

Das meint auch der französische Philosoph Jacques Derrida, der fragt, wieso jemand, der so vollkommen ist, dass er ein Freund

von allen und keinem sein könnte, und den die Einsamkeit nicht
schreckt, die damit verbunden ist, sich überhaupt Freunde wünschen sollte. Was könnte ihn dazu motivieren, Freundschaften ein-
zugehen – außer einer allgemeinen Liebe zur Menschheit, die so
groß ist, dass er ihretwegen leiden mag? So jemand würde viel eher
einem Gott gleichen als einem Menschen, denn Gottes Liebe ist be-
dingungslos, die der Menschen ist es nicht. »Ich bin gewiss, dass
weder Gegenwärtiges noch Zukünftiges, weder Hohes noch Tiefes
noch eine andere Kreatur uns scheiden kann von der Liebe Gottes,
die in Christus Jesus ist, unserm Herrn«, sagt der Römerbrief.[73] Der
Freund, von dem wir so eine Liebe erwarten, müsste ein Gott sein.
Götter und Menschen können aber keine Freunde sein, denn
zwischen ihnen kann es nicht jene Gegenseitigkeit geben, die für
Freundschaften notwendig ist und die auch dann, wenn in ihnen
die steilste Asymmetrie herrscht, zumindest kompensatorisch angestrebt wird.

Es kann also keine interesselose Freundschaft geben, zumindest
nicht als persönliche Beziehung zwischen zwei Menschen, sondern
Freundschaft setzt immer ein Bedürfnis voraus, das in ihr befriedigt werden soll. Deshalb gibt es keinen Anlass, die Interessegebun-
denheit der Freundschaft als narzisstische Kränkung zu verstehen.
Wenn der Freund kein Interesse an der Beziehung hätte, wäre nicht
einzusehen, auf welcher Grundlage sie überhaupt stehen könnte.

Allerdings ist damit nicht gesagt, dass der Freund nur auf die
Befriedigung seiner unmittelbaren Eigeninteressen festgelegt wäre
und nicht auch ein Interesse am Wohlergehen des anderen haben
könnte. Es kommt vielmehr darauf an, wie das Interesse hier verstanden wird – und d.h. vor allem einem materialistischen Missverständnis entgegenzuwirken, das dieses Interesse mit einem eindi-
mensionalen physiologischen Bedürfnis gleichsetzt.

Schon Mitte des 18. Jahrhunderts hat Helvétius als Vertreter des
Materialismus erklärt, dass alle Liebe, auch die freundschaftliche
Zuneigung, nur einem Bedürfnis entspringt, das in der Beziehung
befriedigt werden soll.[74] Dabei gestaltet die Art des Bedürfnisses die
Form der Beziehung – wie das persönliche Bedürfnis nach Anerkennung die Freundschaft prägt –, und die Größe des Bedürfnisses
bestimmt die Größe der Liebe. Denn »das Bedürfnis ist der Maßstab
des Gefühls«, sagt Helvétius. »Es gibt keine Freundschaft ohne Bedürfnis, sonst wäre es eine Wirkung ohne Ursache.«[75]

Wenngleich die Bedürfnisse des Menschen vielseitig sind (vom Hunger bis zum Wunsch nach Unterhaltung), lassen sie sich Helvétius zufolge doch alle unter dem Prinzip der Selbstliebe zusammenfassen, das seiner Meinung nach dem Menschen angeboren ist und alle seine Handlungen nach dem einfachen Mechanismus bestimmt, Lust zu maximieren und Unlust zu minimieren. Außerdem glaubt Helvétius, dass alle Bedürfnisse eine physiologische Grundlage haben. So sagt er etwa über die Liebe, sie sei »eine natürliche Sekretion«.

Mit dieser Auffassung leistete er einer mechanischen Bestimmung des Menschen Vorschub, die sein Zeitgenosse La Mettrie zum Anlass nahm, vom Menschen als Maschine zu sprechen und die im Zuge des Fortschritts der naturwissenschaftlichen Behandlung des Menschen immer populärer geworden ist. Sie lebt heute in den sogenannten Neurowissenschaften fort, wenn diese etwa behaupten, dass alle Handlungen des Menschen durch neuronale oder hormonelle Prozesse determiniert seien. So haben Untersuchungen an Schimpansen und Hunden ergeben, dass bei ihnen der Messwert des sogenannten »Kuschelhormons« Oxytocin ansteigt, wenn sie Freundschaften pflegen, und es steht zu vermuten, dass es sich bei Menschen ähnlich verhielte, wenn man die Versuche an ihnen wiederholte.[76]

Das heißt aber nicht, dass Freundschaft damit schon erklärt oder sogar durch den hormonellen Prozess bestimmt wäre, wie es die materialistische Position verstärkt behauptet, sondern nur, dass diese Art der Beziehung auf der physiologischen Ebene so beschrieben werden kann.

Dieser Einwand ist wichtig, weil den Freundschaften sonst ihr proaktiver Charakter genommen würde. Wenn es nämlich zuträfe, dass Stoffwechselphänomene entscheiden, ob ein Mensch z.B. jemanden liebt oder ihm freundschaftlich verbunden ist, dann wäre damit die Möglichkeit ausgeschlossen, das gegenseitige Verhalten so zu verstehen, als sei es bewusst gesteuert und entspringe nicht nur einer mechanischen Reaktion auf einen Reiz. Gerade diese bewusste Steuerung und Freiwilligkeit des menschlichen Verhaltens ist aber unerlässlich, um Beziehungen als Ausdruck persönlicher Anerkennung verstehen zu können. Auch ein Verständnis der Freundschaft als freiwilliger und freier Beziehung hängt davon ab. Andernfalls bestünde sie nur in der Kollision zweier Objekte, die von Kräften bewegt werden, denen sie, wie zwei Kugeln beim Billard, ausgeliefert sind, nur dass die Kräfte hier von innen kämen.

Dabei zeigt die einfache Beobachtung, dass Menschen in ihren Entscheidungen durchaus für das Abwägen von Gründen offen sind und nicht bei allem, was sie tun, einem blinden physischen Mechanismus folgen. Sie sind zumindest manchmal in der Lage, vor ihrer Entscheidung innezuhalten und sich zu überlegen, was sie wollen. Darin besteht gerade ihre Freiheit, wie der Philosoph John Locke betont hat.[77] Zu dieser Freiheit gehört nicht nur, dass sie tun können, was sie wollen, wie Lockes Zeitgenosse Thomas Reid ergänzt hat, sondern auch, dass sie bestimmen können, aufgrund welcher Motive, Wünsche und Überzeugungen sie handeln.[78] Offensichtlich sind Menschen in ihren Entscheidungen für das Abwägen von Gründen offen und in diesem Sinne nicht determiniert – weder durch ein alles regierendes Prinzip der Selbstliebe noch durch physiologische Prozesse.[79] Wenn Menschen jedoch in diesem Sinne frei sind, dann können als Gründe für ihr Handeln auch moralische Prinzipien in Frage kommen und dann ist es zumindest nicht ausgeschlossen, dass sie in Freundschaften nicht nur einem wie auch immer bestimmten Eigeninteresse folgen, sondern sich auch von einer altruistischen Haltung oder anderen moralischen Prinzipien leiten lassen, wenn sie daran ein Interesse haben.

Gerade Freundschaften können das Interesse an solchen Handlungen bestärken, denn sie zielen nicht auf die Befriedigung einfacher Bedürfnisse wie Hunger oder Durst, sondern entspringen dem Wunsch nach Anerkennung, der ein viel komplexeres Bedürfnis ausdrückt, als die Materialisten meinen. Während sich die physiologischen Bedürfnisse nur auf denjenigen beziehen, der sie hat, und in dieser Hinsicht eindimensional sind, bezieht sich der Wunsch nach Wertschätzung auf jemand anderen, der einen wertschätzen soll, und ist also mindestens zweidimensional. Jean-Jacques Rousseau, ein Zeitgenosse Helvétius', hat deshalb in seinem Diskurs *Über den Ursprung der Ungleichheit unter den Menschen* für diese unterschiedlichen Bedürfnisse unterschiedliche Begriffe gewählt: »amour de soi«, als das »natürliche Gefühl, das jedes Tier dazu veranlasst, über seine eigene Erhaltung zu wachen«, und »l'amour propre« »als ein relatives, künstliches und in der Gesellschaft entstandenes Gefühl, das jedes Individuum dazu veranlasst, sich selbst höher zu schätzen als jeden anderen« und das den Menschen antreibt, »einen Platz zu behaupten, mitzuzählen und als etwas angesehen zu werden«.

Auf der einen Seite also Selbstliebe im engeren Sinne, die nach »Annehmlichkeiten des Lebens für einen selbst« strebt, und auf der anderen Seite der Wunsch nach Wertschätzung, der »auf das Ansehen bei den anderen« abzielt und auch in modernen Freundschaften ausgemacht werden kann.[80]

Während sich die Selbstliebe im engeren Sinne zumindest zum Teil auf natürliche Bedürfnisse zurückführen lässt und die Bestrebungen, sie zu befriedigen, sich also mit der Mechanik des Lebens erklären ließen, ist das für Handlungen zur Befriedigung der *amour propre*, wie etwa das Führen von Freundschaften, nicht einzusehen. Vielmehr können hier andere Aspekte eine Rolle spielen, die den Menschen unter Umständen sogar dazu veranlassen, seine eigenen Interessen hintanzustellen und im Sinne des anderen zu handeln. Und dafür kann die narzisstische Selbstliebe eine viel größere und bessere Triebfeder sein als moralische Überzeugungen. Eines der schönsten Beispiele dafür gibt Mark Twain in den *Abenteuern Huckleberry Finns*.

6. Mark Twains *Huckleberry Finn*

oder Freundschaft als Gefühl betrachtet

Mark Twain schildert in seinem Roman *Die Abenteuer von Huckleberry Finn* (1884), der auch eine große Erzählung über die Freundschaft ist, wie Huckleberry, eine Halbwaise, die bei der Witwe Douglas und deren Schwester Miss Watson lebt, von seinem Vater gekidnappt wird, weil dieser sich damit verspricht, so an das Geld zu kommen, das Huckleberry durch den Fund eines Schatzes bekommen hat. Von diesem Fund erzählt Twains vorangegangener Roman *Tom Sawyer*, an dessen Handlung *Die Abenteuer von Huckleberry Finn* anschließen. Beide Romane spielen etwa um 1840 in den amerikanischen Südstaaten.

Um seinem Vater, der trinkt und Huck regelmäßig verprügelt, zu entkommen, fingiert Huck seine eigene Ermordung und flieht. Auf einer Insel im Mississippi trifft er Miss Watsons Haussklaven Jim wieder, der ebenfalls geflohen ist, weil er befürchtete, nach New Orleans verkauft zu werden und dann seine Frau und sein Kind, die von anderen Familien als Sklaven gehalten werden, niemals wiederzusehen. Deshalb will Jim nach Ohio, wo es keine Sklaverei gibt und ihn die Freiheit erwartet. Dort will er arbeiten, um Frau und Kind freizukaufen. Zusammen reisen Huck und Jim auf einem Floß den Mississippi hinab und bestehen dabei verschiedene Abenteuer. Sie lernen sich so besser kennen und entwickeln große Zuneigung zueinander. Letztlich gerät Huck jedoch in eine moralische Zwickmühle. Einerseits sieht er sich verpflichtet, Miss Watson mitzuteilen, wo sich Jim aufhält und meint, es dürfe nicht passieren, »daß ich 'ner armen alten Frau, die mir nie was Böses getan hat, ihren Nigger raubte«.[81] Dafür sprechen nicht nur seine Anhänglichkeit an die Wohltäterin, die ihm ein Zuhause gegeben hatte, sondern auch sein moralisches

Empfinden, das ihn als Mitglied einer Gesellschaft, die Sklaverei moralisch und rechtlich legitimiert, nötigt, das seinige zu tun, damit Miss Watson wieder in den Besitz ihres Sklaven kommt. Huck wünscht sich von Herzen, nicht mehr »zu sündigen«, sondern das moralisch Richtige zu tun und beschließt also, er wolle »an dem Nigger seine Eigentümerin schreiben und ihr mitteilen, wo er war«. Andererseits hindert ihn seine Zuneigung zu Jim daran, ihn zu verraten. Kaum dass er anfangen will zu schreiben, erinnert er sich daran, dass Jim ihm ein aufrichtiger Freund war, der z.b. während der Floßfahrt eine Wache für ihn übernahm, damit er selbst weiterschlafen konnte und der überhaupt alles tat, was er nur konnte, um ihm etwas Gutes zu tun. Er erinnert sich an die Zuneigung, das Wohlwollen und die Bestätigung, die Jim ihm stets entgegengebracht hat, wie er ihn gestreichelt und umsorgt und getröstet hat und wie er ihm für seine Freundschaft dankte und sagte, er »wäre der beste Freund, den der alte Jim jemals auf der Welt gehabt hätte, und der einzige, den er jetzt noch hätte«. Schließlich erinnert sich Huck der Schicksalsgemeinschaft, zu der die beiden Ausreißer auf dem Floß zusammengeschweißt worden sind. Er denkt an die Abenteuer, die sei miteinander bestanden haben und bei denen sie sich gegenseitig Beistand leisteten. Er erinnert sich, wie er Jim gerettet hat und dabei Gelegenheit fand, seine Geistesgegenwart zu zeigen, indem er Männern, die an Bord kommen wollten – und Jim gefunden hätten – weismachte, sie hätten die Pocken, und sie so fernhielt. All das wirkt auf Huck so stark, dass er Miss Watson nicht benachrichtigt: »Ich nahm den Brief in die Hand. Ich zitterte, weil ich mich jetzt für immer und ewig für eine Seite entscheiden musste und das wusste. Ich dachte 'ne Minute lang nach, hielt sozusagen den Atem an und sagte mir dann: Na schön, dann komm ich eben in die Hölle! Und zerriß das Papier.«

Huck verstößt zugunsten seines Freundes gegen sein Interesse, er nimmt in Kauf, sich strafbar zu machen und sogar in die Hölle zu kommen – und zwar nicht aufgrund seiner moralischen Überzeugungen, sondern aufgrund seiner Zuneigung zu Jim. Seine moralischen Überzeugungen (die auf einem rationalen Urteil beruhen) empfehlen ihm das gegenteilige Verhalten. Sie präsentieren ihm Jim als jemanden, der im Unrecht ist, dessen Flucht vereitelt und der seiner rechtmäßigen Besitzerin zurückgegeben werden muss. Seine psychologischen Muskeln sind jedoch nicht stark genug, das, was er aufgrund moralischer Überzeugung will, gegen das, was er als Freund fühlt, durchzusetzen, denn seine Zuneigung zu Jim ist stärker als sein Eigeninteresse und sein moralisches Gewissen zusammen.

Diese Zuneigung präsentiert ihm Jim als jemanden, der ihn umsorgt hat, der ihm stets ein verlässlicher Freund gewesen ist, der auf ihn angewiesen ist und der ihm das Gefühl gegeben hat, um seiner selbst willen liebenswert zu sein.

Dabei ist diese Zuneigung nicht nur im selben Maße interessengebunden wie die Zuneigung der modernen Persönlichkeit zu ihren Freunden, sondern hat wie diese auch einen reflexiven Charakter, der sich auf die Zuneigung Jims zu Huck bezieht. Er liebt Jim dafür, dass Jim ihn liebt, d.h. er liebt Jims Zuneigung zu ihm, die ihm das Gefühl gibt, liebenswert zu sein.

Trotzdem erfüllt Hucks Handeln in diesem Moment alle Kriterien einer moralischen Handlung für den Freund, die sich moderne Menschen idealerweise vorstellen, die ihnen aber in der Verstrickung in narzisstische Selbstbespiegelung nicht möglich zu sein scheint. Hucks Verhalten führt vor, dass das Gegenteil möglich ist.

Indem er Jim nicht verrät und seine eigenen Interessen zu dessen Gunsten zurückstellt, zeigt sich Huck als verlässlicher Freund in der Not. Dennoch unterscheidet sich sein Verhalten ganz wesentlich von dem Verhalten, welches das entsprechende Konzept fordert. Denn Huck entwickelt diese moralische Souveränität nicht, weil seine Freundschaft zu Jim auf moralischen Prinzipien beruht, sondern weil sie von einem wechselseitigen und narzisstischen Gefühl der Zuneigung getragen wird. Gerade Hucks moralische Prinzipien können sich ja nicht durchsetzen, sondern er zeigt sich mit Blick auf sie als willensschwach. Damit nimmt er eine Position ein, die in der Moralphilosophie üblicherweise als missliche Lage empfunden wird, weil sich der Verstand nicht gegen das Gefühl durchsetzen kann.

Huck beweist jedoch nicht nur die Stärke seiner Zuneigung zu Jim, sondern auch die moralische Souveränität dieses Gefühls, das ihm hier ein viel besserer Ratgeber ist als seine moralischen Überzeugungen, die rational begründet sind. Im Nachhinein ist Huck schließlich froh, so gehandelt zu haben, und kommt zu dem Schluss, dass er bei Lichte besehen bessere Gründe dafür hatte, Jim nicht zu verraten, als ihn zu verraten. Auf diese besseren Gründe hatte ihn sein Gefühl schon ausgerichtet, als sie seinem Verstand noch verborgen waren. Die moralische Souveränität der freundschaftlichen Zuneigung ist also so groß, dass sie nicht nur Handlungen unterstützt, mit denen sich der Freund über sein eigenes Interesse hinwegsetzt, sondern in ihnen kann sogar Willensschwäche einen positiven Effekt haben. Diese ganz unmittelbare moralische Qualität der freundschaftlichen Zuneigung ergibt sich aus der Wechselseitigkeit der Anerkennung und des Wohlwollens, die Freundschaften etablieren, insbesondere dann, wenn es sich um narzisstische Beziehungen handelt. Ich komme darauf im siebten Kapitel zurück.

Hucks Zwickmühle beleuchtet nicht nur die moralische Souveränität der freundschaftlichen Zuneigung, sondern macht auch dieses Gefühl selber anschaulich. Dabei handelt es sich offensichtlich um eine komplexe Empfindung, die sich von einfachen Empfindungen, wie etwa Schmerz, unterscheidet. Hucks Zuneigung ist kein bloßes Signal, kein Index auf einen inneren Zustand, wie das Pochen im Zahn, sondern sie hat einen Inhalt – Jim, der Huck liebt –, den sie präsentiert, und den sie dabei zugleich bewertet – nämlich als liebenswert.

Dabei geschieht diese Bewertung im Hinblick darauf, ob das, was das Gefühl Huck präsentiert, dazu passt, wie er sein möchte, wie er möchte, dass die Welt ist und wie er selbst gesehen werden möchte – nämlich als in all den Facetten liebenswert, die in seinen Erinnerungen an die Floßfahrt mit Jim zum Tragen kommen.[82]

Hucks Willensschwäche zeigt, dass die emotionale Bewertung von jemandem freier ist als seine rationale Beurteilung. Während sein rationales moralisches Urteil ihm empfiehlt, Jim zu verraten, empfiehlt ihm seine emotionale Bewertung des Freundes, ihn nicht zu verraten. Dabei kann ihn die gegenteilige rationale Bewertung nicht zwingen, seine emotionale Bewertung zu korrigieren. Ganz im Gegenteil, die emotionale Bewertung kann sich sogar gegen sein rationales Urteil durchsetzen.

Dieser Widerspruch ist möglich, weil es bei Gefühlen nicht darauf ankommt, dass sie das, was sie repräsentieren, auch richtig bewerten. Es ist sogar möglich, an einer emotionalen Bewertung festzuhalten, die als falsch erkannt worden ist.

Das lässt sich auch an anderen Gefühlen leicht beobachten, etwa an der Angst vor Mäusen, die auch wider besseres Wissen bestehen bleiben kann, also dann, wenn der Ängstliche erkannt hat, dass Mäuse keine Gefahr für ihn sind. Zwischen zwei rationalen Urteilen ließe sich dieser Widerspruch nicht aufrechterhalten, d.h., es wäre nicht möglich, gleichermaßen überzeugt zu sein, dass Mäuse gefährlich sind und dass sie ungefährlich sind. Anders als so ein Widerspruch zwischen rationalen Urteilen muss der Widerspruch zwischen der emotionalen und der rationalen Bewertung jedoch nicht logisch aufgelöst werden, sondern kann auch wider besseres Wissen bestehen bleiben. Denn während wir unsere rationalen Urteile über jemanden für wahr halten müssen und also gezwungen sind, sie zu revidieren, wenn wir zu anderen Erkenntnissen kommen, reicht es für die Überzeugungskraft von Gefühlen aus, dass wir ihre Bewertung für wahrscheinlich halten.

Diese Unterscheidung von rationalen Urteilen und emotionalen Bewertungen ist für das Verständnis von Freundschaften wichtig. Wenn Freundschaften nämlich Beziehungen sind, in denen Menschen füreinander freundschaftliche Zuneigung empfinden, dann geht es nicht darum zu erkennen, wie der andere *wirklich* ist, sondern darum, ob das Gefühl ihn in einer Art und Weise präsentiert, die dazu passt, wie man möchte, dass die Welt ist und wie man selber sein möchte. Seine rationale Bewertung spielt demgegenüber eine nachgeordnete Rolle und solange der Freund nicht gezwungen wird, seine emotionale Bewertung des anderen zu revidieren, kann die Frage, wie er wirklich ist, sogar irrelevant sein. Es reicht aus, dass er seine emotionale Bewertung des anderen für wahrscheinlich hält.

Was für den Freund wahrscheinlich ist, ist jedoch wiederum eng damit verknüpft, wie er die Welt sieht bzw. sehen möchte und das macht es für ihn leicht, vom anderen ein Bild zu entwickeln, das dazu passt, wie er selbst möchte, dass dieser andere ist. Das gilt auch für die Vorstellung davon, was der andere von ihm denkt und für ihn fühlt, die er ebenfalls geneigt sein wird, für sich auf die beste Seite zu legen.

Das macht es für Freunde so leicht, einander zu idealisieren, und das macht es so schwer, vom anderen schlecht zu denken und ihn dennoch zu mögen, denn das würde schließlich verlangen, auch von sich selbst schlecht zu denken. Ich komme darauf im neunten Kapitel zurück.

LIEBE UM DER LIEBE WILLEN

Mit diesen Überlegungen zum emotionalen Charakter der Freundschaft gewinnt nicht nur ihre theatralische Dimension an Bedeutung, sondern die dem Narzissmus zugeschriebene Verkennung des anderen verliert auch an Brisanz. Schließlich kommt es, anders als im Konzept der sogenannten echten Freundschaft, gar nicht so sehr darauf an, die Maske des anderen zu durchschauen und herauszufinden, wie er wirklich ist, sondern darauf, ob er dem Gefühl in günstigem Licht erscheint.

Da die Auffassung durch das Gefühl jedoch darauf rekurriert, wie derjenige, der es verspürt, sein möchte und wie er möchte, dass die Welt ist, hat das freundschaftliche Gefühl, wie wir gesehen haben, notwendigerweise einen narzisstischen Charakter. Der Freund spiegelt sich selbst in seiner Zuneigung zum anderen und sein Gefühl ist nur dann positiv, wenn es den anderen in einer Art und Weise repräsentiert, die dazu passt, wie er selbst sein möchte und wie er möchte, dass die Welt ist, mithin in einer Art und Weise, die ihn bestätigt. Insofern ist es überhaupt schwierig, sich ein positives Gefühl vorzustellen, das nicht, zumindest in Maßen, narzisstisch ist.

Damit verliert die Reflexivität des Gefühls ihren bedrohlichen Charakter. Zuneigung gilt immer auch der Zuneigung des anderen und nie nur dem anderen selbst. Für romantische Liebesbeziehungen ist das schon oft beschrieben worden, für Freundschaften steht eine entsprechende Beschreibung noch aus. Es verhält sich hier jedoch ganz ähnlich, das hat Hucks Zuneigung zu Jim gezeigt.

Die romantische Liebe, so der Soziologe Niklas Luhmann, entwickelt eine »Reflexivität der Liebe«, die darin besteht, dass das Liebesgefühl »auch gefühlsmäßig bejaht und gesucht wird«. Der Liebende liebt also nicht nur den anderen, sondern bezieht sich »in der Orientierung am anderen immer auch auf sich selbst« und somit auf sein Gefühl. Das bedeutet nicht nur, dass er sein Glück im Glück des anderen finden will, wie das in der Wechselseitigkeit der Liebe angelegt ist, sondern auch – und das ist das (selbst-)reflexive Moment der Liebe –, »daß er sich als Liebenden und Geliebten und auch den anderen als Liebenden und Geliebten liebt, also sein Gefühl genau auf die Koinzidenz der Gefühle bezieht«.[83] Auch Huck liebt sich selbst als Jims Freund und liebt Jim als einen, der sein Freund ist.

Mit der Reflexivität des Liebens wird die Liebe also selbst Gegenstand des Liebens und das Lieben zum selbstreflexiven Genuss des eigenen Gefühls. »Liebe um Liebe«, schreibt Luhmann, wird so zur romantischen »Existenzformel«. Mit Blick auf Huck, der sich darin gefällt, Jims Freund zu sein und dessen Zuneigung zu Jim sich wesentlich auf dieses Gefallen bezieht, ließe sich auch von der Freundschaft um der Freundschaft willen sprechen. Gleichwohl bleiben die Liebe oder die Freundschaft im Grunde eine dialogische, wechselseitige Beziehung. Sie »richtet sich auf ein Ich und Du, sofern sie beide in der Beziehung der Liebe stehen«. Diese Wechselseitigkeit wird auch in Hucks Verhalten deutlich, dessen Zuneigung zwar Jims Zuneigung zu ihm gilt, der jedoch trotzdem seine Interessen zugunsten von Jims Interessen zurückstellt.

Dennoch wird der Zuneigung mit dem selbstreflexiven Moment des Liebens der Liebe eine Tendenz eingeschrieben, die zur Auflösung der Wechselseitigkeit führen kann. Mit dem selbstreflexiven Genuss der Liebe erhöht sich die »Genussfähigkeit des Gefühls« und je stärker sich der Liebende auf diesen selbstreflexiven Genuss des eigenen Gefühls kapriziert, desto weiter tritt die Wechselseitigkeit der Liebe in den Hintergrund und desto eher kann von einer asymmetrischen Beziehung gesprochen werden. In ihr sänke dann der andere mehr und mehr zum bloßen Anlass herab, an dem sich das eigene Liebesgefühl entzündet. »Ich bin verliebt in die Liebe, und vielleicht auch in dich«, heißt es in diesem Sinne im Schlager[84] und auch Barney Stinson, so zeigte das vierte Kapitel, ergötzt sich im Umgang mit seinen Freunden vor allem an sich selbst.

In Liebesbeziehungen wächst damit »die Möglichkeit, am Gefühl zu leiden«,[85] und Freundschaften können durch ein solches Herabsinken des anderen aus der Wechselseitigkeit einen pathologischen Charakter annehmen, wie die Überlegungen im zweiten Kapitel gezeigt haben.

Wenn Freundschaften auf einem narzisstischen Gefühl der Zuneigung beruhen, kann das also ganz unterschiedliche Konsequenzen haben. Je nachdem, ob eine dialogische Beziehung auf den anderen erhalten bleibt oder nicht, kann der Freund in den Genuss großherziger Handlungen kommen, bei denen sich der andere rückhaltlos über eigene Interessen hinwegsetzt, wie Huck das vorführt, oder er kann zu jemandem herabsinken, der um seiner selbst willen keinerlei Bedeutung hat, wie das etwa Freundschaften auf Facebook vorführen. Ob eine dialogische Beziehung zum anderen erhalten bleibt bzw. sich überhaupt etabliert, hängt also von der Interaktion der Freunde ab und vom Grad der Intimität, die sie zueinander entwickeln. Auch das zeigt Hucks Zuneigung zu seinem Freund, die im Laufe ihrer Schicksalsgemeinschaft auf dem Floß erst langsam entstanden ist. Gleichzeitig etablieren intime Freundschaften jedoch eine wechselseitige Anerkennung, die ein solches Herabsinken des anderen in die Bedeutungslosigkeit verhindert. Wie es Freundschaften gelingen kann, aus Narzissten dennoch wenigstens halbwegs anständige Menschen zu machen, behandelt das folgende Kapitel.

7. Wechselseitige Anerkennung

oder Wie Freundschaften aus Narzissten zumindest
halbwegs anständige Menschen machen

Hucks Einsatz für Jim hat gezeigt, dass die moralische Handlung für
den Freund nicht in rationalen Überzeugungen, sondern im Gefühl
der Zuneigung für ihn begründet liegt. Damit bleibt sie weit hinter
den Idealen der Philosophie zurück, hat jedoch den Vorteil, ein ent-
sprechendes Verhalten nicht nur fordern, sondern auch motivieren
zu können. Während nämlich Erkenntnisse darüber, was richtig
oder falsch ist, keine Handlung motivieren können, motiviert das
Gefühl, wie Hucks Verhalten zeigt, hingegen direkt dazu, etwas zu
tun. Es tut dies, so die Philosophin Sabine Döring, weil ein Gefühl
ausdrückt, wie der Mensch sich selbst sieht, wie er die Welt sieht
und welche Wünsche er damit verbindet.[86] Gefühle repräsentieren
und bewerten die Welt in Beziehung dazu, wie sie sein soll, und
daraus entsteht der Impuls, entsprechend in die Welt einzugreifen.
Rationale Überlegungen spielen hier eine nachgeordnete Rolle. Sie
helfen uns zwar zu entscheiden, wie wir die Welt, die wir uns wünschen, am besten verwirklichen und welche ihrer Einrichtungen für
uns gut oder schlecht sind. Die entscheidende Motivation für unser
Handeln liefert uns jedoch das Gefühl und nicht die rationale Überlegung. Das Gefühl sagt uns, was wir wollen, und der Verstand, wie
wir es erlangen. Das ist auch mit Blick auf die Moral so. Ob wir eher
das eine oder das andere gerecht finden, ob wir diesen oder jenen
Grundsatz zweckmäßiger für eine moralische Einrichtung der Welt
finden, ist Sache unserer vernünftigen Überlegung. Aber welche rationale Ausgestaltung wir unserer Moral auch immer geben, für unser Handeln kommt es letztlich darauf an, dass wir moralisch sein
wollen, und ob wir das wollen, hängt davon ab, was unser Gefühl

sagt.[87] Dieses Gefühl stimmt für die Moral, wenn es sie in einer Art und Weise erscheinen lässt, die dazu passt, wie wir selbst sein wollen und wie wir wollen, dass die Welt ist.

So fordern etwa diejenigen, die meinen, eine echte Freundschaft beweise sich in der Not, wie wir im vierten Kapitel gesehen haben, von ihren Freunden Ehrlichkeit und Verlässlichkeit, weil sie meinen, dass sich ihre Interessen, die sie mit der Freundschaft verbinden, so am besten verwirklichen lassen. Diese Bindung der Moral an das eigene Interesse lässt sich auch in anderen Kontexten beobachten. So erklärt etwa Friedrich Nietzsche die Zustimmung zur christlichen Moral der Nächstenliebe dadurch, dass ihre Befürworter in einer Welt leben möchten, in der dem Schwachen geholfen wird, und der Philosoph John Rawls verspricht sich die allgemeine Zustimmung zu seiner Theorie der Gerechtigkeit davon, dass Menschen, die sich unabhängig von ihrem persönlichen Schicksal für eine bestimmte Ordnung der Welt entscheiden könnten, sich für ebendiese Ordnung aussprechen würden, weil sie der Meinung wären, dass es ihnen damit höchstwahrscheinlich am besten ginge.[88]

Mithin muss auch die moralische Qualität der Freundschaft in einer anderen Perspektive betrachtet werden, als es in der philosophischen Diskussion üblich ist. Es geht dann nämlich zu allererst nicht darum, wie die moralischen Maßstäbe in der Freundschaft genau definiert werden sollten, ob nun diese oder jene Eigenschaft vorzuziehen oder welche Gesinnung des Freundes die moralisch beste sei. Es geht also nicht um die rationale Abwägung zwischen verschiedenen moralischen Konzepten, sondern darum, ob die Freunde überhaupt moralisch sein wollen und wie sie, wenn der moralische Anspruch nicht aufgegeben werden soll, dazu gebracht werden können.

Da es in Freundschaften heute vor allem darum geht, glücklich zu sein und geliebt zu werden, werden die Freunde also dann moralisch sein wollen, wenn sie einsehen, dass dies ein zweckmäßiges Mittel dafür ist. Glücklich zu sein und geliebt zu werden, gelingt den Freunden dann, wenn sie einander und den anderen anerkennen – das möchte ich im Folgenden zeigen. Einander anzuerkennen bedeutet in Freundschaften jedoch zugleich, moralisch zu sein.

Das heißt, auch ich glaube, dass »Freundschaft versittlicht«. Sie tut das aber nicht, indem sie die Freunde auf ein gemeinsames Ideal verpflichtet (wie das etwa die Kameradschaft tut) oder indem die Freunde einander zu einem abstrakten Guten erziehen, wie antike Philosophen dachten und wie am Ende des ersten Weltkrieges

noch Siegfried Kracauer meinte,[89] sondern sie tut das, indem sie
die Freunde im Interesse ihrer eigenen Anerkennung und Liebenswürdigkeit dazu bringt, den anderen zu achten und liebenswert zu
sein. Mithin ist ihre moralisierende Wirkung nichts, was in einer
Freundschaft sein *soll* – also keine Forderung, die an die Freundschaft gestellt werden müsste, um sie besonders zu qualifizieren und
echte von falschen Freunden zu unterscheiden –, sondern etwas, das
in jeder funktionierenden Freundschaft vorhanden ist, weil es dem
Streben nach der Liebe und Achtung des Freundes entspringt.

Den anderen anzuerkennen verlangt dabei konkret, den Freund
nicht zu einem bloßen Objekt herabsinken zu lassen, das nur der
Befriedigung der eigenen Bedürfnisse dient, sondern eine Wechselseitigkeit der Zuneigung zu etablieren, in welcher der andere auch
etwas für sich und nicht nur etwas für mich bedeutet. Versteht man
mit mir Freundschaften als narzisstisch, wird der Freund also durch
das Verfolgen seines Herzensziels (glücklich zu sein) unter der
Hand auch moralisch. Diesen Zusammenhang von Anerkennung,
Glück und Moral werde ich im Folgenden ausführen.

Freundschaften, das haben die vorangegangenen Kapitel vorgeführt, basieren auf einer wechselseitigen Anerkennung und einem
gemeinsamen Verständnis der Welt. Die Zuneigung zum Freund
präsentiert ihn als jemanden, der dazu passt, wie ich sein möchte
und wie ich möchte, dass die Welt ist, und sie präsentiert mich als
denjenigen, der ich gerne sein möchte. Das schafft Gleichheit unter
den Freunden. Wenngleich es nämlich im pathologischen Selbstbe-
zug des Narziss angelegt sein mag, sich selber für den Allergrößten
und für viel wichtiger als alle anderen zu halten, auch als die eigenen
Freunde, gräbt sich jedoch derjenige, der so denkt, selbst das Wasser
ab – d.h. er versagt sich selbst die Anerkennung, die er in seinen
Beziehungen sucht. Anerkennung ist nämlich eine wechselseitige
Beziehung, die nur auf Augenhöhe funktioniert. Sie setzt, wie der
Philosoph Hannes Kuch sagt, eine starke Wechselseitigkeit voraus
und keine schwache,[90] in welcher der eine dem anderen überlegen
wäre – auch, wenn das vielleicht vom Narziss angestrebt werden
sollte. In Freundschaften, die eben auf einer starken wechselseitigen
Anerkennung beruhen, lernen Narzissten jedoch, so meine ich, den
anderen als jemanden anzuerkennen, der ihnen nicht unterlegen ist,
sondern gleich. Freundschaften sind so eine Schule der Gleichheit,
in der sich Narzissten nicht nur selbst versichern, liebenswert zu
sein, sondern die sie tatsächlich etwas liebenswerter macht. Auch

das gehört zur moralisierenden Leistung von Freundschaften. Sie kann als der Perspektivwechsel beschrieben werden, sich als einen unter anderen zu betrachten.

Dabei fordert die starke Wechselseitigkeit, auf der Freundschaften beruhen, die Freunde nicht nur auf, ihre Eigenliebe niederzuschlagen, wie Kant das von der Idee der Menschheit gedacht hatte, sondern zwingt sie dazu. Schließlich macht ihr eigenes Interesse eine moralische Einstellung gegenüber dem anderen notwendig – denn nur eine starke Wechselseitigkeit der Anerkennung kann die in der Freundschaft gesuchte Bestätigung des Selbstbewusstseins erzeugen.

Warum das so ist, das zeigt am besten ein Gleichnis, das sich der Philosoph Georg Wilhelm Friedrich Hegel ausgedacht hat, um das wechselseitige System der Anerkennung zu illustrieren und das den Grundkonflikt unter Narzissten, nämlich das einseitige Verlangen nach Anerkennung, auf die Spitze treibt. Es ist das berühmte Gleichnis von *Herr und Knecht* aus der *Phänomenologie des Geistes*. Noch aktuelle Überlegungen über die Entstehung des Selbstwertgefühls der modernen Persönlichkeit (etwa die von Illouz) gehen auf die Argumente Hegels zurück. Hegel behandelt in diesem Text ein Problem, das sich auch dem modernen Narziss stellt, nämlich die Frage, wie jemand Selbstbewusstsein ausbilden, d.h., ein positives, bestätigendes Verhältnis zu sich selbst aufbauen kann. Dafür reicht es nicht aus, so Hegels erste Beobachtung, dass dieser jemand weiß, dass er ein selbstständiges Wesen ist, das sich auf allerhand Dinge beziehen und diese konsumieren kann, denn diese Dinge sind selber leblos und können ihn im Gegenzug nicht anerkennen. Materieller Konsum, das bestätigen auch die Erfahrungen der modernen Persönlichkeit, schafft keine Bestätigung des Selbstwertgefühls, sondern externalisiert nur eine innere Leere auf äußere Gegenstände. Anerkennung verlangt hingegen, sich zu *jemandem* in Beziehung zu setzen, nicht zu etwas. Menschen gewinnen überhaupt nur dann Anerkennung, und das ist eines der wichtigsten Ergebnisse von Hegels Überlegungen, wenn sie von einem anderen *Menschen* bestätigt und von ihm anerkannt werden. »Das Selbstbewußtsein«, schreibt Hegel, »erreicht seine Befriedigung nur in einem anderen Selbstbewußtsein.«[91] Niemand kann sich selbst anerkennen. Damit verlangt das Streben nach Anerkennung, sich dem anderen auszuliefern. Dessen Anerkennung kann jedoch nicht aktiv erstrebt, sondern nur passiv erreicht werden. Wie aber kommt es dazu, dass jemand einen anderen anerkennt? Dies beschreibt Hegels Gleichnis in verschiedenen Schritten. Am Anfang stehen sich zwei selbstständige Gestalten gegenüber und verlangen vom anderen, anerkannt zu werden, ohne jedoch selbst bereit zu sein, diesen auch anzuerkennen. Das ist bei Hegel eine archaische Szene, ein Zweikampf, in dem der eine den anderen mit dem Tod bedroht. »Entweder du erkennst mich an, oder ich töte dich!« Diese Drohung, meint Hegel, trägt bei einem von beiden Früchte. Er kneift, denn ihm sind sein eigenes Leben und die Möglichkeit, Dinge zu konsumieren, wichtiger als seine Anerkennung. Deshalb unterwirft er sich dem anderen, der bereit gewesen ist, sein Leben für die Anerkennung aufs Spiel zu setzen. So entstehen die beiden Grundfiguren Herr und Knecht.

Der Knecht erkennt den Herrn an. In dieser Anerkennung ist der Knecht für ihn da. Er ist ein »Sein für ein Anderes«, wie Hegel schreibt.[92] Damit ist die erste Stufe einer einseitigen Anerkennung erreicht. Der Herr beweist seine Selbstständigkeit und wird anerkannt, ohne den anderen auch anzuerkennen. Der Knecht sinkt hingegen in eine unselbstständige Position herab. Indem er nur dafür da zu sein scheint, den Herrn anzuerkennen, selber im Gegenzug aber keine Anerkennung verlangt, schränkt er seine Selbstständigkeit ein. Insofern er diese Einschränkung jedoch von sich aus vollzieht, sich also selbst erniedrigt, bleibt ein kleiner Rest an Selbstständigkeit übrig. Das ist wichtig für den Herrn, denn diese Restselbstständigkeit unterscheidet den Knecht von den Dingen, die der Herr konsumiert und die ebenfalls für ihn da zu sein scheinen, dies aber nicht selbst ausdrücken können. Der Knecht sagt hingegen zum Herrn, wie das der Philosoph Hans-Georg Gadamer einmal formuliert hat: »Ich bin nichtig, du bist das Wesentliche.«[93]

Damit wird eine schwache Wechselseitigkeit etabliert, in der einer dem anderen überlegen ist. Mit dieser schwachen Wechselseitigkeit müsste der Herr nun eigentlich zufrieden sein, schließlich erfährt er die Anerkennung, die er wünscht, ohne sie dem anderen zurückgeben zu müssen. Ihm wird bestätigt, der Überlegene zu sein.

Auch in der Einstellung von Narzissten gegenüber anderen Menschen wird zuweilen so eine Überlegenheit angestrebt. Sie kann indessen nicht zur gesuchten Bestätigung führen, denn diese einseitige Anerkennung, das zeigt Hegels Gleichnis, stützt das Selbstbewusstsein des Herren nicht. Sie kann es gar nicht stützen, denn die von ihr etablierte Asymmetrie täuscht bloß über die grundsätzliche Abhängigkeit vom anderen hinweg, die oben angesprochen worden ist und die auch hier fortbesteht. Da niemand sich selbst anerkennen kann, muss er vom anderen anerkannt werden, um die gesuchte Bestätigung seines Selbstbewusstseins zu erfahren, und bleibt ihm damit passiv ausgeliefert. Auch dann, wenn der Herr den Knecht unterworfen hat und ihm scheinbar überlegen ist, bleibt er doch durch seine Abhängigkeit von der Anerkennung des Knechts an ihn gebunden. In dieser Perspektive kehren sich die Rollen also um: In seiner Abhängigkeit von der Anerkennung durch seinen Knecht wird der Unterwerfer zum Unterworfenen, der Herr wird zum Knecht seines Knechtes, der Knecht zum Herrn seines Herrn. Dies ist die berühmte Dialektik von Herr und Knecht.

Im weiteren Verlauf des Gleichnisses setzt sich diese Umkehrung der Rollen durch und *erzwingt* damit schließlich *eine Wechselseitigkeit der Anerkennung*. Der Herr sieht ein, dass ihm die Anerkennung von jemandem, den er selbst nicht anerkennt, auch nichts bedeuten kann, sondern nur die Anerkennung eines Gleichen.[94] Als solch ein Gleicher erwächst ihm sein Knecht. Denn der Knecht arbeitet sich aus der unterlegenen Position gegenüber dem Herrn zu einer gleichwertigen Position empor, indem er die Dienste, die er seinem Herrn erweist, benutzt, um Macht über den Herrn und über die Welt zu gewinnen.[95]

Hegels Dialektik von Herr und Knecht zeigt also:»Ich muss den, der mich anerkennt, selbst anerkennen«, wie Kuch schreibt,»damit das Anerkennen meiner selbst überhaupt Bedeutung hat.«[96] Das ist für narzisstische Freundschaften wichtig, denn es macht deutlich, dass mir die Anerkennung des anderen nicht vorgeschrieben oder nahegelegt wird (wie es Kants Idee der Menschheit oder Schopenhauers Ideal der Freundschaft in der Not tun), sondern sie wird von mir erzwungen, und zwar gerade weil ich das einseitige Verlangen habe, von ihm anerkannt zu werden. Ich muss also meinen Freund achten, um mich selbst achten zu können, und unter Freunden ist keine andere Gemeinschaft möglich als die von Freien und Gleichen, in der jeder Herr seiner Selbst und Knecht des anderen ist.

Wer in dieser freien und gleichen Gemeinschaft für den anderen arbeitet, ihm einen Freundschaftsdienst erweist, der schafft damit kein asymmetrisches Verhältnis und unterwirft sich ihm nicht,

sondern beweist dadurch im Gegenteil seine Souveränität. Narzisstische Freundschaften motivieren so einen Wettstreit der Freunde,
möglichst viel für den anderen zu tun, und lassen doch selbst im
Falle des größten Ungleichgewichts keine Ungleichheit entstehen,
weil der eine sich nie dem anderen überlegen fühlen kann, ohne
sich selbst zu erniedrigen. Es ist deshalb schon allein ein Gebot der
Selbstachtung, in der Freundschaft so viel wie möglich für den anderen zu tun und Schaden von ihm abzuwenden.

Darin unterscheidet sich das Konzept von Freundschaften als
narzisstischen Beziehungen vom Konzept der Freundschaft in der
Not, in welchem Freundschaftsdienste gegeneinander aufgerechnet
werden, um sicherzugehen, dass keiner mehr leistet als der andere.
Und wenn das unter Freunden in der Not doch der Fall sein sollte,
weil etwa – und das ist in der philosophischen Literatur das Stan-
dardbeispiel – der eine reich und mächtig, der andere jedoch arm
und machtlos ist, dann soll der Unterlegene seinen Profit mit der Innigkeit seiner Zuneigung und der Größe seiner Anerkennung wett-
machen – empfiehlt z.b. der Freiherr von Knigge in seinem Buch
Über den Umgang mit Menschen.[97]

Damit ist eine wechselseitige Anerkennung jedoch ausgeschlossen, denn der Überlegene müsste sich in einer solchen Situation
fragen, was ihm die gesteigerte Zuneigung des anderen wert sein
kann, wenn er sich selbst als den Überlegenen erachtet. Müsste er
sie nicht letztlich für die wertlose Anerkennung seines Knechtes
halten? Und müsste sich andersherum der Unterlegene nicht über
den Freund empören, dass er der Unterlegene ist und den anderen
mehr anerkennen soll als dieser ihn? Damit, meine ich, würde dem
Unterlegenen schließlich das, was der Überlegene für ihn tut oder
ihm gewährt, als vergiftetes Geschenk erscheinen, das ihm seine
Unterlegenheit vorführt.

Wie verheerend so ein Ungleichgewicht der Wertschätzung ist,
zeigt die Freundschaft zwischen Max Frisch und Werner Cominx,
die daran zerbrochen ist. Frisch, der Schweizer Schriftsteller aus
kleinem Hause, und Cominx, der großbürgerliche Verlagserbe, lern-
ten sich als Schüler am Gymnasium kennen und Frisch profitierte
nicht nur von Cominx' großen literarischen und philosophischen
Kenntnissen, sondern trug auch dessen Anzüge und ließ sich von
seinem wohlhabenden Freund später das Studium finanzieren. So
großzügig Cominx aber Frisch auch bedachte, anerkannt hat er ihn
wohl nie wirklich. Schon als Schüler nicht. Wenn Frisch ihm etwas

zum Geburtstag schenkte, tauschte er es meist um, weil es ihm
nicht gefiel, und selbst als Frisch ein gefeierter Schriftsteller geworden war, hat Cominx sein Werk nur belächelt. So hat sich bei Frisch
ein jahrelanger Frust aufgestaut, der sich dann in seiner Autobiographie entlud. »Ich meine, dass die Freundschaft mit W.[erner Co-
minx] für mich ein fundamentales Unheil gewesen ist und dass W.
nichts dafür kann«, schreibt Frisch in *Montauk* und sieht dabei ganz
klar den Bezug zur misslingenden Anerkennung der Freunde. »Hätte ich mich ihm weniger unterworfen«, resümiert Frisch, »es wäre
ergiebiger gewesen, auch für ihn.«[98] Während Frisch daran verzwei-
felt ist, vom Freund nicht anerkannt zu werden, konnte auch Cominx
die Wertschätzung des Freundes, dem er sich überlegen fühlte, nicht
befriedigen. Beide mussten einander enttäuschen.

Diese Enttäuschung zeigt, dass Freundschaften nur gelingen
können, wenn die Freunde die einander erwiesenen Dienste aus der
Ökonomie des Tausches lösen und begreifen, dass sie den anderen
im vollen Sinne anerkennen müssen, wenn sie von seiner Anerkennung profitieren und die Beziehung nicht mit einem Gefühl der
Überlegenheit vergiften wollen.

Für Frisch hätte eine Möglichkeit, sich aus diesem unheilvollen
Zirkel verweigerter Anerkennung zu befreien, vielleicht in einem
Wort des Dankes gelegen – wenn er dafür nicht zu bitter gewesen
wäre. Denn wenngleich der Dank, wie Jean Paul einmal schrieb, die
einzige Gabe ist, die keine Gegengabe verlangt, sondern sich uneigennützig an den Schenkenden wendet,[99] fällt die damit verbundene
Anerkennung doch auf den zurück, der ihn ausspricht.

Im Dank drückt sich die Wechselseitigkeit der Anerkennung
aus – und mithin auch eine bestimmte Auffassung vom Geschenk,
nämlich eine solche, in welcher Schenkender und Beschenkter gleichermaßen anerkannt sind. Wo das nicht der Fall ist, wie bei Cominx und Frisch, handelt es sich nicht um Geschenke, sondern um
Almosen, und in Reaktion auf diese kann es im strengen Sinne auch
keine Dankbarkeit geben, sondern nur das allenfalls aus Verlegen-
heit so genannte Gefühl, eine besondere Huld oder Gnade erfahren
zu haben. Wird diese Huld oder Gnade nicht von jemandem gewährt, den der Bedachte verehrt, provoziert sie in der Regel jedoch
keine positive Verbundenheit mit dem Gebenden, sondern ein Gefühl der Entrechtung, das sich sogar zur Feindschaft gegenüber dem
Gebenden auswachsen kann, wie Hegel schreibt und sich bei Frisch
beobachten lässt.[100]

Das echte Geschenk und der gebührende Dank drücken hingegen wechselseitiges Wohlwollen aus, das überdies von besonderer Qualität ist. Es unterscheidet sich von der berechnenden Spekulation auf Gegenseitigkeit, welche die Freundschaft in der Not prägt (vgl. Kapitel 4), weil das Geschenk und der Dank die Ökonomie des Tausches durchbrechen. Sie beweisen eine »generische Generosität«, wie Derrida schreibt,[101] eine grundsätzliche Freigiebigkeit, die eben nicht rechnet.

Damit rücken auch die Freundschaftsdienste aus der Wertökonomie heraus und nehmen einen symbolischen Charakter an. Das bedeutet, es kommt nicht mehr so sehr auf den konkreten ökonomischen Wert dessen an, was der eine Freund für den anderen tut, sondern in erster Linie darauf, *dass er es tut*. Derrida bezeichnet Freundschaftsdienste deshalb als Gaben. Bei der Gabe ist ihr materieller Wert belanglos, der symbolische Wert aber entscheidend. Die Glasperlen, mit denen die europäischen Eroberer die Bewohner der neuen Welt beschenkten, sind ein gutes Beispiel dafür. In unserer ökonomischen Perspektive war das ein Betrug, tauschten die Europäer doch ganz bewusst wertlose Glasperlen gegen Geschmeide und Gold, um die anderen zu übervorteilen. In der Logik der Gabe, der die Eingeborenen folgten, spielen diese materiellen Unterschiede jedoch keine Rolle, sondern es kommt allein auf den symbolischen Akt des Schenkens und die damit verbundene Anerkennung an. Um etwas als Geschenk zu qualifizieren, das zeigen die ökonomisch wertvollen Zuwendungen von Cominx an Frisch, ist nicht der damit verbundene (Geld-)Wert entscheidend, sondern die damit verbundene Anerkennung. Sie macht die Gabe teuer und das Schenken und Danken zum reinen Ausdruck der Freundschaft.

Ich meine allerdings, dass wir unseren Freunden nicht nur dann Dank schulden, wenn sie Großes für uns leisten, sondern für alles, was sie für uns tun – auch wenn die Freundschaftsdienste, die wir uns gegenseitig erweisen, vor allem für den sprechen, der sie erbringt. Wir schulden ihnen diesen Dank schon allein deshalb, weil sie uns liebenswert finden und wir uns ohne ihre Anerkennung selber nicht achten könnten.

Die Antwort auf die eingangs gestellte Frage, wie Freundschaften aus Narzissten halbwegs anständige Menschen machen, lautet also: indem sie sie dazu zwingen. Sein eigenes Streben nach Anerkennung zwingt den Freund dazu, den anderen als gleichwertig anzuerkennen, und verhindert, dass er sich ihm überlegen dünkt. Sein eigener Wunsch, geliebt und anerkannt zu werden, fordert ihn dazu auf, seinem Freund jeden nur erdenklichen Dienst zu erweisen und seinen Freunden für die Gelegenheit dazu dankbar zu sein. Denn indem er sich als Knecht seiner Freunde erweist, erwächst er zum Herren seiner selbst. Die Verantwortung für den anderen erwächst dem Freund also aus der Sorge um sich selbst. Damit ist die ethische Haltung gegenüber dem anderen – und darin sehe ich ihren großen Vorteil – keine bloße Forderung (wie im Ideal der interessenlosen Freundschaft) und keine fromme Hoffnung (wie im Ideal der Freundschaft in der Not), sondern in der Freundschaftspraxis selbst angelegt. Sie steht dem Wunsch nach dem eigenen Glück nicht entgegen, sondern erwächst aus dem Streben danach.

Wie aber kann die wechselseitige Anerkennung etabliert und in einer gemeinsamen Praxis gefestigt werden? Diese Frage beantworten die folgenden Kapitel, beginnend mit einer genaueren Untersuchung der emotionalen Intimität unter den Freunden und ihrer wechselseitige Auffassung als liebenswert.

8. Intime Abkürzungen

oder Was es heißt, sich gut zu verstehen

Wie Hucks Zuneigung zu Jim vorführt, beruht die Sympathie unter Freunden darauf, dass sie dem Gefühl des anderen in günstigem Licht erscheinen und dazu passen, wie er die Welt sieht und wie er darin erscheinen möchte. Bevor Freunde einander anerkennen, müssen sie sich jedoch erst einmal kennenlernen und überhaupt kennenlernen wollen und dabei spielen ganz andere Faktoren eine Rolle als in der Anerkennung. Die Freundschaft hat hier etwas Rätselhaftes und der andere ist zunächst ein Fremder. Damit die Freunde sich kennenlernen, muss der eine dem anderen erst einmal auffallen, aus der Masse herausstechen, sein Interesse erwecken, ihn ansprechen. Nicht unbedingt in dem Sinne, dass er tatsächlich das Wort an ihn richtet, aber es muss eine Anziehung geben, die dafür sorgt, dass der eine auf den anderen aufmerksam wird und näher auf ihn achtet. »Du bist mir aufgefallen.« Dieser Satz steht nicht nur am Anfang der Liebe, sondern auch der Freundschaft. Es ist ein Staunen, das durch etwas provoziert wird, das die Reihe des Gewöhnlichen unterbricht und aus ihr heraussticht. Ein Gesicht, an dem wir nicht vorbeigehen, eine Geste, die wir nicht übersehen, ein Satz, den wir nicht überhören. »Viele Menschen gehen vorüber, jeden Tag an dir vorüber, aber einer bleibt stehen, den du nie gesehen«, so heißt das in einem Lied der Sängerin Alexandra.[102] Es muss aber gar nicht sein, dass der andere tatsächlich stehenbleibt, und es muss noch nicht einmal sein, dass wir ihn noch nie gesehen haben, sondern es reicht, dass unser Auge ihn (plötzlich) festhält. Warum auch immer, das lässt sich vielleicht im Nachhinein erklären, wenn alles schon vertraut und in die bekannten Bahnen eingeordnet ist, aber am Anfang steht die Überraschung, das Staunen, etwas, das fremd ist und einen erschüttert und von dem man den Blick doch nicht lassen kann. Als ich z.b. meine erste Freundin kennenlernte, war ich baff, wie jemand so klein sein kann. Sie stand am ersten Schultag auf den Pausenhof, hatte Schultern und Arme und Beine und einen Kopf und Hände und Füße wie jeder andere auch – und einen blonden Zopf sogar – aber all das schien mir bei ihr so klein zu sein, dass ich glaubte, sie müsste jeden Augenblick von ihrem Tornister niedergezogen werden und hintüber fallen. Sie stand aber einfach da und lächelte und fiel nicht um und das fand ich phänomenal. Also lächelte ich zurück und als wir dann in die Klasse geführt wurden, ging ich ihr einfach hinterher und als sie sich setzte, setzte ich mich neben sie und da blieb ich dann sitzen. Wir waren fast 20 Kinder in der Klasse, die ich alle zum ersten Mal sah, und ich hätte mir jedes von ihnen aussuchen und mich neben es setzen können, aber ich habe sie ausgewählt und sie hat mich ausgewählt, ohne dass wir dafür einen konkreten Grund hätten nennen können. »Wenn ich sagen sollte, warum ich ihn so lieb hatte«, schreibt Montaigne über seinen Freund Étienne de la Boétie, »kann ich mein Gefühl nur in die Worte kleiden: Weil er es war und weil ich es war.«[103]

Dem Anfang der Freundschaft wohnt so ein Zauber inne und dieser verbürgt die Einzigartigkeit und Fremdheit des anderen. Aber erst indem meine Freundin und ich uns auf das Fremde des anderen einließen und es nach und nach aufhoben, machten wir uns miteinander bekannt und kamen zusammen. So merkten wir schließlich, dass wir die Welt mit den gleichen Augen sahen, dasselbe lustig und dasselbe traurig fanden, Ähnliches wünschten und Ähnliches fürchteten. Wir fanden uns im anderen wieder und deshalb blieben wir beisammen. Am Anfang stand jedoch eine rätselhafte Aufmerksamkeit für den anderen, der ein Fremder war und der – trotz aller Vertrautheit – immer auch ein anderer blieb.

Da Freundschaften auf Anerkennung beruhen, ist so eine ursprüngliche Distanz für sie sehr wichtig, denn die Anerkennung des anderen tendiert dazu, ihn seiner Einzigartigkeit und Fremdheit zu berauben, und dann droht die Freundschaft in einem »Narzissmus zu zweien« zu versanden.[104]

Da nämlich alles, was einen Wert hat, auch ein Äquivalent hat, macht die Wertschätzung des anderen den Freund tendenziell austauschbar, und die Spiegelung im anderen hebt seine Fremdheit

auf. Unter Narzissten kann sie sogar vollständig negiert werden, wie
das zweite Kapitel zeigt. Der andere erscheint mir nicht mehr als
ein anderer, sondern bloß als Spiegel meiner selbst. Es herrscht die
»bewegungslose Tautologie des: ich bin ich«, wie Hegel sagt. Der
andere ist dann nur ein Anlass, das zu konstatieren. Er ist ein Beliebiger. Damit wird jedoch auch die Freundschaft hinfällig. Denn so
ein Beliebiger kann mich nicht meiner eigenen Liebenswürdigkeit
versichern. Das kann nur ein anderer, den ich als anderen und doch
gleichen anerkenne und im Verhältnis zu dem ich mich als einen
unter anderen sehe. Jemand also, der mir immer auch fremd bleibt.

Freundschaft sucht eine Nähe in der Ferne. Dem muss die Intimität unter den Freunden Rechnung tragen. Das heiß, die Freunde müssen eine Vertrautheit des Verständnisses etablieren, die den
anderen als anderen bestehen lässt, und sie müssen einen Umgang
miteinander finden, der die Distanz in der Nähe bewahrt. Deshalb
verleihen sie ihrer Freundschaft eine theatralische Dimension und
spielen miteinander ein wenig Theater; sie tun dies jedoch auf eine
Art und Weise, mit der sie zugleich eine gemeinsame Ordnung der
Herzen errichten, und sie pflegen einen Umgang miteinander, in
dem sich jeder dadurch Geltung verschafft, dass er den anderen gelten lässt. Das ist die Höflichkeit. Indem sie den anderen als anderen
sehen, nehmen sie schließlich auch eine Distanz zu sich selbst ein,
die ihnen hilft, sich selbst ein Freund zu sein. Das behandeln die folgenden Kapitel acht bis elf. Ich beginne mit der besonderen Intimität
des Verständnisses, die Freunde unter sich etablieren, in der sie sich
nah und fern zugleich sind, in der sie einander vertraut werden und
dennoch immer auch ein wenig fremd bleiben.

Intimität des Verständnisses

Die einfachste, aber auch flüchtigste Art und Weise, auf die Freunde
feststellen, dass der andere dazu passt, wie man selbst die Welt sieht
und wie man darin erscheinen möchte, hält sich an die äußere Erscheinung des anderen, seinen Musikgeschmack, seine Kleiderwahl
oder seinen Lebensstil, an die Dinge also, in denen sich der individuelle Selbstentwurf am einfachsten ablesen lässt – zumindest dann,
wenn vorausgesetzt wird, dass die moderne Persönlichkeit und ihre
Erscheinung identisch sind. Das ist natürlich nie vollständig der
Fall, sondern stimmt immer nur insoweit, als der andere seinen

Selbstentwurf in dem, was er trägt, hört oder sonst wie konsumiert, ausdrückt. Mehr oder weniger tut das heute jedoch jeder Mensch, denn der Selbstausdruck in der äußeren Erscheinung ist ein wesentlicher Aspekt der modernen Persönlichkeit und ihres Begriffs von Individualität.[105] Wenn ich in der Art und Weise, wie der andere mir erscheint, Gemeinsamkeiten dazu entdecke, wie ich erscheinen möchte, kann ich also hoffen, dass auch unsere Persönlichkeiten zueinander passen und die Art und Weise, wie er sein möchte und wie er möchte, dass die Welt ist, dazu passt, wie ich sein möchte und wie ich möchte, dass die Welt ist, denn diese Einstellungen und Wünsche drücken wir in unserer Erscheinung aus. Was wir aber eigentlich suchen, ist die »Übereinstimmung im Typischen«, wie Kracauer sagt, und nicht im Äußerlichen.[106] An das Äußerliche halten wir uns nur, weil uns die Einstellungen und Wünsche des anderen nicht anders zugänglich sind als darüber, wie er uns erscheint.

Daraus folgt allerdings, dass wir die verschiedenen Aspekte dieser Erscheinung danach unterscheiden müssen, wie eng sie mit seinen Vorstellungen und Wünschen verknüpft sind, und dabei ist das, was er sagt und was er tut, was er lustig oder traurig, gut oder schlecht findet, viel gewichtiger, als was er trägt oder konsumiert. Deshalb kann ich die Einschätzung von Martin Hecht nicht teilen, der in seinem Buch über die *Kunst der Freundschaft* schreibt, wenn ein Freund die äußere Erscheinung seiner Persönlichkeit ändere (etwa seinen Modestil wechsle oder sich eine lächerliche Redewendung angewöhne), reiche das aus, um »die Freundschaften vollends in die Enge zu treiben«.[107] Denn diese Aspekte der äußeren Erscheinung spiegeln die Persönlichkeit des anderen nur sehr eingeschränkt wider. Viel wichtiger ist die Frage, wie er die Welt und wie er mich sieht und ob wir in unserer emotionalen Bewertung übereinstimmen.

Ob sich zwei Freunde gut verstehen, hängt also vor allem davon ab, ob sie die Welt und einander emotional gleich bewerten, und im Hinblick darauf kann die Änderung der Erscheinung bestenfalls einen Hinweis geben, der für sich genommen jedoch nicht viel besagt. Dass sich die Aufmerksamkeit der Freunde dennoch darauf richtet, wie der andere sich präsentiert, liegt daran, dass sich diese Übereinstimmung im Gefühl so schwierig feststellen lässt. Sie setzt nämlich nicht nur voraus, dass die Freunde mit denselben Erlebnissen auch dieselben Empfindungen verbinden, sondern sie müssen sie

auch mit denselben Begriffen bezeichnen. Das verlangt eine gewisse
Unmittelbarkeit des emotionalen Ausdrucks, eine Intimität auch der
Sprache und des Verständnisses. Sie steigert die Nähe in der Beziehung und ermöglicht das Befreunden durch den regelmäßigen Austausch über ganz alltägliche Phänomene. Das scheint mir zuletzt
mit der Redewendung gemeint zu sein, dass zwei Freunde »sich gut
verstehen«.

Weil beide angesichts eines ähnlichen Erlebnisses Ähnliches
empfinden und es ähnlich bezeichnen, entsteht eine Abkürzung des
Austausches, eine raschere Verständigung, aus der sich eine intime Übereinstimmung und Gemeinschaft entwickelt. Diese bindet
die Freunde immer enger aneinander. Ein solches Befreunden verläuft vielleicht wie ein längerer Spaziergang, bei dem die Beteiligten willkürlich und intuitiv bei denselben Dingen stehen bleiben,
ihren Blick darauf richten und erklären, was sie dabei empfinden,
warum es ihnen gefalle oder nicht, und sich so mehr und mehr des
Gleichklangs ihrer Empfindungen versichern. Es ist ein »gegenseitiges seelisches Sichabtasten«, das über die Äußerungen des anderen
herausfinden will, ob man im Gefühl zusammenstimmt.[108]

In dieser Hinsicht entwickeln sich Freundschaften ganz ähnlich wie Liebesbeziehungen. Goethe hat dieser empfindsamen Abkürzung des Verständnisses in den *Leiden des jungen Werthers* eine
berühmte Szene gewidmet. Sie handelt von Werther und Lotte, die
sich in Gesprächen der Harmonie ihrer Gefühle vergewissern und
darüber ihre Zuneigung zueinander entdecken – und doch befürchten, dass aus ihrer Liebe nichts werden kann, weil Lotte schon mit
einem anderen verlobt ist. Indes ist das noch unausgesprochen, als
es Lotte allein durch die Nennung eines Losungswortes offenbart.
»Klopstock«, sagt sie zu Werther und für diesen ist damit alles gesagt. Denn mit dem Namen des Dichters sind auch der Austausch
über eine Ode von ihm verbunden und die darin enthaltenen Gefühle, in denen Werther den ganzen Komplex ihrer problematischen
Liebe wiederfindet. Weil dieser eine Ausruf so empfindungsreich
ist, stehen beiden die Tränen in den Augen, als der Name fällt, und
sie blicken in eine dramatisch geschilderte Landschaft, die diese gemischten Empfindungen spiegelt.[109]

Die Emphase, mit der Goethe diese Empfindung literarisch gestaltet, ist dem Geist seiner Zeit geschuldet. Das Prinzip der Abkürzung des Verstehens durch eine Intimität des Austausches gilt jedoch auch für das Befreunden der modernen Persönlichkeit. Sie verwirklicht darin einen Aspekt ihres romantischen Selbstentwurfes, nämlich das, was sie sich unter Seelenverwandtschaft vorstellt.

Zugleich ist diese Verbindung jedoch recht prekär, denn sie macht Freundschaften anfällig für all die Probleme, die mit der sprachlichen Kommunikation zusammenhängen, z.B. für Missverständnisse. Die Freunde müssen darauf vertrauen, dass der Freund mit dem, was er sagt, wirklich dasselbe Gefühl bezeichnet. Dabei kann dieses Vertrauen leicht erschüttert werden, denn »die Sprache ist die Quelle der Mißverständnisse«. Das sagt der Fuchs zu seinem Freund, dem kleinen Prinzen, in Antoine de Saint-Exupérys gleichnamiger Erzählung, die von der Freundschaft der beiden handelt. Deshalb rät der Fuchs dem kleinen Prinzen beim ersten Kennenlernen, nichts zu sagen und überhaupt dem äußeren Anschein nicht zu trauen. »Man sieht nur mit dem Herzen gut. Das Wesentliche ist für die Augen unsichtbar.«[110]

In der intimen Freundschaft jedoch, die von der äußeren Erscheinung nur ausgeht, sich jedoch vor allem im Gespräch eines Gleichklangs der Gefühle versichern möchte, muss die moderne Persönlichkeit ihren Augen und den Worten des Freundes trauen – denn anders als vielleicht zwischen Prinz und Fuchs gibt es für Freunde keine Intimität ganz ohne Worte. Damit überträgt sich die vom Fuchs benannte Fragilität der sprachlichen Kommunikation auf die Freundschaft und macht auch sie zerbrechlich, zumal sie eine größtmögliche Übereinstimmung von Wort und Gefühl voraussetzen muss, die jedoch immer prekär bleibt. »Noch bei jeder Freundschaft und Liebschaft macht man diese Probe: Nichts derart hat Dauer, sobald man dahinter kommt, dass Einer von beiden bei gleichen Worten anders fühlt, meint, wittert, wünscht, fürchtet, als der Andere«, warnt Nietzsche.[111]

Wie anfällig dieser Umstand die Freundschaft für Krisen macht, habe ich z.B. an einem Telefonat mit einem Freund erlebt, bei dem wir sagten, dass es schön wäre, wenn er mich auf der Fahrt in sein Ferienhaus nach Italien unterwegs auflesen und ich ihn begleiten würde. Während ich damit jedoch nur ein allgemeines und unverbindliches Interesse bekundete, fand er die Sache abgemacht und war enttäuscht, als ich den Plan nicht weiter verfolgte. Obwohl wir dieses Missverständnis als solches aufklären konnten, hat es unser Einvernehmen doch kurz getrübt, denn nicht mein Fernbleiben aus

Italien hat meinen Freund verletzt, sondern dass wir mit dem Bekunden, wie schön die gemeinsame Fahrt wäre, etwas Verschiedenes gemeint, uns also missverstanden haben. Das gleiche emotionale Verstehen der Welt hatte sich als Täuschung erwiesen. Nur in einem Detail zwar, aber die gemeinsame Hermeneutik ist eben kein robuster Stoff, sondern ein prekäres Gewebe, das mitunter verweht wie Spinnweb, wenn es angegriffen wird.

Einerseits setzt die Freundschaft also eine große Intimität des Verständnisses voraus und deshalb ist es in Freundschaften besonders wichtig, dieses gemeinsame Verständnis zu festigen. Andererseits muss dabei eine gewisse Fremdheit des anderen erhalten bleiben, damit sich die Freunde nicht in den Pathologien des Narzissmus verstricken. Dieses prekäre Verhältnis von Intimität und Distanz findet seinen Ausgleich im Gespräch der Freunde.

Denn da der Austausch unter ihnen über die Verwendung von Zeichen geschieht, bleibt immer eine gewisse Fremdheit der Freunde bestehen, die sich nie ganz aufheben, sondern bestenfalls reduzieren lässt.

Nicht nur indem Freunde etwas zueinander sagen, auch was sie tun oder nicht tun, was sie goutieren oder ablehnen, was sie konsumieren und überhaupt ihre gesamte Erscheinung – alles kann vom anderen als Zeichen verstanden werden, das darauf verweist, wie der Freund denkt und fühlt. Allerdings kann er diese Zeichen nur dann und nur insofern verstehen, als er sie schon kennt. D.h. er hat sie in anderen Kontexten schon gehört, gelesen oder gesehen und dadurch tragen sich die Konnotationen, die diese Zeichen für ihn in früheren Kontexten gewonnen haben (seien es kulturelle Prägungen oder seien es die individuellen Assoziationen, die er damit verbindet) in die neue Situation mit ein. Da derjenige, der ein Zeichen benutzt, um einem anderen etwas mitzuteilen, diese mitklingenden Bedeutungen, die das Zeichen für den anderen hat, nicht kontrollieren kann, entsteht eine gewisse Unschärfe und Unkontrollierbarkeit der Kommunikation und das öffnet sie für Missverständnisse.

Andererseits kann dieser Zitatcharakter jeder Zeichenverwendung auch produktiv genutzt werden, weil er erlaubt, die Bedeutungen, die ein Zeichen aus anderen Kontexten mitbringt, in den neuen Kontext, in dem es jetzt verwendet wird, zu übertragen. Das ist für die moderne Persönlichkeit besonders wichtig, weil sie gelernt hat, ihren Selbstentwurf durch solche Zeichen, also durch Zitate, zu

artikulieren, und das lässt sich in Freundschaften gut beobachten.
Wenn ich mich etwa daran erinnere, wie ein Freund von mir in der
Cafeteria der Universität stand, mit grünem Cordjacket und hellblauem Hemd (halb offen), mit hoher Haartolle und Hornbrille, und
wie er dann, um mich zu begrüßen, die Zigarette in den Mundwinkel
schob, vor mir die FAZ aufschlug und sagte, »Also eines muss man
dem Friedmar lassen, wenn man dem ein weißes Blatt Papier gibt,
dann kennt der kein Halten mehr«, dann war das nicht irgendeine
Mitteilung in irgendeinem Outfit und irgendeiner Pose, sondern ein
halb kalkulierter und halb improvisierter, spielerischer Ausdruck
seines Selbstentwurfs mit Zitaten, die er kunstvoll arrangiert hatte,
um sich mir zu präsentieren, und die ich lesen können musste, um
ihn zu verstehen. Ich musste wissen, dass die Cordjacke, die Frisur,
die Brille und die Zigarette ein bestimmtes Ideal von Männlichkeit
zwischen dem späten James Dean und dem jungen Hugh Grant
herbeizitieren sollten. Dieses Ideal bildete das überlieferte Schema
seines Selbstentwurfs und wurde von ihm individualisiert, indem
er es mit einer Wendung ins Intellektuelle aktualisierte, die er nicht
nur durch die FAZ anzeigte, sondern vor allem dadurch, dass er mit
Hinweis auf den inkriminierten Artikel an ein Gespräch anschloss,
das wir einige Tage zuvor geführt hatten und bei dem wir uns nicht
sicher gewesen waren, was von dem Friedmar, der diesen Artikel
geschrieben und an unserer Fakultät einen Lehrstuhl übernommen
hatte, zu halten sei. Er war uns zunächst ganz anders erschienen als
sein Vorgänger, etwas weich und blass, ein melancholischer Winnetou mit stiller Sehnsucht nach Adorno. Der Auftritt meines Freundes bedeutete mir nun jedoch das Gegenteil und sagte mir mit Blick
auf den kraftvollen Verriss aus der Feder des in Rede Stehenden,
dass unsere Sorgen unbegründet waren und wir weiterhin genau das
geboten bekommen würden, was wir uns wünschten. Indem ich den
Text nach meiner Lektüre »agonal« nannte, was damals einer unserer Lieblingsbegriffe und natürlich wiederum ein Zitat war, stimmte
ich nicht nur seiner Einschätzung zu, sondern bestätigte auch – über
die Bande des Stücks Papier zwischen uns – sein Selbstbild und unsere Übereinstimmung darin, wie wir wollten, dass die Welt ist.[112]

Die Übereinstimmung unter Freunden verlangt also eine gewisse poetische Kompetenz, mit der es dem Freund gelingt, seinen
Selbstentwurf durch die Aktualisierung bestimmter Zitate zu artikulieren und auf der anderen Seite eine gewisse hermeneutische
Kompetenz, diese Artikulation zu verstehen. Beides verlangt ein

großes Maß an Aufmerksamkeit – für sich selbst, damit man keine ungewünschten Signale aussendet, und für den Freund, damit einem die Zeichen, die er gibt, überhaupt auffallen. Für Letzteres gibt Honoré de Balzac in seinem Roman *Verlorene Illusionen*, der nicht nur vom Buch- und Zeitungsgewerbe um 1800, sondern auch von Freundschaften handelt, folgendes Beispiel: Der junge Schriftsteller Lucien Chardon besucht das erste Mal seinen Kollegen Daniel d'Arthez, den er im billigsten Restaurant der Stadt, wo beide sich am kostenlosen Brot auf den Tischen satt aßen, kennengelernt hatte. D'Arthez' Zimmer liegt in einem schäbigen Hotel. Die Treppe hinauf ist stockfinster, drinnen pfeift der Wind durch die geschlossenen Fenster und das Feuer ist aus. Es ist ungemütlich und kalt. Auf dem Sims des Kamins brennt jedoch ein großer Leuchter, der Lucien sofort auffällt, weil die echten Kerzen, mit denen er bestückt ist, vor dem Hintergrund der äußersten Sparsamkeit, die das Leben von Daniel verlangt, verschwenderisch wirken. Als Lucien nach dem Grund für diesen Luxus fragt, antwortet d'Arthez,»der Geruch von Talglichtern sei ihm unerträglich«. Lucien schließt aus diesen Detail auf den Charakter seines Freundes. Es verrät ihm eine große »Empfindsamkeit der Sinne« und »höchste Sensibilität«.[113] Da er diese Eigenschaften auch für sich in Anspruch nimmt, fühlt er sich über sie noch stärker mit Daniel verbunden.

FREUNDSCHAFT ALS SEMIOTISCHE BEZIEHUNG

Die verschiedenen Anforderungen an die Freunde, die eine besondere Aufmerksamkeit für den anderen, poetische und hermeneutische Kompetenz besitzen müssen, lassen sich in einem Konzept verbinden, das unter Rückgriff auf ein Wort des Philosophen Ernst Cassirer als *symbolische Form oder Grammatik der Freundschaft* bezeichnet werden kann und das die produktive und rezeptive Seite der Freundschaft als semiotischer Beziehung beschreibt.

Cassirer bezeichnet als Symbole »das Ganze jener Phänomene [...], in denen ein Sinnliches in der Art seines Daseins und So-Seins, sich [...] als Manifestation und Inkarnation eines Sinns darstellt«,[114] also alles, was ein Zeichen sein kann. Die Funktion der Symbole – oder Zeichen, und diesen Ausdruck verwende ich im Folgenden aus Gründen der Klarheit – besteht darin, etwas zu bedeuten.[115] Dabei ist das, was sie bedeuten – oder in einem allgemeineren Sinne

bezeichnen – nicht unabhängig von den Zeichen zugänglich, sondern wird erst in der zeichenhaften Vermittlung greifbar. Alles, was
ist, ist dem Menschen immer durch Zeichen vermittelt, sofern es für
ihn Bedeutung hat. Cassirers Interpret Dieter Mersch nennt diesen
Sachverhalt »symbolische Differenz« und meint damit, dass der Unterschied zwischen einem Symbol (also Zeichen) und der Realität
darin besteht, dass es »nicht das Wirkliche als Wirkliches [gibt], auf
das sich der Mensch unmittelbar, d.h. jenseits alles Symbolischen
beziehen könnte, weil jeder Bezug immer schon die Symbolisierung
und damit Bedeutung der Wirklichkeit impliziert.«[116]
Dieser Gedanke ist m.E. auch für die Intimität der Freunde
wichtig, denn er zeigt, dass mit der sprichwörtlichen Rede von den
Freunden, die sich blind oder ohne Worte verstehen, nicht gemeint
sein kann, dass sich dieses Verständnis ganz unvermittelt, also ohne
die Verwendung und Interpretation von Zeichen ergeben könnte.
Vielmehr ist auch in der Freundschaft der eine dem anderen immer
schon durch die Zeichen, die ihn repräsentieren und mit denen er
sich bedeutet, vermittelt, ganz gleich, woraus diese Zeichen auch immer bestehen mögen. Erst in der symbolischen Vermittlung durch
die Worte, Gesten oder Taten, die Freunde verbinden, wird er zu jemandem, der dem anderen etwas bedeutet. Ohne diese zeichenhafte
Vermittlung gibt es nichts, wodurch der eine etwas bedeuten könnte
bzw. das für den anderen bedeutsam sein könnte, denn alles, was
Bedeutung hat, ist immer schon ein Zeichen und nur als Zeichen
hat es Bedeutung.

Die Persönlichkeit des Freundes (derjenige, der er selber sein
möchte, und derjenige, der für ihn der andere ist) besteht mithin
nicht unabhängig von irgendwelchen Zeichen, die nur auf sie ver-
weisen, sondern sie entsteht erst in ihrer zeichenhaften Repräsentation durch den einen und deren Verständnis durch den anderen. In
der Art und Weise, wie der eine sich dem anderen präsentiert bzw.
sich ihm in Zeichen darstellt, erschafft er sich für sich selbst und für
den anderen. »Sprich, dass ich dich sehe«, schreibt Johann Georg
Hamann in Abwandlung einer sokratischen Redewendung an seinen Freund Herder.[117] Das ist die produktive Seite der kommunikativen Intimität. Sie verlangt poetisches Talent, das sich am Beispiel
meines Freundes etwa in der doppelten Überbietung zeigt, mit der
er sich inszeniert – als der Intellektuelle, der eben nicht nur intellektuell ist, sondern auch ein bestimmtes Ideal männlicher Attraktivität
verkörpert, und als ein in diesem Sinne attraktiver Mann, der eben

nicht nur attraktiv, sondern auch noch intellektuell ist. Rhetoriker nennen das eine *aemulatio*, also einen Wettstreit mit Vorbildern, die einerseits mustergültig sind, die jedoch andererseits überboten werden sollen. »Was jemand bei einem anderen als herausragend erkannt hat«, schreibt etwa der Humanist Lorenzo Valla über den Künstler, der sich so einem Wettstreit stellt, »das versucht er selbst nachzuahmen, dem gleichzukommen und es zu übertreffen.«[118] So erzeugt der überbietende Wettstreit aus dem produktiven Umgang mit Vorbildern etwas Neues, wie mein Freund vorgeführt hat. Dabei ist diese Schöpfung immer schon an einen anderen gerichtet, dessen Aufmerksamkeit die *aemulatio* gewinnen will und der ihr Gelingen anerkennen muss, in meinem Beispiel bin das ich. Dafür muss der andere freilich die Muster, auf die der überbietende Wettstreit sich bezieht, gut kennen und das setzt eine große Vertrautheit mit der Welt des Freundes voraus. Denn der Bereich der Phänomene, die in dieser Selbstschöpfung als Zeichen fungieren können, ist, wie gesehen, sehr groß. Er umfasst alles, was sich als »Manifestation eines Sinns« begreifen lässt, also nicht nur die Worte, Gesten und Taten des Freundes, sondern auch seine Kleidung, seine Haltung gegenüber bestimmten Dingen und seine emotionale Bewertung von Ereignissen, seine Lebensgewohnheiten und Lebenspraktiken. Andersherum entwirft auch der andere seinen Freund, nämlich dadurch, wie er diese Symbole versteht. Das ist die rezeptive Seite. Sie verlangt hermeneutisches Talent, nämlich die Fähigkeit, die Zeichen, aus denen der andere sich erschafft, auch lesen zu können und erkennen zu können, wie er mit ihnen umgeht.

Indem die aktive Vergegenwärtigung des Freundes sowohl in produktiver als auch in rezeptiver Hinsicht über die Verwendung von Zeichen geschieht, stellen sich ihr auch die damit verbundenen Probleme. Die Zeichen, mit denen sich die Freunde präsentieren und selbst erschaffen, sind nicht ihre eigenen Erfindungen, sondern aus dem Repertoire ihrer Kultur genommen, die damit bestimmte Bedeutungen geschaffen hat. Sie verwenden und verstehen zu können, setzt voraus, sie gelernt zu haben. Das gilt nicht nur für das Beispiel meines Freundes, sondern für jede Kommunikation, wie sich an der Sprache beobachten lässt. Damit wir uns sprachlich verständigen können, müssen wir auf bestimmte Begriffe zurückgreifen, die wir vorfinden und die immer schon eine Bedeutung haben. Nur deswegen können wir sie ja verwenden und nur deswegen kann der andere sie auch verstehen. Alles Sprechen, so Derrida, ist Zitieren.[119]

Mit jedem Wort, das der Freund spricht, jeder Geste, die er macht,
zitiert er also eine bestimmte Bedeutung, die für ihn damit verbunden ist, und appliziert diese Bedeutung auf sich. So erschafft
er sich aus Zitaten. Zugleich verändert er diese Bedeutung damit
jedoch – in kleinerem oder größerem Maße. Er setzt sie nämlich in
einen neuen Kontext, verbindet sie mit anderen Bedeutungen oder
verwendet sie auf z.T. neue oder andere Art und Weise, wie das die
kleine Szene mit meinem Freund vorgeführt hat. Damit der andere
das verstehen kann, muss er nicht nur dieses Zitat selber und seine
übliche Verwendung kennen – also die kulturelle Grammatik, die
ihr zugrunde liegt – sondern auch die individuelle Abweichung oder
Verschiebung bemerken, die mit der Verwendung durch den Freund
geschieht. Das ist gar nicht so leicht, denn auch der Freund kann das
Symbol ja nur verstehen, weil er es seinerseits gelernt hat und auch
selber in einer spezifischen Weise verwendet. Auch für ihn ist damit
eine bestimmte Bedeutung bzw. Verwendung verbunden, die sich
u.U. deutlich von der des Freundes unterscheidet. Mit jedem Zitat,
jeder Wiederholung eines Zeichens entsteht also eine gewisse Differenz und diese Differenz macht die Verständigung ein Stück weit
unkontrollierbar. Zugleich rückt mit ihr jedoch auch die Fremdheit
des Freundes in den Blick, denn was er sagt ist nicht nur nicht identisch mit dem, was ich verstehe, sondern auch nicht mit dem, was
er meint. So stiftet das Gespräch unter den Freunden eine Nähe, die
zugleich die Ferne des anderen bewahrt.

Umso deutlicher den Freunden diese nie ganz aufzuhebende
Fremdheit des anderen bewusst ist, desto inniger werden sie bemüht
sein, gleichwohl eine Intimität des Verständnisses auszubilden, die
beide bei denselben Zeichen möglichst gleich denken und fühlen
lässt – wohl wissend, dass eine völlige Übereinstimmung darin nie
ganz erreicht werden kann. Und das ist gut so, denn andernfalls ginge mit der Fremdheit des anderen auch das Bewusstsein verloren,
das für die gesuchte Anerkennung in der Freundschaft und ihre moralische Auszeichnung notwendig ist.

Um sich der angestrebten Intimität des Verständnisses zu nä-
hern, etablieren Freunde eine eigentümliche Grammatik und Idiomatik, die das Verständnis nicht nur festigt, sondern sogar abkürzen
und eine gemeinsame Hermeneutik der Welt tragen kann. Mithin
verlangt die bekannte Forderung, Freundschaften müssten gepflegt
werden, dieses intime Verständnis aufrecht und einen gemeinsamen Verstehenshorizont gegenwärtig zu erhalten. Das setzt jedoch

voraus, dass die Freunde tatsächlich in derselben (semantischen) Welt leben.

Darin sehe ich eine Einschränkung der populären These, Freundschaft verlange einen hohen Grad von Verschiedenheit der Weltsicht, wie sie etwa von Kant vertreten wird. Das mag für die Tischgesellschaft stimmen, die Kant Zeit seines Lebens mit viel gerühmter Eleganz geführt hat und bei der er auf eine möglichst große Pluralität der vertretenen Berufe und Standpunkte bedacht war, damit der eine vom anderen etwas lernen und seinen Standpunkt an dessen Kritik überprüfen könne.[120] Diese Form der Geselligkeit gehört, wie der Soziologe Jürgen Habermas in seinem Buch über den *Strukturwandel der Öffentlichkeit* schreibt, in die Vorgeschichte der Herausbildung einer bürgerlichen Öffentlichkeit, in der alle Fragen von gesamtgesellschaftlichem Belang verhandelt werden (sollen).[121] Dem ist eine Verschiedenheit des Denkens, wie sie Kant für eine bestimmte, gesellschaftliche Form der Freundschaft fordert, sicherlich zuträglich. Die auf gegenseitige Anerkennung ausgerichtete narzisstische Freundschaft fordert jedoch Übereinstimmung und kann eine Differenz der Standpunkte nur zu einem gewissen Grade verkraften. D.h., je größer diese Differenz ist, desto schwieriger wird eine Intimität des Verständnisses erreicht. Je sensibler die Freunde für die grundsätzliche Fremdheit des anderen sind, desto inniger wird sie jedoch erstrebt. Dem stimmt übrigens auch Kant zu, der die gesellige Form der Freundschaft nur als »Analogon« der intimeren Freundschaft versteht, die eben auf einer »Harmonie der Denkungsart« und der Empfindung beruht.[122]

FREUNDSCHAFTSPFLEGE UND MODERNE MEDIEN ODER DAS VERHÄLTNIS VON QUANTITÄT UND QUALITÄT

Um eine möglichst große Intimität des Austausches herzustellen, ist die Häufigkeit der Kommunikation bekanntlich weniger wichtig als ihre Vertraulichkeit. Die Qualität des Austausches ist wichtiger als seine Quantität.[123] Zur Steigerung der Intimität trägt auch bei, die Vermittlung über Medien nach Möglichkeit zu reduzieren. Wenngleich irgendein Medium immer notwendig ist, ist die Kommunikation jedoch umso intimer, je weniger vermittelt sie ist. Deshalb erscheinen mir die virtuellen Kommunikationsmedien physische

Nähe nicht ersetzen zu können, zumal ein persönliches Gespräch
mehr transportiert als nur die Worte, die gewechselt werden, nämlich auch die Gestimmtheit des anderen und vieles mehr, das sich
in seiner Haltung, seinem Blick und seiner körperlichen Präsenz
ausdrückt.

Zugleich bieten die modernen Kommunikationsmedien jedoch
auch jenen die Möglichkeit, in Kontakt zu treten und zu bleiben,
die sich nicht persönlich treffen können und ermöglichen zugleich
eine komplexere und mithin intimere Kommunikation als das alte
Telefon – oder der Brief, über dessen Verdrängung durch die elektronische Kommunikation immer wieder geklagt wird. Dabei zeigt die
Verdrängung der Briefkultur auch, dass die Herstellung von Intimität viel einfacher geworden ist und sich also die Möglichkeiten, dem
anderen über größere Distanz nah zu sein, demokratisiert haben.
Schließlich hatte ein wesentlicher Aspekt der Kunst, persönliche
Briefe zu schreiben, darin bestanden, mittels verschiedener literarischer Techniken einen intimen und authentischen Austausch über
die große räumliche und zeitliche Distanz der Briefpartner hinweg
zu inszenieren und dem anderen, obgleich nur durch Buchstaben
aus Tinte auf Papier präsent, möglichst lebendig gegenwärtig zu werden. Das ging mitunter soweit, dass sich – in der Fiktion der Autoren – die Sekretionen des Körpers, etwa die Tränen, die der Schreiber
weinte, in Tinte verwandeln und in der Lektüre wieder zu Tränen
werden sollten.[124]

Eine derartige literarische Kunstfertigkeit braucht der Benutzer
moderner Kommunikationsmedien nicht. Er kann Intimität viel einfacher herstellen, weil hier elektronische Techniken die sprachliche
Kunstfertigkeit ersetzen. Das gilt schon für das Telefon und mehr
noch für die Bildtelefonie, für Fotonachrichten oder Posts auf Facebook, welche die technische Herstellung von Nähe (teils mit großer
Streuwirkung) um das Bildliche erweitern und sie so der physischen
Intimität annähern. Sie senken auch, zumindest in Teilen, die Anforderungen noch weiter herab, denn es ist viel einfacher, irgendeinen Schnappschuss zu machen und mit ein paar Worten zu ver-
sehen, als mit einem anderen ein Gespräch zu führen, geschweige
denn, ihm einen intimen Brief zu schreiben. Damit tragen Facebook,
WhatsApp, Twitter, Skype, Instagram, Tumblr, Snapchat usw. nicht
nur dazu bei, dass Kontakt gehalten und wiedergefunden werden
kann, sondern ermöglichen auch eine relativ anspruchslose Herstellung von Intimität, weil diese sich einer kaum mehr als technischen

Reproduktion ehemals künstlerischer Stilmittel verdankt oder dem Ersatz dieser Stilmittel durch neue Techniken.

Indem einige von ihnen jedoch nur auf einseitige Mitteilungen mit großer Streuung ausgerichtet sind, lösen sie die Wechselseitigkeit und Intimität der Kommunikation wieder auf. Das muss jedoch nicht unbeabsichtigt sein, denn gerade mit Blick auf die elektronische Kommunikation fällt eine komplementäre Strategie auf, die neben dem intimen und auf Qualität basierenden Austausch auch auf einen weniger intimen und stärker auf Quantität zielenden Austausch setzt, wie es die Kommunikation auf Twitter, Instagram oder auch im Facebook-Post vorführt. Hier folgt das Kommunikationsverhalten einer doppelten Strategie: mit weniger intimen Freunden möglichst viel und mit intimeren möglichst intensiv zu kommunizieren.

Diese Kommunikationsstrategie entspricht dem Verhalten in persönlichen Beziehungen, in denen die moderne Persönlichkeit, wie wir im ersten Kapitel schon gesehen haben, auch zwei komplementäre Typen pflegt: weniger intime Beziehungen, die sie in ihrem Selbstwertgefühl möglichst häufig bestätigen sollen, und intimere Beziehungen, die sie möglichst intensiv bestätigen sollen.

Allerdings verlangt die Intimität der Beziehung auch eine gewisse Dichte des Austausches und hier findet ein Umschlag von Quantität in Qualität statt. D.h., die Überlegenheit des seltenen intimen Austausches gegenüber häufigeren, aber weniger intimen und persönlichen Kontakten hat ihre Grenzen in einer spezifischen Häufigkeit und Regelmäßigkeit des Kontakts, die als kritische Masse mindestens erreicht werden muss, damit eine intime Beziehung entstehen und aufrechterhalten werden kann. Schließlich setzt die gemeinsame Hermeneutik der Welt eine Intimität des freundschaftlichen Verständnisses voraus, die wiederum auf einer vertrauten Gemeinsamkeit der Verwendung und des Verständnisses von Zeichen beruht und also eine gewisse Pflege verlangt. Wo die eigentümliche Grammatik und Idiomatik der Freundschaft nicht wachgehalten werden kann, entsteht neuer Raum für Missverständnisse.

Wie leicht andersherum eine gewisse Häufigkeit Intimität erzeugen kann, lässt sich nicht nur an der Vertrautheit beobachten, die wir den uns geläufigen und gewohnten Menschen und Erscheinungen entgegenbringen, auch wenn wir ihnen immer nur flüchtig begegnen, sondern auch an den Vorzügen moderner Kommunikationsmedien wie Skype. So ist z.B. ein Freund von mir, der berufsbedingt unter der Woche in einer anderen Stadt leben muss als seine Familie, mit seiner Frau und seinen Kindern viele Stunden am Tag über Skype verbunden, ohne dass durchweg gesprochen werden würde. Er arbeitet und die Kinder spielen. Unterdessen kann jeder einmal nach dem anderen schauen oder ihn ansprechen und das hilft, ein vertrautes Miteinander auch über größere Distanz und längere Trennung aufrechtzuerhalten.

Allerdings zehrt auch diese virtuelle Intimität von einer Vertrautheit, die durch physisches Beisammensein vorher gewonnen worden ist. Wie wichtig physische Nähe ist, damit der andere vom Fremden zum Freund wird, beschreibt der Dichter Matthias Claudius am Beispiel von zwei Pferden, die bekanntlich keine Worte wechseln können und trotzdem Freunde werden: »Es gibt eine körperliche Freundschaft. Nach der werden auch zwei Pferde, die eine Zeitlang beisammen stehen, Freunde und können eins des anderen nicht entbehren.«[125] Warum auch das bloße körperliche Beisammensein für Freundschaften wichtig ist, behandelt der folgende Abschnitt.

DIE GRENZEN EINER NUR KOMMUNIKATIVEN INTIMITÄT

Ich weiß ziemlich genau, wie alle meine Freunde aussehen, und ich weiß das in einem sehr haptischen Sinne. Ich weiß nicht nur, dass der eine für seine Körpergröße winzig kleine Füße hat, aber große Zähne, oder der andere eine Narbe neben der Nase, die sich wie eine Schlange kräuselt, wenn er lacht, wie sich bei einem der Daumen schief stellt, wenn er nachdenkt, oder ein Lid hängt, wenn er getrunken hat, sondern ich weiß auch, wie sich meine Freunde anfühlen. Ich weiß, dass die schmalen Hände des einen wie ein Berserker zugreifen können und die niedrigen Schultern eines anderen hart sind wie ein knotiger Baum. Und dieses haptische Wissen um meine Freunde klingt mit, wenn ich sie ansehe, mit ihnen spreche oder wir uns auch nur schreiben. Mein Auge und meine Vorstellung sind dann, wie der Philosoph Johann Gottfried Herder einmal über die Betrachtung von Plastiken geschrieben hat, Schüler der Hand. Sie sind es jedoch nicht so, dass ich mir in der visuellen und kommunikativen Vergegenwärtigung des anderen nur vorstellen würde, wie er sich anfühlte, so wie bei Herder der tastende Blick die tote Statue lebendig werden lässt, sondern ich weiß es ja, und deshalb ist er mir umso gegenwärtiger. Dabei ist es nicht wichtig, dass diese haptische

Kenntnis des anderen nur punktuell ist und, im Gegensatz zu der des Geliebten, in der Regel aus wenig mehr als einem Klaps auf die Schulter oder einem Rempler mit dem Ellbogen gewonnen wurde. Denn wir wollen mit dem anderen ja gar nicht körperlich verschmelzen, sondern er soll uns bloß auch physisch gewiss werden, weil eine nur kommunikative Intimität immer blass, man könnte auch sagen, nur virtuell bliebe.

Für Herder liegt der Vorzug der haptischen Kenntnis darin, dass die tastende Erfahrung inniger ist als die nur visuelle und weniger der Täuschung unterworfen. »Im Gesicht [also im Sehen] ist Traum, im Gefühl ist Wahrheit«, heißt es in der Einleitung zu seinem Essay über die *Plastik*. Denn die »Eigenschaften der Körper« sind für ihn nichts anderes als die »Beziehungen derselben auf unseren Körper, auf unser Gefühl«. Fühlen und tasten ist für Herder dasselbe. Der Mensch hat nur deshalb einen Begriff davon, »was Undurchdringlichkeit, Härte, Weichheit, Glätte, Form, Gestalt, Rundheit« ist, sagt Herder, weil er eine Hand hat. »Und wo er sie nicht hat, wo kein Mittel war, daß er sich von einem Körper durch körperliches Gefühl überzeugte: da muß er schließen und rathen und träumen und lügen, und weiß eigentlich nichts recht. Je mehr er Körper, als Körper, nicht angegaffte und beträumte, sondern erfaßte, hatte, besaß, desto lebendiger ist sein Gefühl, es ist, wie auch das Wort sagt, Begriff der Sache.«[126]

Wenngleich diese Zuspitzung des Gefühls auf den Tastsinn zu weit geht, weil sich das Fühlen eben doch nicht im Tasten erschöpft, auch das genauere Fühlen nicht, merken wir doch, wie eng die Gewissheit des anderen mit seinem haptischen Erleben zusammenhängt, wenn wir mit ihm eine rein virtuelle Beziehung führen. Er kann dann seine Scheinhaftigkeit nie ganz abstreifen und es bleibt immer der Verdacht, dass er ein Traum sei, wenn wir ihn nicht wenigstens einmal angefasst haben. Das ist auch der Grund dafür, warum selbst die kunstvollste virtuelle Intimität (bisher) das physische Zusammensein nicht ersetzen kann. Es ist nämlich nicht dasselbe, ob wir vor allem sinnliche Daten aufnehmen, wie das in der virtuellen Kommunikation der Fall ist, oder ob wir auch physisch miteinander interagieren. Und es ist auch nicht dasselbe, ob wir unseren Freund nur sehen oder hören oder auch anfassen. Die Erfahrung, das zeigen die Überlegungen der Phänomenologie, ist im zweiten Fall immer stärker.

Die tastende Erfahrung des anderen ist schon deshalb inniger als die visuelle, weil sie zusammenhängender ist. Das gilt schon für die

Wahrnehmung unseres eigenen Körpers, von dem wir nie eine vollständige Ansicht haben, den wir aber als sensorische Einheit tastend
spüren können – wenn wir z.b., so der Philosoph Hans Blumenberg,
nach dem Sprung ins Wasser eintauchen, einen elektrischen Schlag
erleiden, von Ekel gepackt werden oder vor Scham im Boden versinken wollen.[127] Diese größere Innigkeit gilt auch für die tastende Erfahrung des
anderen. Sie ist direkter und zusammenhängender; sie verlangt den
unmittelbaren Kontakt und stellt sich nicht telepathisch ein. Wenn
wir nicht wissen, ob wir wachen oder träumen, vergewissern wir uns
nicht mittels unserer Augen, ob uns unsere Sinne trügen, sondern
durch unsere Hände.»Kneif mich mal«, sagt der eine Freund zum
anderen, wenn er zu halluzinieren fürchtet.

Und schließlich ist eine an den Körper gebundene Erfahrung
stärker als eine nur virtuelle Erfahrung, weil in ihr derjenige, der
die Erfahrung macht, über seinen Körper ein Teil der Welt ist, die
er erfährt und mit der er in der Erfahrung interagiert. Dadurch wird
die Erfahrung in viel stärkerem Maße zu einem Prozess, in dem sich
der Erfahrende und die Welt verändern, als es in der nicht körperlichen Erfahrung der Fall ist, wie der Philosoph Bernhard Waldenfels
schreibt.[128] Freundschaftliche Intimität gibt es im vollen Sinne erst
dann, wenn auch die Freunde im vollen Sinne zusammen sind. Erst
dann entsteht eine Nähe, die den anderen als jemanden auffasst, mit
dem man selbst verbunden ist und dem die eigene Fürsorge gelten
kann. Martin Heidegger nennt das das »Mitsein« mit dem anderen.[129] Andernfalls ist er nur ein weiteres Ding in der Welt.

Dieser Zusammenhang zwischen einer auch körperlichen und
damit verändernden Erfahrung des anderen und dem innigen Gefühl
der Verbundenheit mit ihm lässt sich in Freundschaften gut beobachten. So führt etwa Emmanuel Boves Roman *Meine Freunde* vor, wie
der Versuch, so eine Intimität zu etablieren, daran scheitert, dass die
Freunde nur Erfahrung voneinander, aber nicht miteinander machen.

Der Ich-Erzähler nimmt auf der Suche nach Freunden zwar sehr
genau alle möglichen Daten von ihnen auf, interagiert aber nicht
physisch mit ihnen, und so kann die Veränderung des Erfahrenden
und der Welt nicht gelingen. Vielmehr schwebt Victor Bâton wie
ein Geisterschiff durch das Paris der früher 1920er Jahre, immer
auf der Suche nach einem Freund – und bleibt doch allein. Er lernt
zwar einige Männer kennen, mit denen sich eine Freundschaft, und
zwei Frauen, mit denen sich eine Liebschaft ergeben könnte, aber er

kommt den Menschen nie wirklich nahe. Wenngleich das vielfältige
Gründe hat, drückt sich diese Fremdheit doch vor allem in der Art
und Weise aus, wie er seine Freunde erfährt. Skrupulös verzeichnet
er jedes Detail ihrer äußeren Erscheinung, den Glanz ihrer Nasen-
löcher und die Farbe ihrer Sohlen, die Art ihres Ganges und den
Zustand ihrer Nägel. An ihr Gesicht und dessen Ausdruck kann er
sich jedoch nicht erinnern, denn er begegnet ihnen zwar mit allen
Sinnen, aber mit allen Sinnen einzeln. Da es (auf der Erfahrungs-
ebene) keinen Körper, oder, wie Waldenfels sagen würde, Leib gibt,
der die einzelnen Sinnesdaten integriert und sich selbst als jemand,
der diese Erfahrung macht, mit einbringt, sondern nur eine Aggre-
gation wahrnehmender Sinnesorgane, die sich selbst aus der Welt,
die sie erfahren, so weit wie möglich heraushalten, löst sich auch die
Erscheinung des Freundes in ihre einzelnen Bestandteile auf und
die Freunde bleiben sich fremd. Nachdem er etwa Billard kennengelernt hat, erzählt er:»Am nächsten Morgen, beim Aufwachen, dachte ich sofort an ihn. Ich ging im Bett die Abfolge unserer Begegnung
durch. Billards Züge wurden mir nicht faßbar. Mochte ich mir auch
ein Gesicht einreden, mit einem Schnurrbart, Haaren, einer Nase –
es blieb doch ausdruckslos.«[130]
    Trotz physischem Beisammensein entsteht keine Vertrautheit.
Rainer-Maria Rilke hat diese zergliederte und auch abstrakte Erfahrung des anderen, die in einem technischen Sinne durchaus auch
tastend sein kann, aber eben nicht leiblich mitfühlend ist, mit dem
Bild einer Handschuhprobe beschrieben.»In meiner Kindheit hatte
man noch die Angewohnheit, sich die Handschuhe nach Maß machen zu lassen; dabei die Hand dem Handschuhmacher hinzuhal-
ten, war eine recht seltsames Erlebnis. Bei der Lektüre von Boves
letztem Roman ist mir die gesamte Erinnerung daran wiedergekom-
men, einschließlich der Empfindung in meinen Fingerspitzen, die
der Messung ausgesetzt waren.«[131]
    In einem weiteren Sinne kann also auch ein physisches Beisam-
mensein bloß virtuell sein – nämlich dann, wenn hier nicht zwei
Körper miteinander Erfahrungen machen und einer des anderen
Härte und Weichheit, Glätte und Form als Eigenschaften eines Körper in Beziehung auf seinen Körper erfährt, sondern man einander
nur die Hand reicht, um Maß zu nehmen und sich mit spitzen Fin-
gern auf Abstand hält.
    Die unmittelbare, körperliche Gewissheit des anderen ist für die
Herstellung von Intimität wichtig, weil bei aller Nähe, die durch die

Übereinkunft im Gefühl erreicht werden kann, der andere doch immer der andere bleibt – sonst bliebe ich nicht ich, sondern wir wären unterschiedslos derselbe –, und weil auch die kunstvollsten kommunikativen Techniken, Einverständnis zu erzeugen, diese Uneinholbarkeit des anderen nicht aufheben können. Die Berührung schließt zwei Menschen jedoch kurz und erzeugt eine unmittelbare Nähe und Gewissheit des anderen, ohne welche die Intimität hohl bleibt. Freundschaftliche Zuneigung rückt damit in die Nähe der Erotik, zumindest dann, wenn das erotische Begehren in einem sehr weiten Sinne verstanden wird, nämlich als die Sehnsucht, die unüberwindliche Trennung vom anderen aufzuheben. Freundschaftliche Zuneigung unterscheidet sich jedoch vom erotischen Begehren im engeren Sinne, das auch als sexueller Appetit beschrieben werden kann, wie eine metaphysische Sehnsucht von einem konkreten Bedürfnis der Lust. Philosophen wie Platon oder Emmanuel Levinas haben darauf immer wieder hingewiesen.[132] Ich komme auf das Verhältnis von Liebe und Freundschaft im letzten Kapitel noch einmal zurück.

Wie eng allerdings körperliche und geistige Intimität unter Freunden zusammenhängen können und wie aus dem Mitsein mit dem anderen die Fürsorge für ihn entspringt, zeigt uns etwa Herman Melville in *Moby-Dick*. Dort berichtet der Erzähler Ismael, wie er seine Stellung als Schulmeister hinter sich lässt, um auf einem Walfänger zur See zu fahren. Bevor er sich in Nantucket einschiffen kann, muss er allerdings einige Nächte in einem Wirtshaus verbringen, und weil dort alle Betten belegt und die Bänke krumm und schief sind, bleibt ihm nichts anderes übrig, als das Nachtlager mit dem Harpunier Queequeg zu teilen, der dort ebenfalls auf Arbeit wartet. Ismael scheint diese Gemeinschaft zunächst gar nicht geheuer, denn Queequeg ist ein von Kopf bis Fuß tätowierter Südseeinsulaner, der mit seinen spitzgefeilten Zähnen und der finsteren Miene aussieht, als würde er Menschen fressen. Nachdem er sich jedoch ganz friedlich zeigt, ja sogar zuvorkommend ist, lässt Ismael sich auf das Abenteuer ein und erwacht am nächsten Morgen friedlich in Queequegs Armen. Das ist für Ismael, der sich nur mit Mühe und Not aus der Umarmung des Schlafenden befreien kann, ebenso befremdlich wie für den langsam erwachenden Harpunier, der sich fragend die Augen reibt, als er seinen Bettgenossen erblickt. Beim Frühstück schwindet diese neuerliche Fremdheit jedoch wieder und als Ismael am Abend vom Bummel durch den Ort heimkommt und

Queequeg in der Stube des Gasthauses beim Kamin sitzen sieht, wo
er die Seiten eines Buches zählt, das er nicht lesen kann, schaut er
ihn schon mit vertrauteren Augen an. »Ich saß da und sah ihm neugierig zu. Auch wenn er ein Wilder war und im Gesicht – für meinen Geschmack wenigstens – scheußlich entstellt, hatten sein Züge
doch etwas, das ganz und gar nicht unangenehm war. Man kann die
Seele nicht verbergen. Unter all seinen gespenstischen Tätowierun-
gen glaubte ich Spuren eines schlichten, ehrlichen Herzens zu entdecken, und im feurigkühnen Schwarz seiner großen, unergründli-
chen Augen schien es Anzeichen für eine Seele zu geben, die es mit
tausend Teufeln aufnehmen würde. Überdies lag etwas Erhabenes
in der Haltung dieses Heiden, dem selbst sein ungeschlachtes Äuße-
res nichts anhaben konnte. Er wirkte wie ein Mann, der niemals zu
Kreuze gekrochen war und keinen Gläubiger kannte.«[133]
Für Ismael, der zur See fährt, um sich »die Milzsucht zu ver-
treiben und den Kreislauf in Schwung zu bringen«, hat dieser Perspektivwechsel auf Queequeg befreiende Wirkung. Er vertreibt seinen Grimm und jagt den »nassen, nieseligen November« aus seiner
Seele. »Wie ich nun da saß [...], da spürte ich, wie wundersame Gefühle in mir erwachten. Etwas in mir schmolz dahin. Nicht länger
wüteten mein arg zerspelltes Herz und meine rasende Hand wider
die wölfische Welt. Der sanfte Wilde hatte sie erlöst. Dort saß er,
und gerade sein Gleichmut kündete von einem Wesen, das weder
Heuchelei noch leutseligen Lug und Trug verbarg. Wild war er und
ein Anblick ohnegleichen, und doch fühlte ich mich geheimnisvoll
zu ihm hingezogen. Ebendas, was die meisten anderen abgestoßen
hätte, ebendas war bei ihm der Magnet, der mich so anzog. Ich will's
mit einem Heidenfreund versuchen, dachte ich mir, denn Christen-
liebe hat sich nur als hohle Höflichkeit erwiesen.«[134]
Augenscheinlich orientiert sich Ismaels verklärender Blick auf
Queequeg an Rousseaus Ideal vom edlen Wilden, auf das hin er das
Bild seines Freundes in seiner Vorstellung entwirft. Vor allem wird
jedoch deutlich, in welchem Maße die sich nun entwickelnde Intimität der Freunde auf ihrer physischen Nähe beruht. Ismael rückt an
Queequeg heran und versucht mit ihm ins Gespräch zu kommen.
»Erst nahm er meine Avancen kaum wahr, doch als ich ihn auf seine
Gastfreundschaft in der Nacht zuvor verwies, verstand er sich zugleich zu der Frage, ob wir erneut das Bett teilen würden. Ich sagte
ja, worauf er, wie ich meine, erfreut und vielleicht auch ein bisschen
geschmeichelt schien.« Ismael erklärt ihm darauf die Buchstaben,

in dem Buch, das Queequeg durchblättert hatte. Es entspinnt sich ein gedanklicher Austausch. »Wir gingen rasch dazu über, so gut wir konnten, über die mannigfachen Sehenswürdigkeiten dieser Stadt zu schwatzen.« Über die Bande des gemeinsamen Interesses vergewissern sich beide ihrer Übereinkunft im Gefühl. Doch letztlich sind hier nicht viele Worte nötig, denn den beiden wird alsbald klar, dass sie ein Herz und eine Seele sind. »Darauf schlug ich vor«, erinnert sich Ismael,

»wir wollten gemeinsam eine rauchen, worauf er Tabaksbeutel und Tomahawk zutage förderte und mir schweigend einen Zug anbot. Da saßen wir dann, pafften abwechselnd aus seiner Barbarenpfeife [dem Tomahawk] und ließen sie regelmäßig von einem zum andern wandern. Falls in des Heiden Brust noch ein Rest eisiger Gleichgültigkeit gegen mich lauerte, so schmolz ihn die vergnügliche, freundschaftliche Pfeife, die wir zusammen schmökten, rasch weg und machte uns zu besten Freunden.«

Im Rauchen der Pfeife kommt mithin beides zusammen, körperliche Intimität und emotionale Verbundenheit, die hier sogar rituell besiegelt wird. Zwischen den beiden Seefahrern entsteht so eine Intimität, die in vollem Umfang dem entspricht, was die Romantik, in deren Kontext ja auch Melville steht, unter Seelengemeinschaft verstanden hat. Denn wenn Ismael weitererzählt, dass Queequeg und er nicht eingeschlafen seien, »ohne zuvor ein kleines Schwätzchen gehalten zu haben«, und er dieses Schwätzchen mit dem Geplauder eines alten Ehepaares vergleicht, das einander seine »Seelen bis auf den tiefsten Grund öffnet«, und wenn er sich an diese Tage als die »Flitterwochen unserer Herzen« erinnert,[135] dann schreibt er darin auch den platonischen Mythos vom Kugelmenschen fort, der die Liebenden als getrennte Hälften bezeichnet hatte, die wieder zusammenfinden und ein Ganzes werden möchten. Dieser Mythos ist in der Romantik vergeistigt worden, um ein Bild für die intellektuelle Seelengemeinschaft und Übereinkunft im Gefühl zu finden, die Freundschaften auszeichnet. So schrieb etwa der Dichter Ludwig Tieck am 1. Mai 1792 an seinen Freund Wilhelm Heinrich Wackenroder: »Ich finde gewiss keinen Menschen wieder, der mich so ganz versteht, wie Du, der jeden meiner Gedanken behorchen kann, der der Dolmetscher aller meiner Empfindungen ist, der so fein, so zart fühlt, dessen Phantasie so ätherisch geläutert wäre; W. mit Tränen denke ich schon jetzt an Deinen Umgang zurück.«[136] Wackenroder

antwortet darauf, er wünsche sich, »daß unsere Seelen einander um-
armten«.[137]

Während jedoch Tieck und Wackenroder vor allem die geistige
Gemeinschaft apostrophieren und Wackenroder etwa fortfährt, er
sehne sich danach, dass sich ihre »gegenseitigen Meinungen mit einander mischten u. in eine Masse kneteten, die künftig alsdann ein
Eigentum von uns beiden würde«, betont Melville den physischen
Gegenpart und führt vor, wie sich seelische Gemeinschaft aus körperlicher Nähe entwickeln kann.[138] Das geschieht freilich »völlig frei
und gesellig und ungezwungen«, wie Ismael sagt und hat also meines Erachtens mit sexuellem Begehren nichts zu tun, denn Sex ist
nicht gesellig oder »sociable«, wie es im Original heißt, und das li-
bidinöse Begehren nicht frei und ungezwungen (»free and easy«).[139]
Viel besser trifft es Claudius' Gleichnis von den zwei Pferden, die,
nachdem sie eine Zeit lang beisammen gelaufen sind, einander
nicht mehr entbehren wollen, weil sie die gute Gesellschaft des anderen genießen.

Wenngleich sich Freundschaft vor allem aus einer gemeinsamen
Hermeneutik der Welt ergibt, reicht diese also nicht aus, um eine
substanzielle Nähe zu stiften. Dafür muss auch gemeinsam gehandelt und gemeinsam erlebt werden – und zwar nicht nur virtuell.
Die Freunde müssen vielmehr zumindest ab und an auch physisch
beisammen sein, damit auf den anderen nicht nur geschlossen und
die Nähe zu ihm nicht erraten werden muss, wie Herder schreibt,
sondern sich der eine vom anderen auch im Wortsinne einen Begriff
machen, d.h., ihn mit den Händen greifen kann. Eine Gemeinsamkeit des Erlebens, die nur virtuell ist oder sich in der bloßen Kommunikation erschöpft, mangelt es hingegen an Dichte und Festigkeit,
denn selbst der intimste und geistreichste Austausch lässt ein gewisses Maß an Isolation der Freunde zurück, wenn er nicht in zumindest sporadischer körperlicher Gewissheit und Nähe des anderen
geerdet werden kann.

Das bezeugt etwa die Brieffreundschaft des Dichters Gottfried
Benn mit dem Kaufmann Friedrich Wilhelm Oelze, in der sich die
Freunde trotz innigstem Austausch immer etwas fremd geblieben
sind, weil sie ihre Gemeinsamkeit ganz dem Papier überantwortet
haben. »Wir führen ein völlig isoliertes Leben miteinander«, resümiert Benn in einem Brief an den Bremer Freund, »rasen wie zwei
D-Züge aufeinander zu in unseren Briefen, aneinander vorbei,
die Städte und Landschaften neben den Gleisen kennen wir nicht,

lassen wir außer Betracht.«[140] Dabei mangelt es ihnen nicht an einer gemeinsamen Hermeneutik der Welt und es wird sogar in gewisser Weise zusammen gehandelt, nämlich am bennschen Werk geschrieben. »Meine letzte Große Arbeit, nämlich das Weinhaus [Wolf]«, schreibt Benn z.b. an Oelze, ist »eigentlich [...] nur eine Zusammenstellung unserer Briefe, an der Sie ebenso beteiligt sind wie ich«[141]; und Oelze resümiert, »daß ich es als keinen geringen Glücksfall betrachte, einem Menschen zu begegnen, mit dem man sich über die fünf oder sechs Grundfragen, auf die es ankommt, ohne Diskussion versteht.«[142] Trotzdem gähnt unterhalb dieser erschriebenen Intimität eine abgründige Fremdheit. Als Oelze etwa im Februar 1950 nach Berlin reist, um Benn, der an einer tiefen Depression leidet, zu besuchen, drückt er sich einige Zeit vor Benns Wohnung herum, lässt sich dann aber doch nicht sehen, sondern fährt wieder heim.

Wenn sich darin eine »Scheu vor Nähe« ausdrückt, »die das intellektuelle Vertrauen des Briefwechsels durch unkontrollierte Affektivität gefährden könnte«, wie Joachim Dyck, ein Biograph dieser Freundschaft, schreibt,[143] dann resultiert diese Scheu auch daraus, dass die bloß kommunikative Intimität der beiden immer abstrakt blieb und nicht im vertrauten Umgang miteinander satt und fest werden konnte – weil es diesen persönlichen Umgang bis auf wenige Besuche nicht gab. Im Februar 1950 ist Benn von der Flucht seines Freundes tief verletzt: »Warum haben Sie das gemacht? Ich habe das Gefühl, dass Sie an mein Grab gereist sind (eine Reise, die ich Ihnen auf immer erlasse) – so wirkt es auf mich.« Oelze erklärt sich so: »Aber unter Freunden ist das doch anders? da gibt es Hemmungen, selbstauferlegte Zurückhaltung, da hat man feinere Ohren, empfindlichere Organe für das, was in einem gegebenen Augenblick sich ziemt, was förderlich ist, was konträr. Ich wusste ja, daß Sie durch eine Periode tiefer Apathie und Depression hindurchgingen.«

Ich meine, dass Oelze hier eine ganz richtige Bemerkung über den Umgang unter den Freunden macht, denn ich glaube, dass er tatsächlich ein feines Ohr für den anderen und eine selbstauferlegte Zurückhaltung gegen ihn verlangt. Ich stimme aber auch mit Benn überein, der hier von einem »Distanzierungszwang an verkehrter Stelle« spricht,[144] denn ich meine, dass sich diese Empfindsamkeit des Umgangs gerade in einem gemeinsamen Handeln und Erleben – und nicht nur im Miteinander-Reden – beweisen muss, weil nur so eine Intimität entsteht, die auch kräftig genug ist, eine

Freundschaft tragen zu können, unter deren dünnen Firnis nicht die Fremdheit klafft.

Wie diese Praxis des gemeinsamen Handelns und Erlebens gestaltet werden kann, behandeln die folgenden Kapitel. Es geht darin vor allem um die Frage der wechselseitigen Idealisierung der Freunde, die öfter schon angesprochen worden ist und hier gründlicher behandelt werden soll, und um konkretere Fragen des Umgangs miteinander, also um Umgangsformen unter Freunden und die Handhabung der eigenen und fremden Stärken und Schwächen.

9. Poetische Konjunktive

oder Wie Freunde einander sehen

Wer Freunde haben will, empfahl Kant seinen Studenten in einer *Vorlesung über Ethik*, die er wohl um das Jahr 1779 an der Königsberger Universität gehalten hat, der sollte seine »Schwachheiten auch gegen seinen Freund verhehlen«: »Man muss sich seinem besten Freunde nicht so entdecken, als man natürlich ist und sich kennt, denn sonst würde man ekelhaft sein.«[145] Diese Warnung gilt heute noch genauso, denn Freundschaften haben immer eine Dimension, die man theatralisch nennen kann. Sie verlangen, den anderen ein Stück weit zu idealisieren und so aufzufassen, als ob er ein echter Freund wäre, wohl wissend, dass das vielleicht gar nicht stimmt. Allein die materialistische Auffassung der Freundschaft, die darunter eine transparente Geschäftsbeziehung von Egoisten versteht, bildet hier eine Ausnahme. Alle anderen Konzepte sehen indes eine gewisse Täuschung und Selbsttäuschung vor, d.h., sie beruhen auf einer Übereinkunft darüber, wie die Freunde einander sehen wollen, und die Freunde stützen diese Übereinkunft durch die Art und Weise, wie sie sich einander präsentieren und wie sie die Darbietung des anderen auffassen. Damit erfüllt sich auch in Freundschaften ein Grundzug des sozialen Schauspiels, das nach den Untersuchungen des Soziologen Erving Goffman immer darauf abzielt, »eine bestimmte Situation zu stützen, sozusagen eine Sicht der Realität« zu etablieren.[146] Goffman zeigt, dass es keinen Bereich unseres sozialen Lebens gibt, in dem eine in diesem Sinne theatralisch erzeugte Realität unwichtig wäre. In Freundschaften ist sie jedoch besonders wichtig, weil die Zuneigung der Freunde auf ihr ruht.

So inszeniert die sogenannte echte Freundschaft in der Not eine Vorstellung der Beziehung, in der die Freunde so erscheinen, als ob sie voller Mitleid und Altruismus für den anderen wären – obwohl jedem Einzelnen insgeheim klar ist, dass er damit eine verklärende Sicht der Dinge vertritt. Schließlich lauert schon auf dem Grund seines Wohlwollens für den anderen die egoistische Sorge um die eigenen Interessen, wie das vierte Kapitel gezeigt hat.

In der narzisstischen Freundschaft tun die Freunde so, als ob sie einander um ihrer selbst willen liebten, und geben dem anderen das Gefühl, allein deshalb liebenswert zu sein, weil er so ist, wie er ist, obwohl sie wissen, dass die Zuneigung zum anderen vor allem dessen Zuneigung zu ihnen selbst gilt. Die ersten beiden Kapitel haben das näher ausgeführt.

Ob Freundschaften gelingen, hängt mithin wesentlich davon ab, ob das Schauspiel, auf dem sie beruhen, glückt.

Damit dieses Schauspiel jedoch gelingen kann, müssen die Beteiligten nicht nur über die entsprechenden darstellerischen Mittel verfügen, sondern auch gewillt sein, dem anderen seine Rolle abzunehmen. D.h., sie müssen gewillt sein, den anderen so aufzufassen, als ob er dieser Sicht der Realität, auf die sich die Freunde geeinigt haben, entspricht. Mithin erweist sich auch in Freundschaften das Idealisieren als »ein Hauptmittel um sich das Leben zu erleichtern«, wie Nietzsche schreibt. Wem diese Verklärung des Lebens gelingen soll, so Nietzsche weiter, der sollte »sich aber aus der Malerei recht deutlich machen, was Idealisieren heißt. Der Maler verlangt, dass der Zuschauer nicht zu genau, nicht zu scharf sehe, er zwingt ihn in eine gewisse Ferne zurück, damit er von dort aus betrachte; er ist genöthigt, eine ganz bestimmte Entfernung des Betrachters vom Bilde vorauszusetzen; ja er muss sogar ein ebenso bestimmtes Maass von Schärfe des Auges bei seinem Betrachter annehmen; in solchen Dingen darf er durchaus nicht schwanken. Jeder also, der sein Leben idealisieren will, muss es nicht zu genau sehen wollen und seinen Blick immer in eine gewisse Entfernung zurückbannen. Dieses Kunststück«, schließt Nietzsche, »verstand zum Beispiel Goethe«, der für die Idealisierung seines eigenen Lebens berühmt ist.[147] Goethes Autobiographie kündigt diese Verklärung mit den Mitteln der Kunst schon im Titel an, sie heißt *Dichtung und Wahrheit*.

BLOSSSTELLUNG UND SCHAM

In Freundschaften geht es jedoch nicht nur darum, das eigene Leben zu idealisieren, sondern auch das des Freundes. Seine Erscheinung ist es, die in das verklärende Spiel von Dichtung und Wahrheit gerückt und die stilisiert werden muss, damit die theatralisch inszenierte Realität aufrechterhalten werden kann. Deshalb richtet sich die Aufforderung Nietzsches, sein Auge in einer bestimmten Entfernung zu halten, vor allem an den Freund. Er muss schon von sich aus eine idealisierende Perspektive einnehmen. Dafür ist es sicher hilfreich, dass sich der andere ihm im rechten Licht und der nötigen Entfernung präsentiert und d.h., er darf sich seinem Freund nicht so entdecken, als er natürlich ist und sich kennt, wie Kant sagte. Denn wer seine »widerwärtigen Eigenschaften und unerträglichen Fehler« sehen ließe, vor deren Offenbarung auch Schopenhauer warnt, der verdürbe das Spiel – selbst dann, wenn ihn diese Fehler nicht zum Monster machten, sondern nur sein Menschlich-Allzumenschliches offenbarten.»Nichts setzt den Menschen mehr herab, als wenn er sehen lässt, daß er ein Mensch sei«, schreibt der im zwischenmenschlichen Schauspiel versierte Gracián.[148]

Mindestens genauso wichtig ist jedoch der schonende Blick des Freundes, wie Nietzsches Bildmetapher zeigt. Er muss sein Auge schon von sich aus in der notwendigen Entfernung zurückhalten und darf gar nicht allzu scharf sehen *wollen*, damit sich das verklärende Bild des Freundes überhaupt einstellen *kann*. Deshalb dürfen Freunde einander auch nicht mit der Fackel in der Hand überraschen und in die hintersten Winkel der Persönlichkeit des anderen leuchten, sondern müssen solche Momente, in denen sie einander bloßstellen, tunlichst vermeiden.

Um sich vor dem anderen zu entblößen, kann es schon ausreichen, sich ihm ungünstig zu präsentieren, und um den anderen zu entblößen, genügt es mitunter, ihn in einem ungünstigen Moment zu überraschen. In Ernest Hemingways *Fiesta* etwa beschreibt der Ich-Erzähler Jake, wie er mit einigen Freunden zum Stierkampf nach Pamplona reist und von Montoya, dem Hotelier, bei dem sie wohnen, wegen dieser Freunde schief angesehen wird. Denn anders als Jake und er, die sich schon viele Jahre kennen und die Fiesta voller Ehrfurcht begehen, weil der Stierkampf für sie ein spirituelles Exerzitium ist, interessieren sich Jakes Freunde, die das erste Mal dabei sind, nur für ihre kleinen Affären und Intrigen, die sie miteinander austragen, und stören mit ihrem rüpelhaften Auftreten die Andacht der Aficionados. So setzt sich Jake schon durch seine Gesellschaft für Montoya in ungünstiges Licht. Er bemerkt das bereits an der Art und Weise, wie Montoya ihn in der Gruppe ansieht, und obwohl er weiß, dass der alte Freund ihm seine Zugehörigkeit zu den anderen verzeiht, schämt sich Jake dafür. Auch das fällt natürlich Montoya auf, und um Jakes Scham nicht zu arg werden und ihn wissen zu lassen, dass er an seinem Bild von ihm festhält, behandelt Montoya ihn besonders aufmerksam und fürsorglich. Um ihm seines ungebrochenen Zutrauens zu versichern, stellt er Jake den jungen Torero Pedro Romero vor, den er ebenfalls beherbergt und von dem er sich viel verspricht. Auch Jake bewundert, wie gut der junge Stierkämpfer schon ist, und stimmt mit Montoya darin überein, dass dieses junge Talent verdorben würde, wenn Romero, wie andere vor ihm, mit den Versuchungen in Berührung käme, die mit dem Partytourismus rund um die Fiesta verbunden sind. Aber Jake ist eben nicht nur ein ernsthafter Aficionado des Stierkampfes, sondern im Zusammenhang mit seinen Freunden auch ein Teil der Ausschweifungen darum herum und so kann er es gar nicht verhindern, dass Romero, einmal mit ihm bekannt geworden, auch damit in Berührung kommt. Eines Abends gerät der Stierkämpfer in Jakes Runde, wo man ihm reichlich zu trinken gibt und schöne Augen macht. Als sich die Feier dem Höhepunkt nähert, kommt zufällig Montoya ins Zimmer. »Er wollte mir gerade zulächeln«, erzählt Jake, »aber da sah er Pedro Romero, mit einem großen Glas Cognac in der Hand, lachend zwischen mir und einer Frau mit nackten Schultern an einem Tisch mit lauter Betrunkenen sitzen. Er nickte nicht einmal.«[149] Jake ist beschämt und Montoyas Anerkennung für ihn schwer beschädigt.

Gravierender ist die Beschämung des anderen freilich dort, wo die gemessene Distanz nicht unbeabsichtigt überschritten, sondern bewusst aufgehoben und der andere also bloßgestellt wird. Wie hässlich und auch zerstörerisch so etwas sein kann, führt Shakespeare in ersten Teil seines Dramas *Heinrich IV.* vor.[150]

Das Stück spielt vor dem Hintergrund des Kampfes der Familien York und Lancaster um die Vorherrschaft in England in den Jahren 1402 bis 1413 und handelt davon, wie König Heinrich IV., Begründer der Lancaster-Dynastie, versucht, seine frisch errungene Macht zu festigen, während sich sein Sohn Prinz Heinrich mit dem Ritter Sir John Falstaff herumtreibt. In der vierten Szene des zweiten

Aktes sitzen beide in der Schenke »Zum wilden Schweinskopf« und überlegen, wie es wäre, wenn der Prinz nun zu seinem Vater zurückkehrte. Was würde der König sagen, was würde Heinrich auf die Vorwürfe seines Vaters erwidern – und wie würde dabei von Falstaff gesprochen werden. Erst spielt Falstaff den Vater und Heinrich sich selbst, dann tauschen sie die Rollen und Heinrich übernimmt den Part des Königs. So ein Spiel ist für die beiden nicht unüblich, denn Heinrich hat sich den feisten Ritter wegen seiner Schlagfertigkeit und Intelligenz, seinem Witz und seiner Lebensfreude zum Gefährten und Mentor auserkoren. Mittlerweile ist Falstaffs Anziehungskraft auf ihn jedoch gesunken und sein Blick auf den alten Freund hat sich gewandelt. Er sieht in ihm nicht den wackeren Mann, der trotz aller barocken Lebensfreude und allem spitzbübischem Geist ein edles Wesen hat, wie Falstaff sich in der Rolle des Königs selbst beschreibt, sondern stellt nur die Schattenseiten seines Charakters heraus und malt sie in glühenden Farben. »Ein Teufel sucht dich heim in Gestalt eines fetten alten Mannes«, sagt Heinrich in der Rolle seines Vaters zu sich selbst über Falstaff, »eine Tonne von einem Mann ist deine Gesellschaft. Warum verkehrst du mit diesem Kasten voll wüster Einfälle, dem Beuteltrog der Bestialität, dem aufgedunsenen Ballen Wassersucht, dem ungeheuren Fasse Sekt, dem vollgestopften Kaldaunensack, dem gebratenen Krönungsochsen mit Pudding im Bauche, dem ehrwürdigen Laster der grauen Ruchlosigkeit, dem Vater Raufbold, der Eitelkeit bei Jahren? Worin ist er gut als im Sekt-Kosten und -Trinken? Worin sauber und reinlich als im Kapaunen-Zerlegen und -Essen? Worin geschickt als in Schlauigkeit? Worin schlau als in Spitzbüberei?« Und so weiter.

Falstaff, den sonst nichts so leicht aus der Ruhe bringt, kann gar nicht glauben, was er hört, denn was er hört, klingt so, als würde ihn sein lieber und guter Heinrich, wie er ihn zärtlich nennt, gar nicht lieben, sondern hassen. Und tatsächlich bricht dieser Hass dann deutlich hervor, als Falstaff noch einmal ungläubig nachfragt, wer denn mit dieser abscheulichen Skizze gemeint sei und Heinrich antwortet, »[d]en spitzbübischen, abscheulichen Verführer der Jugend, den Falstaff, den alten weißbärtigen Satan« meine er. Falstaff verbirgt seine Verletzung hinter seinem Witz und rettet sich in seine Rolle. Als Heinrich sagt er: »Aber wenn ich sagte, ich wüsste mehr Schlimmes von ihm als von mir selbst, das hieße mehr sagen, als ich weiß.« Der Prinz ist nämlich auch nicht besser als er, eher schlimmer noch. »Daß er leider alt ist«, fährt Falstaff fort, »das bezeugen seine weißen Haare, aber dass er, mit Respekt zu vermelden, ein Hurenweibel ist, das leugne ich ganz und gar. Wenn Sekt und Zucker ein Fehler ist, so helfe Gott den Lasterhaften! Wenn alt und lustig sein eine Sünde ist, so muss mancher alter Schankwirt, den ich kenne, verdammt werden. Wenn es Hass verdient, dass man fett ist, so müssen Pharaos magere Kühe geliebt werden.«

Mit diesen Worten bittet er in der Rolle des Sohnes den Vater, den alten Freund nicht zu verstoßen und beschwört seinen Heinrich, ihm um der alten Freundschaft willen treu zu bleiben: »Nein treuester Vater, verbannt Peto, verbannt Bardolph, verbannt Points [Heinrichs andere Spießgesellen], aber den guten Hans Falstaff, den biedern Hans Falstaff, den tapfern Hans Falstaff, um so tapferer, als er der alte Hans Falstaff ist: den verbanne nicht aus deines Heinrichs Gesellschaft, den dicken Hans verbannen, heißt alle Welt verbannen.«

Doch eben das tut Prinz Heinrich schließlich. Er kündigt es hier, in der Rolle seines Vaters, schon an. »Das tu ich, das will ich«, sagt er. Kurz darauf leert er dem Freund die Taschen und kehrt heim zu seinem Vater. Als sich die beiden am Ende des ersten Teils wiedersehen (in der fünften Szene des fünften Aktes), kennt Heinrich ihn schon nicht mehr: »Ich kenn dich, Alter, nicht«, sagt er zu ihm, »an dein Gebet! Wie schlecht steht einem Schalksnarrn weißes Haar! Ich träumte lang von einem solchen Mann, so aufgeschwellt vom Schlemmen, alt und ruchlos: Doch nun erwacht, veracht ich meinen Traum. Den Leib vermindre, mehre deine Gnade, laß ab vom Schwelgen: Wisse, dass das Grab dir drei mal weiter gähnt als andern Menschen, erwidre nicht mit einem Narrenspaß, denk nicht, ich sei das Ding noch, das ich war; der Himmel weiß und merken soll's die Welt, dass ich mein vor'ges Selbst hinweggetan wie nun auch die, so mir Gesellschaft hielten. Vernimmst du, dass ich sei, wie ich gewesen, dann komm und du sollst sein, was du mir warst, der Lehrer und Pfleger meiner Lüste. Bis dahin bann ich dich bei Todesstrafe.«

Der Prinz hat seinen Vater auf dem Thron beerbt und will nun ein anderer sein, kein Spitzbube mehr, sondern der Anführer seiner Familie im Kampf gegen die Rebellen. Um dieser andere sein zu können, muss er seine alten Freunde verstoßen, denn auch Prinz Heinrich konstituiert sich erst in seinen Beziehungen, und je nachdem, wie er sein will, blickt er den anderen an. Mithin ändert sein neuer Selbstentwurf auch seinen Blick auf den alten Freund Falstaff.

Er ist erwacht, wie er sagt, und sieht in ihm nicht mehr den Mentor, sondern den abscheulichen Verführer. Diese Verstoßung beginnt damit, dass er seinen Freund bloßstellt, und gipfelt darin, dass er ihn ächtet. So schafft Heinrich eine andere soziale Hierarchie zwischen ihnen. Er erniedrigt den Freund, um sich selbst zu erhöhen. Das ist schon im Wirtshaus so und das macht die Bloßstellung des anderen zu einem Akt symbolischer Gewalt. Sie spricht ihm den Anspruch auf Anerkennung ab und sagt ihm, dass er nicht zählt. Symbolische Gewalt wirkt krasser als physische. Denn während die materielle Verletzung den anderen nur einschränkt und ihm die Möglichkeit lässt, sich zu wehren, indem er seine physische Kraft gegen die fremde Gewalt stemmt, gibt es diese Möglichkeit bei symbolischen Verletzungen nicht. Sie schaffen einen Raum, aus dem der andere ausgeschlossen ist und in dem er sich mithin gar nicht zur Geltung bringen *kann*.[151] Auch das zeigt Falstaffs Reaktion, der Heinrich nicht mehr erreicht. »Gott schütze dich, Herzensjunge«, sagt er zu ihm, als er wieder vor ihn tritt, doch der Prinz schiebt jemanden aus seinem Gefolge, den Richter, zwischen die beiden: »Sprecht mit dem eitlen Mann, Herr Oberrichter«, sagt er. Falstaff insistiert jedoch auf ihrer alten Vertrautheit. »Mein Fürst! mein Zeus! Dich red' ich an, mein Herz«, ruft er ihm zu und so sieht sich Heinrich gezwungen, ihm noch einmal deutlich zu machen, was er schon aus dem Rollenspiel im Gasthof hätte heraushören können, nämlich dass er ihn geringschätzt.

Damit der Freund sich derart verachtet sieht, bedarf es also nicht seiner Verbannung. Es reicht, dass der eine den anderen bloßstellt. Dafür ist es nicht notwendig, dass er ihn so wortreich erniedrigt wie Heinrich Falstaff (womit dieser auch zeigen möchte, dass er seinen alten Mentor nicht mehr nötig hat), sondern es genügt, *sehen zu lassen*, dass der Freund um die Schwächen des anderen weiß und nicht wohlwollend und milde über diese hinwegsieht, sondern sie, wie Kant sagen würde, ekelhaft findet. Das kann schon ein einziger Blick ausrichten. Er ruft dann im anderen das Gefühl der Scham hervor, das, wie Jean-Paul Sartre gezeigt hat, gerade darin besteht, durch die Augen des anderen dingfest gemacht zu werden. Scham entsteht, wenn ich mich im verachtenden Blick des anderen wiedererkenne und meine, so zu sein, wie der andere mich sieht, nämlich nicht anerkennenswert. Dabei übernehme ich also den Blick des anderen auf mich und das nimmt mir die Möglichkeit, ihn zurück anzublicken. Denn wir »können nicht die Welt wahrnehmen und gleichzeitig einen auf uns fixierten Blick erfassen; es muss entweder das eine oder das andere sein«, schreibt Sartre über den Blick des Beschämten. Entweder wir nehmen etwas wahr, das wir anblicken, oder wir nehmen wahr, angeblickt zu werden.[152] Mithin etabliert der beschämende Blick eine asymmetrische Situation, die den anderen nicht nur abwertet, sondern ihm überdies die Möglichkeit verwehrt, dagegen anzugehen. Er wird als Person negiert und zum Verschwinden gebracht, wie das schon Heinrichs Bannspruch vorführt. Die deutsche Formulierung, vor Scham im Boden versinken zu wollen, täuscht über die wahren Verhältnisse hinweg. Es ist der beschämende Blick des anderen, der mich im Boden versinken lässt. Deshalb ist es in Freundschaften so wichtig, den anderen nicht zu entblößen und zu beschämen.

THEATRALISCHE TALENTE

Wie wir gesehen haben, beruht die Zuneigung der Freunde darauf, dass sie sich in der Anerkennung des anderen wie in einem Spiegel anschauen, wobei sie dieser Spiegel ein bisschen größer und schöner macht, als sie tatsächlich sind. Er schmeichelt ihnen und präsentiert sie im Hinblick darauf, wie sie erscheinen möchten und wie sie möchten, dass die Welt ist. Allerdings können nicht alle Vorstellungen von Freundschaft mit ihrer theatralischen Dimension gleich gut umgehen – keine kann jedoch ganz auf sie verzichten.

Das gilt nicht nur für die Kunst der Freundschaft, welche die Freundschaft in ein Spiel aus gegenseitiger Manipulation und Täuschung verwandelt, sondern auch für die weniger konsequente oder mildere Form der Freundschaft in der Not, die einen Selbstbetrug der Freunde voraussetzt. Sie kann nämlich nur dann funktionieren, wenn sie sich nicht an die nackte Persönlichkeit des anderen richtet, sondern so tut, als ob der andere mitfühlend und altruistisch wäre, wohl wissend, dass das eine Illusion ist, weil sonst die Verankerung der Freundschaft im gegenseitigen Interesse ja gar nicht nötig wäre. Da die Freunde jedoch nicht nur theatralische, sondern auch materielle Interessen verfolgen und befürchten, vom anderen übervorteilt zu werden, wenn sie ihm (eben aufgrund des vom ihm entworfenen Bildes) Dienste erweisen, die ihnen dann (eben weil dieses Bild den anderen verklärt) nicht vergolten werden, müssen sie diese Illusion voneinander jedoch zugleich wieder aufheben.

So setzt das Konzept der Freundschaft in der Not die Freunde in eine Zwickmühle. Es zwingt sie einerseits, eine bestimmte Auffassung der Realität zu inszenieren und den anderen so aufzufassen, als ob er dieser Inszenierung entspräche, und es zwingt sie andererseits, diese Darstellung permanent aufzuheben und den anderen als Schauspieler und Betrüger zu entlarven. Damit gewinnt die Freundschaft eine theatralische Dimension, in der die Intimität und das Wohlwollen der Freunde vom gegenseitigen Misstrauen konterkariert werden, wie das vierte Kapitel vorgeführt hat.

Da ihre theatralische Übereinkunft so prekär ist, kommen die Freunde auch nicht in den Genuss des psychologischen Gewinns, der mit der wechselseitigen Idealisierung verbunden sein könnte. Denn dieser Gewinn, der nach Ansicht Freuds darin besteht, dass die wechselseitige Auffassung der Freunde als altruistisch ihnen das gute Gefühl vermitteln könnte, eine ethisch ausgezeichnete Beziehung zu führen, und das unangenehme Gefühl ausblenden könnte, vom anderen vor allem aufgrund egoistischer Interessen gemocht zu werden, ist zugleich mit dem Risiko verbunden, vom Freund enttäuscht zu werden, wenn sich die wechselseitige Idealisierung als solche erweist.[153] Und dieses Risiko ist für die echten Freunde in der Not besonders groß. Wenn sie deshalb als kluge Kaufleute der Freundschaft den durch die wechselseitige Idealisierung erzielten Lustgewinn gegenüber dem Risiko der Enttäuschung abwägen und die damit verbundenen möglichen Verluste bilanzieren, dann veranlasst sie diese Kalkulation, sich in der wechselseitigen Idealisierung zurückzuhalten, und so bringen sie ihr materielles Interesse und die mit ihm verbundene Ökonomie des Tausches um das gute Gefühl, liebenswert zu sein.

In Freundschaften hingegen, die ihre materiellen Interessen zurückstellen, weil ihnen eine Ökonomie der Gabe zugrunde liegt, ist das nicht der Fall. Deshalb können narzisstische Freundschaften ihre theatralische Dimension voll ausschöpfen und den psychologischen Gewinn, den ihnen die wechselseitige Idealisierung bietet, uneingeschränkt genießen.

Mit dem Verlust an gefühlter Liebenswürdigkeit ist auch eine eigene Form der Gleichheit verbunden, die in der Freundschaft angestrebt wird, und die im Falle der Freundschaft in der Not zur Selbsterniedrigung und zum Ressentiment neigt. Insofern sich in der Freundschaft nämlich der eine im anderen spiegelt, bestimmt die Art und Weise, wie der Freund vom Freunde denkt, auch die Art, wie er von sich selbst denkt. »Die Freundschaft«, sagt der Dichter Pedro Liñan de Riaza, »ist ein Spiegel, der ein Gesicht dem anderen gleich macht.«[154] Wenn einer den anderen idealisiert, wie in der narzisstischen Freundschaft, verklärt er auch sich selbst. Wenn er dem anderen misstraut und in ihm einen Betrüger wittert, wie in der Freundschaft in der Not, erniedrigt er auch sich selbst.

Mit diesen beiden Auffassungsweisen des anderen sind auch unterschiedliche Arten verbunden, sich ihm gleich zu machen. Diese Angleichung, so Nietzsche, »kann sich so äußern, dass man entweder alle Anderen zu sich hinunterziehen möchte (durch Verkleinern, Secretiren, Beinstellen) oder sich mit allen hinauf[-heben möchte] (durch Anerkennen, Helfen, Freude am fremden Gelingen)«.[155] Ersteres ist die Haltung des Ressentiments. Es schlummert auf dem Boden des Misstrauens, das die echten Freunde in der Not gegeneinander hegen müssen. Zweiteres ist die Haltung der narzisstischen Freunde, die sich gegenseitig einen Wert verleihen, den sie selber gerne haben möchten, und denen so nicht nur ein viel poetischerer, sondern auch ein weit schönerer und freierer Umgang miteinander möglich ist.

Sie gewinnen diese Freiheit, den anderen vorbehaltlos anerkennen zu können, ihn zu vergrößern und nicht zu verkleinern und sich an seinem Erfolg zu freuen, anstatt ihm ein Bein zu stellen, dadurch, dass sie kein Interesse verfolgen, das über die wechselseitige Idealisierung hinausgeht, und mithin auch nicht darauf achten müssen, wie der andere »wirklich« ist. Das Problem der Heuchelei, die kardinale Schwierigkeit der Freundschaft in der Not, stellt sich für sie nicht. Sie ist hier weniger möglich, weniger notwendig und macht sogar eigentlich gar keinen Sinn.

Heuchelei ist hier weniger notwendig, weil es in der narzisstischen Freundschaft gar nicht darum geht, ob der Freund tatsächlich so tugendhaft ist, wie er dies behauptet oder der andere es erwartet, sondern nur darum, ob das eigene Gefühl ihn als jemanden präsentiert, der dazu passt, wie sein Freund selber sein möchte und wie er möchte, dass die Welt ist. Und dieses Gefühl ist gegenüber den Dingen, wie sie wirklich sind, ein gutes Stück unabhängig. Es reicht aus, dass der Freund das, was ihm sein Gefühl präsentiert und wie es den anderen bewertet, für wahrscheinlich hält, es muss nicht wahr sein. Und auch dann, wenn dieses Gefühl im Widerspruch zu dem stehen sollte, was er als richtig erkennt, zwingt es ihn nicht, diesen

Widerspruch logisch aufzulösen, wie Huckleberry Finn vorgeführt hat. Das heißt, obwohl die Freunde wissen, dass der andere eine ganze Reihe unangenehmer Eigenschaften besitzt, seinen Vorteil sucht, narzisstisch, von seinen Leidenschaften beherrscht und nicht halb so hilfreich, edel und gut ist, wie er vorgibt zu sein und der andere es von ihm (in der Idealisierung seiner Persönlichkeit) annimmt – er weiß es schon allein deshalb, weil es um ihn ja auch nicht anders bestellt ist –, stellt er sich ihn so lange besser vor und findet ihn aufgrund dieser Vorstellung liebenswert, solange der andere ihn nicht dazu zwingt, sein Bild von ihm zu ändern.

Narzisstische Freunde gewinnen diese Freiheit, sich der wechselseitigen Idealisierung und der theatralischen Dimension ihrer Freundschaft hingeben zu können, weil sie keinen Grund haben, einander zu misstrauen. Es macht nämlich für Narzissten keinen Sinn, den anderen zu täuschen und die Übereinstimmung im Gefühl zu simulieren, weil sie keine materiellen Interessen verfolgen, die sie durch Heuchelei befriedigen könnten, und weil ihr ökonomischer Verkehr nicht auf der Logik des Tausches, sondern der Gabe beruht.

Überdies brächte sich derjenige, der seine Übereinstimmung im Gefühl mit dem anderen nur vortäuschte, selbst um den Hauptgewinn, den diese Freundschaft zu bieten hat – nämlich seine individuelle Persönlichkeit durch die Anerkennung des Freundes bestätigt zu finden, sich gegenseitig weiszumachen, um seiner selbst willen liebenswert zu sein und in der wechselseitigen Idealisierung ein Bild von sich zu erzeugen, das ein bisschen größer und schöner ist, als es eine nüchterne Selbstbetrachtung liefern würde. Wer die Übereinstimmung im Gefühl, von dem diese wechselseitige Idealisierung ihren Ausgang nimmt, vortäuscht, der kann die schöne Illusion, die sich Freunde voneinander machen, selber nicht mehr glauben. Da narzisstische Freunde sich vor allem wechselseitig idealisieren und im Lichte der Anerkennung des anderen gut fühlen möchten, haben sie genauso wenig Anlass, einander als Schauspieler zu entlarven, wie die Darsteller in einem Bühnenstück. Sie spielen voreinander Theater, sind aber nicht nur einer des anderen Publikum, sondern bilden auch zusammen ein Ensemble.

Das lässt sich an Auftritten von Freunden in der Öffentlichkeit, also vor Publikum, gut beobachten, die im Grunde ähnlich ablaufen wie ein Auftritt des Rat Pack, also eine der Shows, die Frank Sinatra und seine Freunde im Sands Hotel in Las Vegas gegeben haben. Jeder hat seine Rolle, es gibt Stichworte, die von einer Einlage zur anderen überleiten und, wenn es mehrere sind, die Auftritte und Paarungen dirigieren, aber all das geschieht spielerisch. Jeder kennt seine Rolle und die der anderen, er weiß, was der andere kann, wo seine Stärken und seine Schwächen liegen – und er lässt ihn glänzen. Das ist viel wichtiger, als ein bestimmtes Ziel zu verfolgen, denn dieses Schauspiel verfolgt keine weiteren Absichten, außer miteinander zu spielen und sich gut zu fühlen.

Das lässt sich bis in die Filme des Rat Pack verfolgen, die diese spielerische Freude an der Größe des anderen zum Gestaltungsprinzip erheben. *Frankie und seine Spießgesellen* etwa ist zwar ein Gangsterfilm, beginnt jedoch mit einer Gesangsnummer von Sammy Davis, Jr., der in seiner Rolle als Müllmann Josh Howard erst einmal auf einen Container steigt und unter der Mundharmonikabegleitung eines Kollegen den Titelsong singt, bevor er sich aufmacht, um mit seinen alten Kriegskameraden in Las Vegas Casinos auszurauben. Dean Martin darf etwas später eine komisch-romantische Szene spielen, in der er sich von Shirley MacLaine einen Kuss rauben lässt, damit sein Spießgeselle von ihr unbemerkt in ein Gebäude einsteigen kann. Dabei brummt er sonor und erzählt Witze und parodiert seine Kollegen Ricky Nelson und Perry Como und obwohl das Ganze keine 90 Sekunden dauert, reicht diese Szene doch aus, dass sich die Frau in den Fremden verliebt und das Publikum in Dean Martin.

Beide Szenen sind für die Handlung des Films unnötig. Aber Sammy Davis, Jr. und Dean Martin können eben das, was sie da tun, besonders gut, und so lässt Peter Lawford, der das Script geschrieben hat, seine Freunde einfach machen, was sie am besten können. Dem Film ist das später als dramaturgische Schwäche angekreidet worden, aber anders als die Kritiker interessiert es die Freunde gar nicht so sehr, was dabei herauskommt, sondern zunächst einmal nur, wie sie dabei aussehen und wie sie sich dabei fühlen. Und das bekommt der Film ganz wunderbar hin.

Was hier das Drehbuch arrangiert, wird in der Interaktion von Freunden improvisiert. Dass das im Leben wie auf der Bühne möglich ist, beruht auf einer intimen Gemeinsamkeit zwischen beiden, die im Leben als vorgreifende Sozialisation bezeichnet wird. Darunter fasst die Psychologie den Umstand, dass wir alle auch im Leben verschiedene Rollen spielen und dass wir dabei die Rollen der anderen adaptieren müssen, um unsere eigene Rolle spielen zu können. »Während wir lernen, unsere Rollen im wirklichen Leben zu spielen«, so Goffman,»richten wir unsere eigenen Inszenierungen aus nach den uns allmählich unbewusst vertraut werdenden Rollen derjenigen, an die wir uns wenden.«[156] Jeder Schauspieler, und das lässt sich an den Shows des Rat Pack ebenso beobachten wie an der gelingenden Idealisierung unter Freunden, muss in der Lage sein, sich in die anderen Rollen hineinzuversetzen, mit denen er spielt, wenn ihm sein Spiel gelingen soll. Er darf nicht nur seine Rolle und die anderen aus seiner Perspektive sehen, sondern er muss auch sich selbst mit den Augen der anderen betrachten können.

ERSPIELTE MORALITÄT ODER WIE DAS THEATER DER FREUNDSCHAFT EINE GEMEINSAME ORDNUNG DER HERZEN ETABLIERT

Der im Schauspiel gewonnene Perspektivwechsel ist in narzisstischen Freundschaften besonders wichtig, denn er verändert den Blick auf den anderen, nimmt dem Narzissmus seinen pathologischen Charakter und etabliert unter der Hand, nämlich im Zuge des Schauspiels, das die Freunde miteinander aufführen, die Anerkennung des anderen, die der eigene Wunsch nach Anerkennung verlangt.

Im Einzelnen geschieht diese Verwandlung so: Der Narzissmus gilt als pathologischer Zustand, weil der Narziss den anderen nur insofern beachtet, als er sich in dessen Reaktionen auf seine eigene Erscheinung spiegelt. Dadurch kann er weder eine Distanz zu sich und zu seinem eigenen Erleben einnehmen noch den anderen als jemanden wertschätzen, der auch für sich selbst etwas bedeutet (vgl. Kapitel 1 und 2). Im Zuge der wechselseitigen Idealisierung wird diese pathologische Qualität jedoch gebrochen. Denn der Narziss entwirft sich und erfährt die Interaktion mit seinem Freund auf die Rollen hin, die beide in der Freundschaft spielen. Das verlangt von ihm, eine Distanz zu sich selbst einzunehmen, und bricht die Unmittelbarkeit seiner Wahrnehmung und Empfindung auf, die nun durch diese Rollen vermittelt wird, die er für den anderen und die der andere für ihn darstellt. Mithin ändert sich auch der Status, den der andere für ihn hat. Während der andere für den Narziss außerhalb der Freundschaft (und in weniger intimen Beziehungen) nämlich jemand ist, der nichts für sich selbst bedeutet, sondern immer nur Bedeutung für ihn hat – als Lieferant einer Bestätigung, die der

Narziss konsumiert –, entdeckt er in der persönlichen Freundschaft, dass dieser andere auch selbst jemand ist, für den es Bedeutung gibt, nämlich mindestens im Sinne des Selbstentwurfs, den sich der andere von sich selbst macht, den er in der Freundschaft verwirklichen will und den sein Freund anerkennen muss. Damit erfahren Narzissten in der Freundschaft einen Perspektivwechsel auf den anderen, der ihren bornierten Blick durchbricht. Sie nehmen eine exzentrische Position zu sich selbst ein und erleben sich als »einen unter anderen«. Diesen Perspektivwechsel vorzunehmen, so Spaemann, bedeutet jedoch, eine ganz grundlegende moralische Perspektive auf den anderen einzunehmen.[157] Er kündigt sich schon auf einer körperlichen, wir können mit Waldenfels auch wieder sagen: leiblichen Ebene an, wie uns leicht auffällt, wenn wir das Zusammenspielen wörtlich nehmen.

So funktioniert etwa beim Fußball das Zusammenspiel nicht nur deshalb, weil jeder passen und schießen kann, sondern es gelingt im vollen Umfang erst dann, wenn die Spieler aufeinander eingespielt sind, und d.h., dass sie in ihrem eigenen Tun das Tun der Mitspieler antizipieren. So glückt z.B. ein Pass nur dann, wenn derjenige, der ihn gibt, nicht nur seinen Schuss steuert, sondern dabei auch den Laufweg des anderen in seiner Vorstellung vorwegnimmt und den Ball also dahin bringt, wo er meint, dass der andere gleich sein wird – und wenn dieser andere sich am besten schon vor der Passabgabe dorthin aufmacht, wohin er meint, dass der andere gleich schießen wird, und damit richtig liegt.

Das Spielfeld wird damit zu einem Raum, in dem jeder seinen Platz nicht für sich, sondern nur in Korrespondenz zu den anderen hat und das eigene Tun als Teil eines gemeinschaftlichen Tuns begreift, das nur gelingen kann, wenn sich der eine mit dem anderen zusammenfügt – wenn sich also ich und du zu einem »Wir« verbinden und wir gemeinsam etwas erleben, das uns betrifft.

Indem Freunde miteinander spielen, erkennen sie, dass sie nicht für sich sind, sondern immer mit anderen zusammen. Heidegger nennt das ein »Mitsein« mit den anderen. Man ist kein isoliertes Subjekt, das sich von den anderen unterscheidet und erst eine Brücke zu diesen hin schlagen müsste, sondern »die Anderen sind vielmehr die, von denen man selbst sich zumeist *nicht* unterscheidet, [es sind die,] unter denen man auch ist«.[158] Und weil sein bedeutet, sich zu sorgen, folgt aus dem Mitsein mit dem anderen die Fürsorge für ihn.

Diese Fürsorge kann auf zwei verschiedene Weisen geschehen. Der eine kann für den anderen *einspringen*, ihm also seine Sorgen abnehmen und das Seine für ihn besorgen, oder er kann ihm *vorspringen* und ihm die Möglichkeit geben, für das Seine selbst zu sorgen.[159] Mit Blick auf unser Beispiel, das Fußballspiel, heißt das entweder, den Ball nicht nur vorzulegen, sondern auch selbst (an Stelle des Freundes) zu schießen – für ihn also einzuspringen –, oder ihm den Ball so vorzulegen, dass er selber möglichst gut schießen kann – ihm also vorzuspringen –, und das zeigt sehr gut, welche Art der Fürsorge unter den Freunden in der Regel angemessener ist. Ich komme darauf im Zusammenhang mit der Hilfe unter Freunden noch einmal zurück. Zunächst möchte ich noch etwas genauer beschreiben, was es heißt, dass die Freunde im Spiel miteinander lernen, füreinander zu sorgen.

Das, worum sich der Einzelne sorgt, ist das, was ihm wichtig ist. Der Kirchenvater Augustinus hat dafür der Begriff des *ordo amoris* geprägt, der Ordnung des Herzens. Das ist eine Hierarchie der Werte, Wünsche und Ziele, die er hat. In dieser Ordnung des Herzens ist sich zwar jeder selbst der nächste; eben das (also sich selbst der nächste zu sein) muss er aber auch dem anderen zugestehen. Deshalb darf dieser andere ihm kein Niemand sein, sondern er muss ihn als jemanden anerkennen, der auch eine gewisse Hierarchie der Werte, Wünsche und Ziele hat und dem diese Ordnung seines Herzens das Wichtigste ist.

Diese Anerkennung stellt das Miteinander-Spielen der Freunde her. Die Freunde erkennen im gemeinsamen Spiel, nicht für sich, sondern »einer unter anderen« zu sein. Damit vollziehen sie einen Perspektivwechsel auf sich und auf den anderen, der ihre narzisstische Perspektive durchbricht und der mit Spaemann als Erwachen zur Moralität beschrieben werden kann. Sie treten einer in des anderen *ordo amoris* ein und etablieren im Spiel miteinander teilweise sogar eine gemeinsame Ordnung der Herzen.

Im gemeinsamen Spiel sind sie zusammen betroffen, sie wirken zusammen und sie wollen zusammen. Im Spielen ist das Soziale also wie in einer Nussschale enthalten.[160] So entsteht eine persönliche Ethik des Wohlwollens, die einen wechselseitigen Anspruch auf Rechtfertigung begründet. Das heißt, jeder kann vom anderen verlangen, dass dieser die Auswirkungen, die dessen Handlungen auf ihn haben, rechtfertigt, und jeder, der handelt, muss überprüfen, ob dem anderen diese Auswirkungen auch zugemutet werden können. Das verlangt, sich den anderen als jemanden vorzustellen, der diese Zumutbarkeitserwägungen prinzipiell wird nachvollziehen können und die eigene Handlung noch einmal zu überdenken, wenn er das nicht kann. Daraus folgt freilich nicht, dass ich meine Interessen seinen Interessen in jedem Fall unterordnen muss, denn von ihm wird ebenso verlangt, in seinen Zumutbarkeitserwägungen meinen *ordo amoris* zu berücksichtigen.

Spaemann gibt dafür das Beispiel von zwei ertrinkenden Kindern, meines und das eines anderen, von denen ich aber nur eines retten kann. Wenn ich mich für mein und gegen sein Kind entscheide, weil die Rettung seines Kindes den Tod meines Kindes bedeuten würde, dann kann ich von ihm erwarten, dass er meine Entscheidung versteht und als gerechtfertigt ansieht, so bitter sie auch für ihn ist. Schließlich ist mir mein Kind näher als seines. Der Maßstab dieser Erwägungen ist die Ordnung unserer Herzen. Es sind die Prioritäten, die die Dinge für mich haben, und die ich zu den Prioritäten, die die Dinge für ihn haben, in Beziehung setzen muss. So entsteht eine gemeinsame Rangordnung dessen, was uns wichtig ist, und wir müssen vor ihrem Hintergrund überlegen, was wir dem anderen zumuten können – und was nicht.

Freundschaften etablieren diesen wechselseitigen Anspruch auf Rechtfertigung in einer persönlichen Ethik des Wohlwollens. Persönlich heißt dabei, dass sich diese Ethik nicht auf ein abstraktes »Wir« bezieht, sondern auf ein konkretes. Es ist nicht so ein »Wir«, wie es uns in der (moralischen) Gesetzgebung gegenübertritt oder auf das wir zu ihrem Zwecke abstrahieren müssen, sondern es ergibt sich ganz konkret aus der Erweiterung eines »Ich« um ein »Du«. Es ist die anschauliche und sinnlich fassbare Einheit von mir und dir, von der hier die Rede ist. Deshalb richtet sich diese Ethik nicht an einen »moralisch-rechtlichen Jedermann«, sondern an uns beide, an dich und an mich.[161]

Das heißt aber auch, dass das so begründete Wohlwollen nicht *jedem* anderen Menschen gilt, sondern nur dem konkreten anderen, nämlich dem Freund. Es ist kein allgemeiner oder voller Altruismus, der allen anderen Menschen wohlwill, sondern nur ein konditioneller Altruismus für den Freund. Deshalb bleibt das Wohlwollen in der Freundschaft hinter den Forderungen einer gesetzmäßigen und abstrakten Moral zurück, die keine Einschränkung dulden, sondern einen allgemeinen und verbindlichen Charakter haben.

Philosophen wie Lawrence Blum, die einen normativen Begriff von Moral haben, bestreiten deshalb, dass das Wohlwollen der
Freunde überhaupt eine moralische Qualität besäße.[162] Oder sie fordern, nur solche Freundschaften als moralisch zu qualifizieren, in
denen sich kein konditioneller, sondern ein allgemeiner Altruismus
ausdrückt, wie das etwa der Earl of Shaftesbury tut, wenn er »eine
unparteiische, gerechte und allgemeine Freundschaft« fordert.[163]
Ich stimme diesen Einsprüchen jedoch nicht zu. Denn dass das
Wohlwollen für den Freund nicht auch jedem anderen gilt, schmä-
lert den Wert dieses Wohlwollens nicht. Die gute Tat bleibt eine gute
Tat, auch wenn sie nicht für jeden anderen getan wird, sondern nur
für bestimmte andere. Überdies hat die Diskussion einer allgemeinen Menschenfreundschaft im siebten Kapitel gezeigt, dass dieses
Konzept unmöglich zu realisieren ist. Es löst die Freundschaft als
persönliche Beziehung auf und kann schließlich auch nicht erklären, was die Freunde überhaupt zur Freundschaft motiviert. Ihr eigener Wunsch nach Anerkennung kann das hingegen schon. Mithin
lässt sich die Fürsorge für den Freund im eigenen Interesse viel si-
cherer verankern als in einer abstrakten Vorschrift. Das musste sich
letztlich auch Kant eingestehen.

Und schließlich folgt aus der konkreten Verankerung des Wohlwollens in der Freundschaft nicht, dass damit jede Ausweitung des
Wohlwollens ausgeschlossen wäre. Denn wenngleich die Freundschaft aus Narzissten keine moralischen Geschöpfe im kantischen
Sinne macht, verlangt sie von ihnen doch, ein wenigstens halbwegs
anständiger Mensch zu sein, wie mit Kant gesagt werden könnte.
Jeder wenigstens halbwegs anständige Mensch, so Kant, müsste
sich jedoch zumindest eine Vorstellung von der Zufriedenheit eines guten Gewissens machen können, wie er es dann erreichen
würde, wenn er tatsächlich nach dem moralischen Gesetz leben
sollte, denn er könnte das Gute nicht genießen, wenn er es nicht
als Gutes erkannt hätte.[164] Immerhin diese Vorstellung eines guten Gewissens müsste sich jedoch auch unter den narzisstischen
Freunden einstellen. Wenngleich also das Wohlwollen unter den
Freunden kein Gefühl der »Achtung« provoziert, das aller Selbstliebe Abbruch tut und das Wohlgefallen an mir selbst vollständig
niederschlägt, ist eine gewisse Relativierung der Eigenliebe jedoch
zwangsläufig und auf dieses Dämmern der Sittlichkeit kann aufge-
baut werden. Im Zusammenhang mit der Frage, was es heißt, sich

selbst ein Freund zu sein, komme ich auf diese Erweiterung des Wohlwollens zurück.

Allerdings zeigt sich dieser Konflikt zwischen einem persönlichen Wohlwollen unter den Freunden und den Ansprüchen einer normativen Ethik nicht nur in der moralischen Bewertung von Freundschaften, sondern auch im Umgang der Freunde miteinander, und hier beweist das konkrete Wohlwollen für den anderen seine großen praktischen Vorzüge vor dem moralischen Rigorismus.

So schildert z.B. Balzacs Roman *Verlorene Illusionen*, wie der Dichter Lucien im Frankreich der Restaurationszeit durch eine Intrige seiner Feinde in ein arges Dilemma manövriert wird. Er ist mit spöttischen Kritiken literarischer und theatralischer Erzeugnisse bekannt geworden, hat sich dabei jedoch auch viele Feinde gemacht. Zunächst auf Seiten der Royalisten, denn er hat anfangs für die liberale Presse geschrieben. Jetzt auf Seiten der Liberalen, denn er ist, um seine Karriere zu befördern und an einen Adelstitel zu gelangen, zu seinen alten Feinden übergelaufen. Seine Freundin Coralie steht kurz vor der Premiere eines Stückes, in dem sie die Hauptrolle spielt. Weil davon alles für sie abhängt, haben Lucien und sie ihr gesamtes Geld in dieses Debüt investiert. Gleichzeitig erscheint ein Buch von Luciens Freund Daniel d'Arthez, der zu den Liberalen gehört. Nun machen ihm seine neuen Verbündeten folgendes Angebot: Entweder er verreißt Daniels Buch, oder sie verreißen Coralies Schauspiel. Davon, dass die Liberalen sie in der Luft zerpflücken werden, um sich an ihm für seinen Verrat zu rächen, kann er ausgehen. Da die Presse in Balzacs Roman allmächtig ist, würden durchweg negative Kritiken Coralies Karriere und die Investitionen der beiden zerstören. Lucien hat also die Wahl, entweder seinen Freund der Lächerlichkeit preiszugeben – indem er einen Verriss seines Romans schreibt – oder sich und seine Freundin zu ruinieren – indem er den Roman objektiv oder gar nicht bespricht und so zulässt, dass seine Kollegen die Premiere von Coralie in ihren Kritiken in Grund und Boden schreiben. Mit dieser Pistole auf der Brust liest er Daniels Buch, »eines der besten der modernen Literatur«, wie Lucien findet. Von Seite zu Seite fließen ihm die Tränen – so sehr schmerzt es ihn, dieses Buch, das er bewundert, und den Freund, den er liebt, verspotten zu müssen. Er hadert mit sich und zaudert, zuletzt sind ihm sein und Coralies Fortkommen jedoch näher als die Achtung des Freundes und so schreibt er »einen spöttischen Artikel der Art, auf die er sich so gut verstand, in dem er das Buch behandelte, wie Kinder mit einem schönen Vogel verfahren, den sie rupfen und zu Tode quälen«. Als er damit fertig ist, geht er zu seinem Freund, erklärt sich ihm und zeigt ihm die Kritik.[165] Dieser reagiert zunächst wohlwollend, im Sinne eines gemeinsamen *ordo amoris*. Er erkennt die Zwickmühle, in der sein Freund steckt, und vergibt ihm. Denn er kann nachvollziehen, dass Lucien unter diesen Umständen das Hemd näher war als der Rock. Schließlich hilft er ihm sogar, die Kritik des eigenen Werks zu überarbeiten. »Mit Scherzen«, sagt er zu Lucien, »entehrt man ein Buch, während eine ernsthafte Kritik ein Lob darstellen kann; ich werde Ihren Artikel für Sie und für mich ehrenhafter machen. Außerdem weiß ich am besten selbst um meine Fehler!«[166]

Diese Feinheit des Umgangs ist möglich, weil Daniel Luciens Verhalten nicht vor dem Hintergrund moralischer Prinzipien bewertet, sondern mit Blick auf die Ordnung seines Herzens. Dass er ihm dann sogar hilft, die Kritik am eigenen Werk zu verbessern, geschieht vielleicht nicht ohne eigenes Interesse, zeigt jedoch vor allem noch einmal, dass Freunde, wie wir im siebten Kapitel gesehen haben, ihre größte Souveränität darin finden, etwas für den anderen zu tun. Allerdings hat damit auch Daniel seine Schwierigkeiten, wie wir noch sehen werden. Denn im weiteren Verlauf der Szene verlässt er die gemeinsame Ordnung der Herzen und verurteilt Lucien vor dem Hintergrund eines moralischen Rigorismus. Damit verletzt er den Freund und löst das freundschaftliche Band. Mit dieser Krise der Freundschaft zeigt Balzacs Roman, dass für das Gelingen von Freundschaft ein konkretes Wohlwollen zwischen Freunden (in einer gemeinsamen Ordnung der Herzen) einem moralischen Rigorismus überlegen ist.

Diese Szene zwischen den Freunden Lucien und Daniel rückt jedoch auch ganz grundsätzlich den Umgang mit den Stärken und Schwächen von Freunden in den Blick. Das ist ein kritischer Punkt in Beziehungen, die, wie die Freundschaft, auf einer wechselseitigen Idealisierung beruhen. Es ist nämlich nicht bloß Daniels Stärke, die ihn liebenswert macht, sondern dass er diese nutzt, um Lucien in einer Schwäche beizustehen. Die dafür nötige Feinheit des Betragens gehört zu den Formen, mit welchen der Umgang unter Freunden an Festigkeit und Sicherheit gewinnt, und sie kann dem Narziss auch manches darüber verraten, was eigentlich an ihm liebenswert ist.

10. Höflichkeit

oder Wie Freunde miteinander umgehen

Nichts drückt die wechselseitige Idealisierung der Freunde so deutlich aus wie die Form, die sie ihrem Umgang miteinander geben. Und nichts spiegelt das wechselseitige System der Anerkennung besser als die Höflichkeiten, die sie einander erweisen. Umgangsformen sind nämlich nichts anderes als eine Kunst, sich selbst Geltung zu verschaffen, indem sie den anderen gelten lassen, wie Knigge in seinem Buch *Über den Umgang mit Menschen* vorgeführt hat. Freilich sind damit schon bei Knigge keine Vorschriften einer »konventionellen Höflichkeit« gemeint und nichts wäre in einer intimen Beziehung wie der Freundschaft lächerlicher als eine »Steifigkeit des Umgangs«, wie Manieren leicht missverstanden werden. Vielmehr geht es dabei um ein Benehmen, das zwanglos, heiter und im besten Sinne gesellig ist.[167] Es gibt dem anderen Raum, lässt ihn glänzen und ist seinen Schwächen gegenüber nachsichtig. Die gegenseitige Grundhaltung ist vorsichtig und behutsam. Dabei bemüht sich jeder, den Aufwand, den er treibt, nicht sehen zu lassen. Alles soll völlig absichtslos erscheinen – eben spielerisch.

Das verlangt eine gewisse Geschmeidigkeit des Verhaltens und die Fähigkeit, sich selbst ein gutes Stück zurückzunehmen, um dem anderen möglichst viele Gelegenheiten zu geben, sich von seinen vorteilhaften Seiten zu zeigen. »Interessiere dich für andere, wenn du willst, dass andre sich für dich interessieren«, empfiehlt Knigge und übersetzt damit die ethische Haltung der Anerkennung in eine Praxis der wechselseitig bezeugten Achtung und Rücksichtnahme.[168] Das ist die dialektische Figur im Hintergrund des berühmten ersten Satzes seiner Überlegungen: »Jeder Mensch gilt in dieser

Welt nur so viel, als wozu er sich selbst geltend macht.«[169] Und er gilt, indem er den anderen gelten lässt.

BESCHEIDENHEIT

Das Grundprinzip jedes feineren Betragens ist die Bescheidenheit, denn wenngleich man keine »Gelegenheit verabsäumen [soll], sich von seiner besten Seite zu zeigen«,[170] so Knigge, versprechen Einfachheit und Unaufdringlichkeit doch die größte Wirkung, weil sie andere »Menschen nur mutmaßen, von selbst darauf kommen lassen, daß wohl etwas mehr hinter uns stecke als beim ersten Anblick hervorschimmert«.[171]

Überdies macht es eine im Betragen geäußerte Bescheidenheit den Freunden auch viel einfacher, einander zu idealisieren und unterstützt die theatralische Dimension der Freundschaft viel besser als der dem Narziss nachgesagte Drang, sich aufzuspielen. Indem sie nämlich nicht nur verbietet, die Schwächen des anderen zu enthüllen und sich auf seine Kosten zu erheben, sondern zugleich die eigenen Fehler und Schwachheiten verschleiert, lenkt sie die Aufmerksamkeit von den Schwächen der Freunde weg und auf ihre Stärken hin – im Gegensatz zur Prahlerei. »Hängt man ein gar zu glänzendes Schild aus, so erweckt man dadurch die genauere Aufmerksamkeit«, warnt Knigge; »andre spüren den kleinen Fehlern nach, von denen kein Erdensohn frei ist, und so ist es auf einmal um unseren Glanz geschehen.«[172]

In diesem Sinne spricht ein Freund von mir, der sich schon in jungen Jahren ein Vermögen erworben und mit Anfang dreißig zur Ruhe gesetzt hat, bestenfalls (d.h. auch nur dann, wenn er gefragt wird) davon, früher einmal nicht schlecht verdient zu haben und befleißigt sich dabei der typischen rhetorischen Figur, mit der diese Haltung zum Ausdruck gebracht wird, der doppelten Verneinung (»nicht schlecht«).

Die Bescheidenheit, um die es hier geht, widerspricht also nicht der Auffassung vom eigenen Verdienst, sie streicht ihn jedoch nicht heraus, sondern ersetzt etwas Großes durch etwas Kleines, ohne dabei affektiert zu sein. D.h. der Bescheidene würdigt sich nicht selbst herab, um desto mehr gelobt zu werden; er ist aber auch nicht selbstgefällig oder dünkelhaft, sondern mit Blick auf die eigenen Stärken und fremden Schwächen großmütig. Damit schließt diese Bescheidenheit auch Neid und Missgunst, die natürlichen Abwehrreaktionen der Eitelkeit, aus.

Allerdings kann diese Bescheidenheit, die der Engländer Understatement nennt, auch misslingen, wenn sich derjenige, der sie zeigt, in Bezug auf das, was für den anderen groß bzw. klein ist, irrt. So möchte sich z.b. in Marcel Prousts Roman *Auf der Suche nach der verlorenen Zeit* der mondäne Dandy Charles Swann mit der Familie Verdurin befreunden. Dabei kommen ganz unterschiedliche Kreise zusammen. Swann verfügt über ausgezeichnete gesellschaftliche Beziehungen in den Hochadel und die Politik, Monsieur Verdurin ist ein städtischer Beamter. Um seine neuen Freunde nicht zu düpieren, bemüht sich Swann, seine Verbindungen herunterzuspielen und nur die weniger beeindruckenden zu nennen. Das sind in seinen Augen die zur Politik, denn wirkliches soziales Format hat für ihn nur die Aristokratie. So kommt es, dass er auf die Bemerkung Madame Verdurins, sie könnten für den Besuch von Abendveranstaltungen gut einen Passierschein brauchen, leichthin erwidert, den werde er ihnen morgen verschaffen, dann esse er mit dem Polizeipräfekten beim Präsidenten zu Mittag. Swann wähnt sich damit musterhaft bescheiden, denn der Präsident ist in seinen Augen auch nur ein, wenn auch höherer, Beamter und steht also mit Monsieur Verdurin auf etwa derselben sozialen Stufe. Grund für die Verdurins, sich ihm gegenüber klein zu fühlen, sieht er also nicht, und dass er den Präsidenten über seinen Freund, den Prinzen von Wales, kennt, verschweigt er absichtlich. Für Monsieur Verdurin besitzt der Präsident hingegen allerhöchste Autorität und Würden und so wirkt Swanns Bemerkung alles andere als bescheiden. Daran ändern auch seine Versuche der Beschwichtigung nichts, denn seine Bemerkung, dass diese Essen für ihn üblich und eher langweilig seien, und dass man überhaupt nur in kleiner Runde von höchstens acht Personen zusammensitze, so dass von einer Gesellschaft im eigentlichen Sinne überhaupt nicht gesprochen werden könne, verstärkt bei seinen Freunden nur den Eindruck, er säße »en petit comité« mit den wichtigsten Leuten.[173]

Freunde müssen sich also gut kennen und eine gemeinsame Sicht der Welt teilen, um voreinander bescheiden sein zu können. Das gilt in beide Richtungen. So haben die Verdurins andersherum einen Freund, Doktor Cottard, den sie hin und wieder in aller Bescheidenheit einladen. Das bedeutet, sie zeigen dabei »jene verfeinerte Höflichkeit, die«, wie es bei Proust heißt, »darin besteht, dass man jemandem gegenüber, dem man gefällig ist, so tut, als habe man *ihm* zu danken (wobei man natürlich nicht möchte, dass er es wirklich glaubt)«. Da jedoch Cottard überhaupt nicht vertraut ist mit diesen indirekten Gunstbeweisen, die das, was der eine für den anderen leistet, in gleicher Weise doppelt verneinen, wie es die sprachliche Untertreibung tut, und da er außerdem finanziell eher beengt lebt und ihm alle kostspieligen Vergnügen fremd sind, kann er die Bescheidenheit seiner Freunde gar nicht bemerken. Als sie ihn etwa eines Abends in eine Orchesterloge einladen, um die berühmte Sarah Bernhardt zu sehen, sagt Madame Verdurin voller Zartgefühl:»Es ist wirklich nett von Ihnen, Doktor, dass Sie gekommen sind, sicher haben Sie Sarah Bernhardt schon furchtbar oft gesehen und wir sind vielleicht etwas nah an der Bühne.« Doktor Cottard, der bisher weder jemals in einer Orchesterloge gesessen noch in den Genuss einer Aufführung von Sarah Bernhardt gekommen ist und mithin nicht den geringsten Begriff vom »Wert der Veranstaltung hat«, wie es bei Proust heißt, antwortet stumpf:»Ja, wir sind tatsächlich reichlich nah, und Sarah Bernhardt ist ja nun freilich schon ein bisschen passée. Aber Sie hatten doch gewünscht, dass ich käme. Ihre Wünsche sind mir Befehl. Was würde man Ihnen zu Gefallen nicht tun!«[174]

KLAGEN, MITLEIDEN UND MITFREUEN

Die Forderung sich zurückzuhalten, die Knigge zum obersten Prinzip des Umgangs erklärt, fängt schon bei der Offenlegung der eigenen »ökonomischen, physikalischen, moralischen und intellektuellen Schwächen« an, die er empfiehlt,»nie ohne Not und Beruf aufzudecken«.»Fehlt dir etwas, hast du Kummer, Unglück, leidest du Mangel und reichen Vernunft, Grundsätze und guter Wille nicht zu [dir selbst zu helfen], so klage Dein Leid, Deine Schwächen niemand als dem, der helfen kann, selbst deinem treuen Weibe nicht.«[175] Knigge begründet diesen Rat, möglichst nicht zu klagen und möglichst keine Hilfe zu fordern, nicht nur mit der Besorgnis um die theatralische Dimension der Freundschaft, sondern vor allem mit der Überlegung, dass durch die Hilfe des einen schnell ein Übergewicht gegenüber dem anderen entstehen kann, das sowohl Spender als auch Schuldner belastet.[176] Im Hintergrund steht dabei noch eine Auffassung von Freundschaften als ökonomische Beziehungen, die vor allem auf materiellen Nutzen aus sind, und in denen folglich die getauschten Werte gleich sein müssen. Wer dem Freunde immer über leere Taschen klagt und sich ständig einladen lässt, steht schnell als Nassauer dar, wer hingegen seine Freunde mit Wohltaten überschwemmt, die sie nicht zurückgeben können, vertreibt alle, die nicht gern etwas schuldig bleiben. Denn die Menschen »fliehen den überschwänglichen Wohltäter, wie man einen Gläubiger flieht, den man nie bezahlen kann«.[177]

Indem narzisstische Freundschaften diese materielle Ökonomie des Tausches durch eine psychologische Ökonomie der Anerkennung ablösen und so eine grundsätzliche Großzügigkeit etablieren, in welcher der eine seine Souveränität gerade darin beweist, etwas für den anderen zu tun, verliert für sie Knigges ökonomischer Einwand gegen die Klage an Kraft. Vielmehr gewinnt derjenige, der seinem Freund eine Not klagt, nicht nur die Gelegenheit, seine Lage zu verbessern, sondern er gibt dem anderen auch die Möglichkeit, ihm mit der Hilfe eine Anerkennung zu schenken, die den Schenkenden selbst bestätigt, wenn der andere sie dankend annimmt.

Da der für Knigge nur sekundäre, theatralische Einwand für sie jedoch ungleich schwerer wiegt, gilt ihnen sein Rat, nur demjenigen zu klagen, der auch Rat weiß, gleichermaßen. Denn wenn der eine Freund sich im anderen spiegelt, dann spiegelt er auch seine eigene Position in der Welt und seine Erwartung daran an der Lage seiner Freunde. Geht es denen gut, nimmt er das als ein Anzeichen dafür, dass es Menschen wie ihm in dieser Welt gut geht. Geht es den Freunden jedoch dauerhaft schlecht, dann spricht das für ihn dagegen. Deshalb, so O'Brien in seinem *Handbuch für den sozialen Aufstieg*, meiden wir Freunde, denen es dauerhaft schlecht geht.[178] Das ist zumindest dann so, wenn wir mit der Welt, so wie sie ist, oder ihrem Teilbereich, über den die Klage geht, grundsätzlich einverstanden sind. Denn dann muss die übermäßige Klage des Freundes unser Gefühl für ihn verändern. Es präsentiert ihn dann nämlich nicht mehr als jemanden, der dazu passt, wie wir sein möchten und wie wir möchten, dass die Welt ist, sondern als jemanden, der diese Vorstellung herausfordert und uns zwingt, zwischen unserer Sympathie für die Welt und unserem Wohlwollen für den Freund zu entscheiden.

Nicht nur sein Wunsch, geliebt zu werden, sondern auch die dem Freund geschuldete Schonung legen es dem anderen nahe, diese unangenehme Situation zu vermeiden.

Eine Ausnahme bilden solche Situationen, in denen das Leid des anderen das Selbstwertgefühl des Freundes bestätigt. Sofern er nämlich das Gefühl hat, dass die Welt, so wie sie ist, nicht in Ordnung ist, zumindest nicht in dem Teilbereich, über den der Freund klagt, und er auch selber in ihr (oder diesem Bereich) nicht gut zurecht kommt, kann ihn die Klage seines Freundes im Gefühl bestärken, es sei nicht seine Schuld, dass es ihm nicht so gut geht, wie er meint, dass es ihm gehen müsste, und den Glauben nähren, beide seien die Opfer einer beklagenswerten Situation oder eines schlimmen Schicksals. Auf diese Weise in der gemeinsamen Klage zu schwingen, kann für die narzisstische Persönlichkeit durchaus angenehm sein, denn geteiltes Leid ist hier halbes Leid. Es lindert indessen nur die Symptome, nicht die Ursache des Leidens und setzt den Leidenden selbst herab.

Ganz anders verhält es sich in der Freundschaft in der Not. Hier kann das Leiden des anderen durchaus willkommen sein. Das liegt vor allem daran, dass die Freunde in der Not zum Ressentiment neigen und diese missgünstige Gesinnung mit einer besonderen Art des Gleichmachens verbunden ist, nämlich dem Herunterziehen durch Verkleinern, Absondern oder Beinstellen.[179] Damit gehören die Freunde in der Not nach einer Unterscheidung Nietzsches weniger zu den sich mitfreuenden als zu den mitleidigen Freunden. »Die mitleidigen, im Unglück jederzeit hilfreichen Naturen sind selten zugleich die sich mitfreuenden: beim Glück der Anderen haben sie nichts zu thun, sind überflüssig, fühlen sich nicht im Besitz ihrer Überlegenheit und zeigen deshalb leicht Missvergnügen.«[180] Ihr Gefühl der Überlegenheit rührt dabei daher, dass für sie das Mitleid süß ist, wie Rousseau sagt, »weil man, während man sich an die Stelle des Leidenden versetzt, trotzdem gleichzeitig das Vergnügen empfindet, nicht einem gleichen Leiden unterworfen zu sein«.[181]

Dagegen gehören narzisstische Freunde eher zu den sich mitfreuenden als den mitleidigen. Sie machen das Glück des Freundes zu ihrem eigenen, weil sie die entgegengesetzte Art des Gleichmachens verfolgen, nicht das Hinunterziehen, sondern das Hinaufheben, durch Anerkennen, Helfen und Freude am fremden Gelingen.[182]

Die Unterscheidung in sich mitfreuende und mitleidende Freunde prägt schließlich auch die Eifersucht unter den Freunden. Sie entsteht als Eifersucht auf Dritte dann, wenn der Freund das Gefühl hat, nicht so viel Aufmerksamkeit von seinem Freund zu bekommen, wie er braucht oder möchte, und er zugleich meint, dass andere ihm diese Aufmerksamkeit entziehen. Und sie entsteht als Eifersucht auf den Freund, wenn der eine denkt, dass es dem anderen

ungerechtfertigterweise besser gehe als ihm selbst. Da sich narzisstische Freunde jedoch im anderen spiegeln und leichthin bereit
sind, sein Glück für das ihre zu erklären, entsteht diese Eifersucht
eher bei jenen Freunden, die lieber mitleiden, als sich mitzufreuen,
und die zum Ressentiment neigen. Narzisstische Freundschaften
sind von dieser Eifersucht hingegen weitestgehend frei.
    Bove gibt für diesen Zusammenhang aus Ressentiment und
Eifersucht in *Meine Freunde* ein treffendes Beispiel. Als Bâton von
seinem neuen Freund Billard erfährt, dass dieser mit einer Frau zu-
sammenlebt, befürchtet er, dass diese Frau ihm die Aufmerksamkeit
seines Freundes streitig machen könnte, und er neidet ihm das erotische Glück mit ihr. »Die Ungerechtigkeit des Geschicks war wirklich
zu groß. Billard hatte eine Warze, Plattfüße und er wurde geliebt,
während ich allein lebte, ich, der ich jünger und schöner war.« So
hofft Bâton, dass Billards Liebe wenigstens unglücklich sein möge
und der Freund insgeheim genauso einsam wie er. »Wäre es nicht
möglich, dass jene Frau Billard nicht liebte? Vielleicht litt er! Wie
sympathisch wäre er mir da gewesen. Ich hätte ihn getröstet. Die
Freundschaft hätte unser Leiden gemildert.« Von Liebesunglück
gibt es bei Billard keine Spur. Als Bâton der Geliebten das erste Mal
begegnet, entdeckt er jedoch an ihr selber etwas, das ihn über seine
Eifersucht hinwegtröstet:

»Billard öffnete die Tür. Ich sah eine Frau sitzen, und im Schrankspiegel das
ganze Zimmer. Dieses junge Mädchen war schön. Ihre Haarlocken waren ge-
kräuselt, als hätte das Lampenlicht sie verbrannt. Überwältigt blieb ich an
der Türschwelle stehen, bereit zu verschwinden. Sie stand auf und kam auf
mich zu. Da ergriff mich eine Freude, so ungeheuer, daß ich stumm blieb. Das
Gefühl, als ob ein warmer Hauch mein Gesicht liebkoste, ließ mich erschau-
ern. Obwohl ich doch kaum überschwänglich bin, schlug ich Billard auf die
Schulter. Trotz meiner Fröhlichkeit fühlte ich mich lächerlich, als ich die Hand
zurückzog. Ich hatte Lust zu lachen, zu tanzen, zu singen: Billards Geliebte
hinkte.«[183]

VERZEIHEN UND NACHSICHT ODER VOM UMGANG MIT DEN SCHWÄCHEN DES ANDEREN

Mit Rücksicht auf das wechselseitige System der Anerkennung und
die theatralische Dimension der Freundschaft ist auch in solchen Situationen, in denen wir unserem Freund eine Schwäche nachsehen

und ihm verzeihen oder in denen wir ihn unterstützen müssen, eine besondere Bescheidenheit angebracht, denn unser Verhalten darf ihn nicht brüskieren, sondern muss ihm das Gefühl geben, auch in seiner Unterlegenheit geschätzt zu werden.

Das gilt vor allem dort, wo uns die Schwäche des Freundes direkt betrifft, weil sie Handlungen hervorruft, die uns Unrecht tun und die wir ihm verzeihen müssen, wenn unsere Freundschaft nicht darunter leiden soll.

Wie schwierig das mitunter ist, zeigt etwa das Verhalten von Daniel d'Arthez gegen seinen Freund Lucien in Balzacs *Verlorene Illusionen*. Denn obwohl er Lucien seinen Verrat nicht nur vergibt, sondern ihn dabei sogar unterstützt, kann er den Hochmut hinter seinem Großmut nicht verstecken.»Armes Kind«, sagt er zu Lucien, als dieser sich ihm erklärt,»du verdienst dir ein wahrlich hartes Brot.« Und auf Luciens Beteuerung, wie leid es ihm tue, den Freund aus Not verraten zu müssen, entgegnet Daniel streng:»Periodische Reue halte ich für eine große Heuchelei, denn solcherlei Reue ist nichts anderes als eine Belohnung für böses Handeln. Die Reue ist etwas jungfräuliches, das unsere Seele Gott schuldet, und folglich ist jemand, der zweimal bereut, ein entsetzlicher Verräter. Ich muss befürchten, dass du deine Reuebekundungen für Absolutionen nimmst!«[184]

Daniels Rede von Luciens wiederholter Reue spielt darauf an, dass dieser durch seinen Ehrgeiz schon öfter in Situationen gekommen ist, in denen er sich anderen gegenüber schuldig gemacht hat. Daniels moralischer Rigorismus und in Teilen auch seine unversöhnliche Haltung bringen indes Zweifel daran auf, ob er seinem Freund tatsächlich vollständig verzeiht. Denn wenn einer dem anderen verzeiht, dann erlaubt er ihm, sich von seiner Tat zu distanzieren und hinter sie zurückzutreten – allerdings ohne dass sie von ihm ganz abgeschnitten würde. Wäre das nämlich möglich, würde das Verzeihen gar keinen Sinn machen. Es setzt ja voraus, dass es jemanden gibt, dem die Handlung zugerechnet werden kann, der für sie verantwortlich ist und der in dieser Handlung sich selbst zeigt, so wie Lucien im Verrat an Daniel sich selbst bzw. die Ordnung seines Herzens gezeigt hat. Zugleich setzt das Verzeihen jedoch auch voraus, dass dieser Zusammenhang von Subjekt und Handlung aufgelöst werden kann, und das heißt, dass der Handelnde das, was er von sich in der Tat gezeigt hat, nachträglich zurücknehmen kann.[185] Jemandem zu verzeihen, heißt ihm zu sagen:»So bist du eigentlich nicht. Ich weiß das, denn ich sehe dich anders.«

Daniel nagelt Lucien jedoch auf sein in der Tat geäußertes So-Sein fest. Er sagt:»So bist du eben, ein vom Ehrgeiz getriebener Verräter. Ich verzeihe dir, weil ich weiß, dass du schwach bist, und nachvollziehen kann, dass du für dich keine Alternative gesehen hast. Aber das liegt eben daran, dass du so bist, wie du bist und – anders als ich – keine moralischen Prinzipien hast; sonst wärst du gar nicht erst in diese schlimme Lage geraten.«

Darüber hinaus beansprucht Daniel damit für sich eine Position, die Lucien weit überlegen ist. Er kann auf seinem hohen moralischen Ross von der Beschränktheit des anderen überhaupt nicht erreicht werden. Deshalb hat es Daniel gar nicht nötig, Lucien wirklich zu verzeihen, denn ein wirkliches Verzeihen setzt eine wirkliche Verletzung voraus. Die konnte ihm Lucien jedoch gar nicht zufügen, weil Daniel ihn nicht als seinesgleichen anerkennt, und diese Abwertung offenbart er in seinem unvollständigen Verzeihen.

Während das volle Verzeihen also die Anerkennung des anderen wiederherstellt, wird ihm diese Anerkennung im Falle des unvollständigen Verzeihens verwehrt. Es beschämt den anderen, indem es ihn nicht hinter sein in der Tat geäußertes So-Sein zurücktreten lässt, sondern ihn daran festbindet. Darin grenzt das unvollständige Verzeihen an die Bloßstellung. Artikuliert sich in ihm überdies der Hochmut des anderen, wie es Daniels moralische Selbstgefälligkeit vorführt, erniedrigt das den Freund sogar. Lucien, so heißt es bei Balzac, trafen Daniels Worte»zutiefst und er ging langsamen Schritts in die Rue de la Lune zurück«. Ohne noch etwas auf Daniels Worte entgegnen zu können, denn die unvollständige Vergebung seines Freundes hatte, wie wir es schon bei der Bloßstellung gesehen haben, einen sozialen Raum geschaffen, der ihn ausschloss.

Freundschaften, das zeigt Balzacs Beispiel, können nur funktionieren, wenn die Freunde sich das, was sie einander zuleide tun, im vollen Umfang verzeihen, denn anders kann die wechselseitige Anerkennung unter ihnen nicht aufrechterhalten werden.

Wenn es jedoch unmöglich ist, dem anderen zu verzeihen und so seine Anerkennung wiederherzustellen, bleibt immer noch die Suspension des Urteils, nicht über die Handlung, aber über die Person des Handelnden, die sich darin ausdrückt. Sie gewährt demjenigen, dem ein Unrecht geschehen ist, die Freiheit, es nicht wieder gut sein lassen zu müssen, und sie erspart demjenigen, der das Unrecht begangen hat, die Aberkennung seines persönlichen Wertes.[186] Aber sie stellt eben auch seine Anerkennung nicht wieder her, für die er

auf die Hilfe des anderen angewiesen bleibt. Unter Freunden bietet
so ein Aussetzen der Versöhnung deshalb keine Lösung.

Das lässt sich gut in einem Roman von Evelyn Waugh beobachten, der überdies auch noch einmal deutlich macht, dass es in einer
Freundschaft, die darauf beruht, wie der eine dem anderen erscheint,
gar nicht so sehr darauf ankommt, ob sich die Freunde tatsächlich
etwas gegeneinander zuschulden kommen lassen, sondern vielmehr
darauf, ob es für einen von beiden den Anschein hat. Schließlich
ist auch hier alles eine Frage der Perspektive und je nachdem, in
welcher Entfernung der eine den anderen sieht und wie das Licht
auf diesen fällt, ändert sich das Bild, das beide voneinander haben.
In *Wiedersehen in Brideshead* sieht der junge Aristokrat Sebastian,
wie sein Freund Charles, ein Sohn aus bürgerlichem Hause, den er
im Sommer 1922 als Student in Oxford kennengelernt und in seine
Familie eingeführt hat, seine (Sebastians) Schwester Julia küsst. Daraufhin klagt er Charles an, sich nur deshalb mit ihm angefreundet
zu haben, um sich in seine Familie einzuschleusen und sozial auf-
zusteigen – ein Unterfangen, das, so argwöhnt Sebastian, anscheinend mit der Verführung und Heirat Julias gekrönt werden sollte.
Das ist vermutlich ein falscher Eindruck, geboren aus Sebastians
Eifersucht und dem der sogenannten echten Freundschaft eigenen
Misstrauen, doch derartige Skrupel kommen ihm nicht. Wenngleich
sich die Freunde auf diesen Vorfall hin nicht trennen, versöhnen sie
sich doch auch nicht und ihre Beziehung löst sich nach und nach
auf, bis sie sich schließlich nichts mehr zu sagen haben.

Wenn die Schwäche des Freundes kein Verzeihen, sondern nur
Unterstützung erfordert, kann sich der Helfende viel freier verhalten, und doch zeigt sich auch hier, dass es noch schwieriger ist, gut
zu helfen als gut zu klagen. Deshalb gibt es wohl, wie Knigge bemerkt,»wenig Menschen, die mit guter Art Wohltaten erzeigen«,
also spenden.[187] Das gilt insbesondere dann, wenn sich der eine den
Ausweis seiner Stärke nicht nehmen und der andere seine Schwäche
nicht sehen lassen will, wie das in narzisstischen Freundschaften
der Fall ist.

So geriet ich, als ich mit einem neuen Freund das erste Mal zusammen laufen war, in die unangenehme Situation, mit seinem
Tempo überhaupt nicht mithalten zu können, mir das aber nicht an-
merken lassen zu wollen. Das lag nicht so sehr daran, dass ich meine
Unterlegenheit hätte verbergen wollen, sondern daran, dass ich ihm
nicht den Spaß verderben möchte. Ich hätte gern zugegeben, dass

ich bei meiner Zusage mitzukommen einfach unterschätzt hatte, wie schnell jemand läuft, der das bis vor ein paar Jahren noch beruflich gemacht hat (auch wenn seine Domäne die Kurz- und Mittelstrecke war). Als es dann aber los ging und er sagte, dass er in der Regel lieber allein laufe, weil ihm andere Leute zu langsam seien, und dass er auch seine Frau nie mitnehme, weil es dann für sie zu schwer und für ihn zu öde sei, mochte ich ihn nicht enttäuschen, zumal er nun wegen mir schon betont langsam lief. Trotzdem wäre ich am liebsten nach der ersten Runde einfach stehen geblieben, aber das hat mein Freund verhindert. In einem Busch am Weg fand er einen Ball, den er mir vor die Füße legte und den ich zu ihm zurück passte. So liefen wir weiter. Meine Bälle waren ziemlich schlecht, denn ich hatte genug damit zu tun, Schritt zu halten. Aber sprinten konnte mein Freund ja und so gelang es ihm immer wieder, auch meine schiefsten Rückpässe einzuholen, mir akkurat vorzulegen und mich so in Bewegung zu halten. Das hat freilich nicht nur mir geholfen und mich besser aussehen lassen, sondern auch meinen Freund, der sich nicht nur seine Laufwege verlängern, sondern auch mit seiner Kraft glänzen konnte und dabei vorgeführt hat, dass wir nie besser aussehen, als wenn wir unsere Stärke nutzen, um einem Schwächeren zu helfen, indem wir ihn unterstützen, sich selbst zu helfen. Wir springen ihm vor, nicht für ihn ein, sagt Heidegger.[188] Mein Freund hat das wörtlich genommen.

Da Freundschaften auf einem wechselseitigen System der Anerkennung beruhen, ist diese indirekte Form der Hilfe, die Unterstützung bei den eigenen Unterfangen, die beste Möglichkeit, mit der Ungleichheit unter Freunden umzugehen. Wo das Zeigen der eigenen Stärke dem anderen nicht hilft und wo das Klagen von Leid keine Hilfe finden kann, sollte hingegen beides unterbleiben. Man düpiert sich nur selbst – und im ersten Fall auch noch den anderen.

VOR DEM FREUND GLÄNZEN ODER VOM UMGANG MIT DEN EIGENEN STÄRKEN

Die Vorstellung einer narzisstischen Freundschaft mag auf den ersten Blick nahelegen, dass der eine sich dem anderen überlegen fühlt und dazu neigt, mit seinen Stärken vor ihm zu protzen. Die bisherigen Überlegungen haben jedoch schon deutlich gemacht, dass das in narzisstischen Freundschaften gerade verhindert wird.

Schließlich verbietet es schon das eigene Verlangen nach Anerkennung, sich seinem Freund überlegen zu fühlen: Denn würde man ihn nicht anerkennen, würde seine Anerkennung von einem selbst wiederum wertlos werden, wie das siebte Kapitel gezeigt hat. Und die entsprechenden Umgangsformen, die dieses Verlangen nach Anerkennung den narzisstischen Freunden nahelegt, mahnen sie eher zur Bescheidenheit als zur Prahlerei und verhindern so, dass einer den anderen düpiert.

Gleichwohl möchte sich der Narziss im Lichte der Anerkennung des anderen als derjenige fühlen, der er gerne sein möchte, und das verleitet ihn dazu, seine besonders liebenswerten Eigenschaften hervorzukehren und mit seinen Vorzügen zu glänzen. Dabei ist es jedoch leicht, sich über die eigenen Vorzüge und dasjenige, was einen selbst liebenswert macht, zu täuschen. Auch darüber werden Narzissten in Freundschaften aufgeklärt und auch das gehört zur Verwandlung des Narzissmus in der Freundschaft.

Freundschaften etablieren nämlich zum einen eine gewisse Zurückhaltung im Herausstreichen der eigenen Stärken und machen zum anderen darauf aufmerksam, dass es nur ganz bestimmte Eigenschaften sind, die uns liebenswert machen, nämlich diejenigen, die dem anderen angenehm sind, weil sie ihn unterhalten, ihn gut aussehen lassen oder ihm helfen. Dazu gehören die Heiterkeit unseres Gemüts, unsere Intelligenz, unser Witz und unser Humor, unsere Bildung, unsere Nachsicht und Rücksicht, unsere Empathie und vor allem zwei Fähigkeiten: nämlich den anderen so sehen zu können, wie er gerne erscheinen möchte – ein gewisses poetisches und hermeneutisches Talent also –, und den anderen als jemanden ansehen zu können, der nicht nur für uns etwas bedeutet, sondern für den es auch selber Bedeutung gibt – ein gewisses moralisches Talent also bzw. die ganz bescheidene Fähigkeit, den anderen lieben und ihm wohlwollen zu können.

Damit rücken Freundschaften die möglichen Formen der Ungleichheit, die unter den Freunden bestehen können und die in der Freundschaft ausbalanciert werden müssen, in ein neues Licht. Schließlich sind Freunde nicht nur unterschiedlich begabt und in ihren Begabungen unterschiedlich entwickelt, sondern unterscheiden sich auch in vielen äußerlichen Dingen wie Reichtum, Besitz, Ruhm, Erfolg, sozialer Stellung usw. Wir neigen dazu, gerade die zweite Gruppe für die Beurteilung einer Person besonders wichtig zu nehmen. Wo diese Qualitäten jedoch nicht dazu verwendet

werden, dem Freund zu helfen, spielen sie für die eigene Liebenswürdigkeit keine Rolle und haben auch im Fall der Hilfe nur einen
mittelbaren Wert, nämlich den eines Mittels zum Zweck. Das liegt
zum einen daran, dass auch in der Hilfe der symbolische Wert der
gezeigten Anerkennung ihren materiellen Wert überwiegt, und das
liegt zum anderen und vor allem daran, dass Freundschaften den
Blick auf Reichtum, Ruhm und Macht ändern und den Freunden
nicht nur vor Augen führen, dass diese Eigenschaften sie für den anderen nicht liebenswert machen, sondern auch, dass sie überhaupt
nicht liebenswert sind.

Das wird schon am Reichtum deutlich, denn nicht das Vermögen
des Freundes ist liebenswert, sondern es sind bestenfalls die Dinge,
die er uns damit kauft. Mithin gilt unsere Zuneigung nicht dem reichen Freund, sondern diesen Dingen. Sie können für uns liebenswert sein, nicht aber das Geld unseres Freundes, geschweige denn
dieser Freund selber, wenn er nichts als reich ist. Er ist dann, wie
sein Geld, nur ein Mittel, liebenswerte Dinge zu erlangen, wie schon
Aristoteles schreibt.[189] Wer sich also gegenüber seinen Freunden
als besonders reich präsentiert, indem er ihnen Dinge kauft, kann
nicht erwarten, ihnen dadurch liebenswert zu sein, sondern degra-
diert sich selbst zu einem Mittel zum Zweck. Zugleich erfährt er
damit jedoch auch die relative Wertlosigkeit des Geldes überhaupt,
an dessen Stelle er sich setzt. Als absolutes Mittel, mit dem sich jeder
Zweck verfolgen lässt, verführt das Geld zum Trugschluss, dass es
selbst ein Zweck sei, der sich zu verfolgen lohne.[190] Tatsächlich ist es
aber nur ein besonders vielseitiges Mittel, verschiedene Zwecke zu
verfolgen, und diese Zwecke können liebenswert sein, das Mittel ist
es aber nicht.

Mit Ruhm und Macht ist es ganz ähnlich; auch sie sind nicht um
ihrer selbst willen liebenswert, sondern nur als Mittel zum Zweck,
und auch ihr Besitz kann die Zuneigung unserer Freunde nur dann
gewinnen, wenn wir sie benutzen, um ihnen zu helfen. Anlass, mit
ihrem Besitz persönlich zu glänzen, haben wir nicht.

Damit spielt die soziale Ungleichheit in unseren Freundschaften,
abgesehen von ihrem Einfluss darauf, wie wir die Welt sehen, keine
Rolle. Dagegen hat das, was mit Rousseau als »natürliche Ungleichheit« bezeichnet werden könnte, also die physische Konstitution
der Freunde, ihre Talente und Geistesgaben usw., durchaus Bedeutung.[191] Zugleich verlangt die wechselseitige Struktur der Anerkennung jedoch eine besondere Bescheidenheit in der Präsentation der

eigenen Vorzüge, die diese dann am stärksten gelten lässt, wenn sie dazu eingesetzt werden, den anderen gelten zu lassen. Das erzeugt eine grundlegende Großzügigkeit dem anderen gegenüber und etabliert eine höhere Form der Gleichheit, die individuelle Ungleichheiten nivelliert. Überlegenheit verwandelt sich in Fürsorge, Unterlegenheit in die Freiheit, für die eigenen Interessen sorgen zu können. In dem Maße, in dem das poetische und das moralische Talent zur Freundschaft an Gewicht gewinnen, relativieren sich alle Ungleichheiten und die Freundschaft zeigt sich auch ganz praktisch als Schule der Gleichheit.

Unter Umständen kann sich daraus sogar ein veränderter Blick auf die verschiedenen Formen der Ungleichheit überhaupt ergeben, auf die natürliche und die soziale. Vielleicht nicht in dem Sinne, dass die soziale Ungleichheit überhaupt als Unrecht erkannt werden würde, wie Rousseau gehofft hat. Aber vielleicht doch in dem Maße, dass die moderne Persönlichkeit in der Freundschaft bemerkt, dass die Faktoren, die soziale Ungleichheit ausmachen, nicht diejenigen sind, die sie für andere liebenswert machen, und dass die Liebenswürdigkeit eines Menschen nichts mit seinem Besitz jener Eigenschaften und Dinge zu tun hat, welche die soziale Ungleichheit unter Menschen stützen, sondern bestenfalls mit jenen, die die natürliche Ungleichheit prägen. Vom Bemerken dieser Indifferenz persönlicher Vorzüge gegenüber der sozialen Stellung ist es allerdings nicht mehr weit zu dem Gedanken, dass die soziale Ungleichheit unter den Menschen vielleicht viel weniger durch eine natürliche Ungleichheit gedeckt wird und vielmehr einer »Gunst des Schicksals«[192] entspringt, als die zeitgenössische Ideologie des Verdienstes behauptet. In dieser Hinsicht wäre die sozialisierende Funktion der Freundschaft umso größer, je ausgeprägter sich das narzisstische Selbstbewusstsein an seine soziale Stellung klammert.

Die Dinge, die uns für unsere Freunde liebenswert machen, sind unsere individuellen Eigenschaften und Talente. Sie machen, um eine Unterscheidung Schopenhauers heranzuziehen, das aus, was einer ist – und nicht, was einer hat oder was einer vorstellt. Zu dem, was einer ist, sagt Schopenhauer, gehören »Gesundheit, Kraft, Schönheit, Temperament, moralischer Charakter, Intelligenz und Ausbildung derselben«.[193] Diese Dinge, so argumentiert er in seinen *Aphorismen zur Lebensweisheit*, sind jedoch auch »für unser Lebensglück [...] das erste und wesentlichste«. Wenn das stimmt, dann sind die Eigenschaften, die uns unseren Freunden besonders liebenswert

machen, auch diejenigen, die am meisten zu unserem Glück beitragen – und zwar im doppelten Sinne, erstens indem sie unserem Narzissmus seine asoziale Schärfe und notorische Frustration nehmen
und uns in der Freundschaft das Glück finden lassen, das wir in ihr
suchen, und zweitens, indem sie auch zu dem Glück beitragen, das
wir an uns selbst haben. Einem anderen ein Freund zu sein wäre
dann die beste Möglichkeit, auch sich selbst ein Freund zu sein. Was
daran ist, untersucht das nächste Kapitel.

11. »Übereinstimmung mit sich selbst«

oder Was es heißt, sich selbst ein Freund zu sein

Da Freundschaften auf dem wechselseitigen Bedürfnis beruhen, geliebt zu werden, verändern sie den Blick der Freunde aufeinander und auf sich selbst. So muss der Freund etwa seinen Selbstentwurf daraufhin anpassen, dem anderen als liebenswert zu erscheinen. Es geht dann nicht mehr in erster Linie darum, wie er sein will, sondern darum, wie er sein soll, damit er für den anderen liebenswert ist. Dazu gehören nicht nur Höflichkeit und Bescheidenheit, Verzeihen und Nachsicht, Großzügigkeit und Hilfsbereitschaft, eine Reihe theatralischer Talente und poetischer und hermeneutischer Kompetenzen, sondern auch die Fähigkeit, den anderen als jemanden anzuerkennen, der nicht nur etwas für ihn bedeutet, sondern der jemand ist, für den es auch selbst Bedeutung gibt.

Dieser Perspektivwechsel verlangt vom Freund, sein Verhalten daraufhin zu reflektieren, ob es dem anderen zugemutet werden kann – und sich ihn dabei als jemanden vorzustellen, der diese Rechtfertigung nachvollziehen kann, weil auch er in der Lage ist, die Prioritäten, die die Dinge für ihn haben, zu den Prioritäten, die die Dinge für den anderen haben, in Beziehung zu setzen. Dabei wird das Verhältnis der Freunde zueinander von einer Hierarchie der Werte, Wünsche und Ziele getragen, in dem sich zwar jeder selbst der Nächste ist, in dem er sich jedoch auch als einer unter vielen erkennt, die ihm gegenüber das Anrecht haben, für ihn kein Niemand zu sein – und umgekehrt.

Diese Relativierung des Blicks auf sich selbst verleiht der Beziehung eine gewisse ethische Qualität, die aus Narzissten wenigstens halbwegs anständige Menschen macht. Sie ist allerdings auch für die

Freundschaft zu uns selbst wichtig, denn indem wir unsere eigenen Wünsche und Ziele hierarchisch ordnen und sie zu den Wünsche und Zielen des anderen auf die beschriebene Weise in Beziehung setzen, kümmern wir uns zugleich um uns selbst. Wir müssen uns dann nämlich überlegen, welche der Wünsche und Ziele, die in uns auftauchen, wir uns zu eigen machen wollen und welche nicht. Das heißt, wir müssen uns entscheiden, was uns wichtiger und was uns weniger wichtig ist. Wo liegen unsere Prioritäten? Worum sollten wir uns sorgen und was können wir eher vernachlässigen? Wie bestimmen wir die Relation zwischen all den Dingen, um die wir uns kümmern, zwischen all den Sorgen, die wir uns machen, zwischen all den Wünschen, die wir haben – und die wir nicht alle zugleich befriedigen können?

Diese Wahlfreiheit kann von Menschen als Dilemma wahrgenommen werden, wie der Philosoph Schmid schreibt, und verhindert dann, dass ihnen das Leben glückt. Sie haben den Eindruck, wählen zu müssen, aber nicht wählen zu können, weil dafür die Kriterien fehlen. Sie wissen nicht, wie sie leben sollen, und dieses Nicht-Wissen bedrückt sie. Es gibt ein Überangebot an Möglichkeiten, jede Entscheidung für eine von ihnen verlangt jedoch den Verzicht auf eine andere, von der sie nicht wissen, ob sie nicht vielleicht besser gewesen wäre. Das hemmt sie und verleitet sie dazu, überhaupt nicht zu wählen, sondern einfach vor sich hin zu leben. Aber auch die Nichtwahl ist eine Wahl, denn wenn wir nicht wählen, sieht es zwar so aus, als ob wir uns damit alle Möglichkeiten erhielten, doch das ist eine Täuschung. Das Leben geht weiter und mithin verengt sich der Horizont unserer Möglichkeiten auch dann, wenn wir uns der Entscheidung enthalten. Sie wird dann eben ohne unser Zutun getroffen.[194]

Wenn wir mit unserer Entscheidung Einfluss nehmen können, ist es also besser, mitzubestimmen und unser Leben selbst in die Hand zu nehmen, als sein Gelingen aus der Hand zu geben.

Indem die Freundschaft uns auffordert, unsere eigenen Wünsche und Ziele zu ordnen und sie zu den Wünschen und Zielen unseres Freundes in Beziehung zu setzen, zwingt sie uns zu solchen Entscheidungen. Jemandes Freund zu sein, verlangt von uns, uns selbst ernst zu nehmen. Das beginnt, wie der amerikanische Philosoph Harry G. Frankfurt schreibt, schon bei den verschiedenen Wünschen, die in uns auftauchen. Wir müssen aus dem »psychischen Rohmaterial«, mit dem wir »von der Natur und den Umständen ausgestattet wurden« und das darauf drängt, unsere Entscheidungen zu bestimmen, dasjenige auswählen, von dem wir *möchten*, dass es sie bestimmt – auch im Hinblick darauf, diese Entscheidung vor dem anderen vertreten zu müssen.[195] Mit dieser Wahl ist nicht bestritten, dass es auch Situationen geben kann, in denen wir dazu nicht in der Lage sind, weil andere Impulse wirksam sind, denen wir zwar nicht zustimmen, die aber trotzdem bestimmen, was wir tun. In mancherlei Hinsicht, etwa in allem, was die Mechanik des Lebens betrifft, folgen wir einem Zwang und haben nicht die Wahl, uns für oder gegen einen Wunsch zu entscheiden. Diese Wünsche, denen wir unwillkürlich folgen müssen, unterscheiden sich jedoch von den Wünschen und Zielen, für die wir uns bewusst entschieden haben und von denen wir möchten, dass sie unsere Handlungen formen. In ihnen beweisen wir unsere Freiheit – die eben nicht in der Freiheit von jeglicher kausaler Bestimmung besteht, sondern die Fähigkeit meint, uns zwischen den Wünschen und Impulsen, die wir aus verschiedenen Gründen haben, zu entscheiden.

So hatte ich z.b. einem Freund zugesagt, ihm beim Umzug zu helfen. Allein, als am Samstagmorgen der Wecker klingelte, wäre ich doch lieber noch etwas liegengeblieben. Ich musste mich entscheiden, welcher Impuls mich bestimmen sollte. Wollte ich der Bequemlichkeit nachgeben und mich noch einmal umdrehen oder mein Versprechen halten? Schließlich war es mir doch wichtiger, Wort zu halten und meinem Freund zu helfen. Ich wollte also, dass der Wunsch, ein verlässlicher Freund zu sein, mich bestimmt und nicht das Verlangen nach Schlaf und Bequemlichkeit. Ein andermal habe ich umgekehrt entschieden, weil für mich die anderen Impulse wichtiger waren. In beiden Fällen habe ich jedoch genau das getan, was ich wollte, und damit meine Freiheit bewiesen.

»Wenn wir genau das tun, was wir wollen«, schreibt Frankfurt, »handeln wir frei. Eine freie Handlung ist eine Handlung, die eine Person ausführt, weil sie sie ausführen will. Frei zu handeln heißt, diese harmonische Übereinstimmung zwischen dem, was man tut, und dem, was man will, aufrechtzuerhalten.«[196]

Diese harmonische Übereinstimmung zwischen unserem Wünschen und unserem Tun ist die wichtigste Voraussetzung dafür, dass uns unser Leben gelingt. Denn wenn wir in den Dingen, über die wir entscheiden können, genau das tun, was wir tun wollen, dann kommen wir zu einem Einverständnis mit uns selbst, und dies ist,

mit einem Wort Spinozas gesprochen, »das Höchste, worauf sich unsere Hoffnung richten kann«.[197] Es begründet nämlich die Sorge für
uns selbst.

Wer auf diese Art und Weise mit sich selbst übereinstimmt, sorgt
für sich selbst. Er bringt einen Zusammenhang und eine Ordnung
in sein Wünschen und strukturiert sein weiteres Wollen. Er lenkt
seine Wünsche in eine bestimmte Richtung und gestaltet selbst den
Horizont der Dinge, die ihm fürderhin wichtig sind.[198] Damit übernimmt er Verantwortung für seine eigene Persönlichkeit und macht
sich zum Herren seiner selbst.

Diese Herrschaft über sich selbst bringt ein inneres Gefälle hervor, welches das, womit wir übereinstimmen, was wir lieben und
worum wir uns sorgen, von dem unterscheidet, womit wir nicht
übereinstimmen, und sie erreicht es, dass dabei das, was uns wichtig ist, die Überhand gewinnt. So hat in meinem Beispiel etwa die
Sorge für meinen Freund die Überhand über meine Bequemlichkeit
gewonnen, zumindest das erste Mal.

Beide Male habe ich mich jedoch nicht willkürlich entschieden,
sondern meine Wünsche und Ziele zu seinen Wünschen und Zielen
in Beziehung gesetzt und vor der Ordnung unserer Herzen abge-
wogen. Diese Abwägung sprach das eine Mal für die Hilfe und das
andere Mal für die Bequemlichkeit.

Dass ich das konnte, beweist die Überlegenheit der Freundschaft
zu mir selbst gegenüber anderen modernen Konzepten der Selbstsorge. Denn diese Konzepte, so klagt etwa Foucault, können mir
keine Kriterien dafür geben, wie ich mich entscheiden soll. Ich bin
zwar aufgefordert, mein Leben selbst in die Hand zu nehmen, ihm
einen Zusammenhang und eine Richtung zu geben, ich kann aber
nicht wissen, welche Richtung die richtige ist.[199] Dieses Dilemma
beschreibt auch Schmid. Um es zu lösen, bräuchte es ein moder-
nes Äquivalent für das antike Ethos, sagt Foucault. Ich müsste wissen, was das Bessere und was das Schlechtere ist, so wie z.b. Platon
überzeugt war, dass die Vernunft die Leidenschaften bzw. Affekte
beherrschen sollte und dass das Gelingen des Lebens auf dieser
Herrschaft, die er Besonnenheit nannte, beruht.[200]

So eine Wertung ist durch die bloße Übereinstimmung mit uns
selbst nicht möglich, denn wer mit sich selbst übereinstimmt, verleiht seinem Wünschen zwar eine strukturelle Kohärenz, aber keine
normative. Dazu bedarf es externer Kriterien, die bloß reflektierte
Selbstsorge hängt jedoch in der Luft.

Anders die Freundschaft zu mir selbst: Indem sie mein Streben nach Glück im Wohlwollen für den anderen verankert, liefert sie mir ein Kriterium für meine Entscheidungen, ohne jedoch meiner Freiheit zu widersprechen und ohne dogmatisch zu sein. Vielmehr belässt sie mir die für eine freie Gestaltung meines Lebens so wichtige Offenheit, erspart mir jedoch die an ihr beklagte Instabilität und Beliebigkeit.[201]

Und indem die Freundschaft zu mir selbst mir nahelegt, höflich und bescheiden, verzeihend und nachsichtig, großzügig und hilfsbereit zu sein, schlägt sie mir auch ein Ethos vor, an dem ich mich orientieren kann. So kann ich aus der Freundschaft zu einem anderen tatsächlich lernen, was es heißt, mir selbst ein Freund zu sein, und für das Gelingen meines eigenen Lebens Sorge tragen.

Insofern die Freundschaft zu mir selbst die Ausbildung eines Ethos und den Erwerb bestimmter Tugenden voraussetzt, kommt die mit ihr verbundene Vorstellung vom guten Leben sehr nah an die aristotelische Vorstellung davon heran. Denn Aristoteles hatte das gute Leben ebenfalls in einer von Tugenden bestimmten gewohnheitsmäßigen Praxis begründet und dabei einen besonderen Verdienst der Freundschaft darin gesehen, diese Tugenden einzuüben. Echte Freunde, sagt Aristoteles, lieben aneinander das Gute und das Gute, das sind ihre Tugenden.[202]

Gleiches lässt sich von der Freundschaft heute sagen, wenngleich die einzelnen Tugenden hier vielleicht andere sind. Aristoteles nennt etwa Klugheit, Gerechtigkeit, Tapferkeit und Besonnenheit als Haupttugenden, die dann noch differenziert werden können. Zeitgenössische Freundschaften zeigen hingegen, dass die Liebenswürdigkeit des Freundes neben den genannten Eigenschaften auch von seiner Fähigkeit abhängt, mit dem anderen ein gemeinsames Verständnis der Welt auszubilden und ihn als so liebenswert aufzufassen, wie er nur sein könnte.

Damit wird die anfänglich bemerkte Ferne der zeitgenössischen Freundschaften zum aristotelischen Freundschaftskonzept wieder verringert. Sie bestand darin, dass Menschen heute um ihrer selbst willen geliebt werden möchten und nicht aufgrund abstrakter moralischer Qualitäten, als welche ihnen Tugenden erscheinen können. Auch heute jedoch lernen Menschen in ihren Freundschaften, dass sie nicht *um ihrer selbst willen* liebenswert sind, sondern nur im Hinblick auf das, was sie *für den anderen* sind. Wenn sie geliebt werden wollen – und davon hängt ja ihr Glück ab – geht es nicht in erster

Linie darum, wie sie sein *wollen*, sondern darum, wie sie für den anderen liebenswert sind. Daraus ergibt sich, wie sie sein *sollen*. Indem die Freunde sich danach richten, verändern sie sich jedoch: Sie *machen* sich nicht nur für den anderen schöner, sondern sie *werden* es auch. Denn was der eine ist, das bestimmt er dadurch, wie er sich dem anderen gegenüber zeigt und wie dieser andere ihn auffasst. Die Qualitäten, die die Freunde um der Zuneigung des anderen willen an den Tag legen, bestimmen ihre Persönlichkeit – nicht nur in den Augen des Freundes, sondern auch in ihrem Verhalten ihm gegenüber; und diese Qualitäten prägen ihren Ethos, an dem sie ihr Leben ausrichten, um sich selbst ein Freund zu sein und glücklich zu werden.

Außerdem verhindert das in der Freundschaft eingeübte Ethos die Herausbildung pathologischer Motivationsstrukturen und das Aufkommen eines pathologischen Hedonismus.

Motivationsstrukturen werden pathologisch, wenn die Befriedigung einer Lust alle anderen Interessen zu kurz kommen lässt und wir also von dem beherrscht werden, was Kant eine »Leidenschaft« nennt.[203] Wenn ein Mensch der Sklave seiner Leidenschaft ist, also etwa der Ehrsucht, Herrschsucht oder Habsucht, des Ehrgeizes oder Geizes, der Faulheit, Feigheit oder Falschheit, dann, so Kant, verhindert die Befriedigung seiner Neigung die Erfüllung aller anderen Wünsche.[204] Der Habsüchtige etwa ist so sehr darauf versessen, Geldmittel anzuhäufen, dass er nicht nur den Zweck, wofür er diese Mittel verwenden könnte, und mithin seinen Genuss aus den Augen verliert, sondern auch alles andere, an dem er ein Interesse haben könnte oder sollte. Wenngleich Geld haben zu wollen, um sich damit Dinge kaufen zu können, die man braucht oder die einen freuen, durchaus vernünftig ist, wird der Habsüchtige doch von seiner Leidenschaft über das Ziel hinausgetrieben. Er ist von der Idee, ein Vermögen anzuhäufen, derart beherrscht, dass er in seinem Wahn das Mittel mit dem Zweck verwechselt, dieses eine Mittel alle anderen Zwecke in den Hintergrund drängen lässt und sich dabei auch um die Mittel bringt, mit denen er diese anderen Zwecke verfolgen könnte. So strebt mancher nach einem Vermögen, weil er glaubt, damit alle Freiheiten zu haben und alle Zwecke verfolgen zu können, kommt vor lauter Raffen aber gar nicht dazu, mit dem Geld auch nur einen einzigen Zweck zu verfolgen oder sich irgendeinen Genuss zu verschaffen, und ruiniert sich dabei seine Gesundheit, so dass er alsbald überhaupt nichts mehr genießen kann. Mit der Ehrsucht und der Herrschsucht verhält es sich ganz ähnlich, sagt Kant, nur dass sie nicht das Geld, sondern den Einfluss auf andere hypostasieren.

Indem der Mensch in der Freundschaft jedoch lernt, seine eigenen Wünsche und Ziele in eine Ordnung zu bringen und eine Rangordnung der Liebe auszubilden, gewinnt er ein minimal normatives Kriterium, das ihm hilft, wie Kant schreibt, »nicht einer Neigung zu Gefallen die übrigen alle in den Schatten oder in den Winkel zu stellen, sondern darauf zu sehen, daß sie mit der Summe aller Neigungen zusammen bestehen können«.[205] Mithin verhindert diese Art des Abwägens, dass bestimmte emotionale Strukturen pathologisch werden und unser Verhalten in einer Weise bestimmen, die einem vernünftigen Umgang mit unseren Wünschen und Zielen zuwiderläuft. So gewinnen wir in der Freundschaft eine mäßigende Beschränkung unserer Interessen, die uns davor schützt, von einer Leidenschaft beherrscht zu werden.

Dieses mäßigende Kalkül verbindet sich mit der ethischen Einschränkung des Hedonismus durch die Ordnung unseres Herzens, in der auch der andere Bedeutung hat. Wer den anderen als jemanden anerkennt, für den es auch Bedeutung gibt und vor dessen Interessen er seine eigenen Handlungen rechtfertigen können muss, für den kann die Maximierung der eigenen Lust (oder Minimierung des eigenen Schmerzes) nicht das einzige Kriterium seiner Entscheidungen sein, sondern der muss die gesuchte Befriedigung gegen die Interessen des anderen abwägen und unter Umständen auch einschränken. Damit werden die eigenen Entscheidungen und die erstrebte Übereinstimmung mit sich selbst in einen ethischen Horizont gestellt und der Zusammenhang, in den das eigene Leben gerückt wird, gewinnt eine ethische Qualität. Das Aufkommen eines pathologischen Egoismus, der sich im Bestreben, die eigene Lust zu maximieren oder den eigenen Schmerz zu minimieren, nicht um die Konsequenzen schert, die das für andere hat, und der, mit einem Wort David Humes, »lieber die Zerstörung der ganzen Welt will als einen Ritz an [s]einem Finger«,[206] wird damit verhindert. Da diese Einstellung viel verbreiteter ist, als es die nur vermeintliche Übertreibung in Humes Formulierung nahelegt, ist das nicht wenig. Gleichermaßen wird deutlich, dass dieser ethische Horizont für das Gelingen des eigenen Lebens entscheidend ist, d.h., dass es kein Glück für einen selbst ohne Wohlwollen für den anderen gibt – und zwar (ganz ähnlich dem Perspektivwechsel auf den anderen, den das zehnte Kapitel vorführt) wiederum nicht im Sinne einer Vorschrift oder Forderung der Moralität, die dem eigenen Interesse entgegensteht, nicht als Pflicht, die sich gegen die Neigung durchsetzen muss, sondern gleichsam unter der Hand: insofern nämlich das ethische Talent zur Freundschaft, auf uns selbst angewendet, dazu beiträgt, uns selbst ein Freund zu sein und uns das damit verbundene Gelingen unseres Lebens darin bestärkt, den anderen wichtig zu nehmen. Ob sich daraus eine grundsätzliche ethische Haltung gegenüber allen anderen entwickelt, oder ob nicht auch hier, wie in der Freundschaft zum anderen, ein bloß konditioneller Altruismus entsteht, der das Wohlwollen auf bestimmte andere einschränkt, ist allerdings fraglich. Gut möglich, dass der ethische Horizont, in den die eigene Lebensführung gerückt wird, deutlich begrenzt bleibt und damit auch die Absicherung des guten Lebens im ethischen Leben wenig Festigkeit gewinnt. Die Grundlage für so ein Erwachen zu Moralität ist jedoch gelegt, denn auch wenn die Freundschaft aus den Narzissten nur halbwegs anständige Menschen macht, können diese das Gute doch nur genießen, wenn sie es als das Gute erkennen.[207] Mithin müsste die Einsicht in den inneren Zusammenhang von Anstand und gelingendem Leben die Freunde zumindest dazu motivieren, das eigene Glück noch fester im Ethos abzusichern.

Freundschaften, so ließe sich also abschließend festhalten, sind ein intellektuelles und emotionales Spiel, in dem Narzissten lernen, wenigstens halbwegs anständige und liebenswerte Menschen zu sein – und gerade deswegen auch glücklich.

12. Über Freundschaft und Liebe

oder Heitere Vertrautheit und emphatische Fremdheit

Die beiden wichtigsten Punkte, in denen sich Freundschaft und Liebe unterscheiden, sind die Art und Weise, wie die Beteiligten einander auffassen und die Exklusivität bzw. Symmetrie der Beziehung. Die gängige Unterscheidung nach dem Vorkommen von Sexualität ist dem ersten Unterscheidungskriterium untergeordnet. D.h., viel wichtiger als die Frage, ob Freunde auch miteinander schlafen (können), ist die unterschiedliche Qualität der Gefühle und aus diesem qualitativen Unterschied zwischen dem Gefühl der romantischen und der freundschaftlichen Liebe folgt, dass sie es besser nicht tun – zumindest dann, wenn sie die Möglichkeit, in der Freundschaft Anerkennung zu gewinnen, nicht verlieren möchten.

FRIENDS WITH BENEFITS ODER FREUNDSCHAFT PLUS SEX

Das zeitgenössisch populäre Konzept der Friends with Benefits oder Freundschaft plus sieht vor, dass Freunde auch miteinander schlafen. Friends with Benefits sind Freunde, die sich nicht nur gegenseitig affirmieren, sondern auch sexuell traktieren und neben dem guten Gefühl, um ihrer selbst willen schätzenswert zu sein, auch sexuelle Befriedigung erhalten wollen. Dabei ist die Rede von einer »Freundschaft mit Zugewinn«, wie sich der englische Begriff übersetzen ließe, jedoch irreführend. Denn die wechselseitige sexuelle Befriedigung ist diesen Beziehungen nicht äußerlich und wird hier nicht zusätzlich gewonnen, sondern sie ist ein integraler Bestandteil der Freundschaft selber. Friends with Benefits gehen zusammen ins Museum, ins Kino und ins Bett – auch wenn Letzteres eher sporadisch und zumeist angesichts mangelnder Alternativen stattfindet, weshalb sich dieses Konzept auch im wörtlichen Sinne als Freundschaft in der Not verstehen ließe. Die stets um das Gelingen des Lebens ihrer Leser bemühte *Bild*-Zeitung ist in diesem Sinne sprachlich viel präziser als der englische Begriff und gibt *Zehn goldene Regeln für Sex unter Freunden.*[208]

Die wichtigste Regel dürfte jedoch nicht bestimmte Fragen der sexuellen oder organisatorischen Praxis betreffen, wie sie in der medialen Beschäftigung mit dem Phänomen genüsslich diskutiert werden, sondern ganz grundsätzlich das in Freundschaften übliche Prinzip der Symmetrie, d.h. der ausgewogenen Gegenseitigkeit, nach dem »beide Teile gleichviel geben und empfangen können« müssen, wie Knigge schreibt: »Jedes zu große Übergewicht von einer Seite, alles, was die Gleichung hebt, stört die Freundschaft.«[209] Dabei muss nicht Gleiches mit Gleichem vergolten werden (es gibt ja ganz verschiedene Potenzen), aber letztlich muss jeder doch auf seine Kosten kommen und vom anderen zufriedengestellt werden. So bietet in Pierre-Ambroise-François Choderlos de Laclos' Briefroman *Gefährliche Liebschaften* die Marquise de Merteuil ihrem Freund (und ehemaligen Liebhaber), dem Vicomte de Valmont, an, mit ihm eine gemeinsame Nacht zu verbringen, wenn er im Gegenzug die junge Cécile de Volange verführt und entjungfert und ihr, der Marquise, so hilft, sich an ihrem untreuen Geliebten zu rächen, der sie verlassen hat, um Cécile zu heiraten.

Damit wird auch deutlich, welches Freundschafts- oder, allgemeiner gesprochen, Beziehungsmodell dem Sex unter Freunden zugrunde liegt. Es ist die materialistische Auffassung der Liebe, die davon ausgeht, dass jede Zuneigung der Befriedigung eines Bedürfnisses gilt, und die in der Größe des Bedürfnisses den Maßstab des Gefühls erblickt. Wenn Freundschaften transparente Geschäftsbeziehungen sind, in denen die Freunde ihre wechselseitigen Bedürfnisse befriedigen und jedes Bedürfnis so gut wie ein anderes ist, dann ist nicht einzusehen, warum davon gerade die Befriedigung sexueller Bedürfnisse ausgenommen werden sollte. Mithin gibt es aus dieser Perspektive keinen Grund, mit seinen Freunden nicht zu schlafen, sofern dazu das Bedürfnis besteht.

Die Unterscheidung zwischen Liebesbeziehungen und Freundschaften wäre so gesehen hinfällig und eine bloße Frage der Etikettierung. Liebesbeziehungen, so ließe sich aus materialistischer Sicht sagen, sind Freundschaften inklusive sexueller Befriedigung und Freundschaften sind Liebesbeziehungen ohne sexuelle

Befriedigung. Sie unterscheiden sich nur quantitativ. Die Rede von einer Freundschaft plus drückt mit der Konjunktion diese quantitative Erweiterung der Freundschaft aus.

Dabei artikuliert dieses Konzept gar keinen neuen Standpunkt, sondern schließt an eine schon länger zu beobachtende Diffusion der Beziehungsformen an, die zwischen Freundschaft und Liebe keinen qualitativen Unterschied mehr erkennt und schon dann von einer glücklichen Liebesbeziehung spricht, wenn sie ein emotionales Einverständnis mit befriedigender Sexualität verbindet.

Die amerikanische Fernsehserie *Family Guy* persifliert diese Unterschiedslosigkeit zwischen Freundschaften und Liebesbeziehungen, indem sie darauf hinweist, dass dann nicht nur Freundschaften leicht um Sex erweitert und so der Liebesbeziehung angenähert werden können, sondern sich andersherum auch Liebesbeziehungen als Freundschaften mit sexuellem Zugewinn beschreiben ließen und Ehepartner als »Super Friends ... with Benefits«.[210]

Wenngleich das Konzept der Freundschaft plus auf einem materialistischen Beziehungsmodell beruht, das von Denkern wie Helvétius im 18. Jahrhundert entwickelt worden ist, um mit den romantischen Vorstellungen der Menschen kurzen Prozess zu machen, ist doch auch dieses Konzept noch stark vom romantischen Liebesbegriff geprägt, den es zu bannen versucht, jedoch nicht fernhalten kann, wie ein genauerer Blick auf zeitgenössische Beschreibungen dieses Konzepts zeigt.

Die Google-Suche nach Regeln für »Friends with Benefits« ergibt viele Millionen Treffer. Ich halte mich an ein Wiki zum Thema, der nicht nur die häufigsten Regeln enthält, sondern wohl auch die am meisten akzeptierten, da an dem Artikel jeder Leser mitschreiben kann.[211]

Der Artikel geht, wie fast alle anderen Publikationen zum Thema auch, stillschweigend davon aus, dass die erotische oder romantische Liebe ein ganz anderes Gefühl ist als die Freundschaft und Freundschaften mithin eine erotische Beziehung, wie sie in der Liebe stattfindet, eigentlich ausschließen – auch dann, wenn sie Sex mit einschließen. Deshalb hat die Vermeidung emotionaler Intimität oberste Priorität und ein großer Teil der Ratschläge kreist darum, die Verwandlung der Freundschaft in eine Liebesbeziehung zu verhindern. So sollen etwa sexuelle Praktiken ausgeführt, zärtliche Momente der Zuneigung aber vermieden werden. Das fängt schon bei der Auswahl des entsprechenden Freundes an, der bereits im Vorfeld daraufhin überprüft werden soll, ob er zur Anhänglichkeit neigt, und dann nicht in Frage kommt. Die in Freundschaften eigentlich sehr große Qualität der Verbundenheit und Treue –»treu angehörig« schloss Goethe in den Briefen an seine besten Freunde –,[212] wird so zu einem Ausschlusskriterium für Friends with Benefits und daran lässt sich schon erkennen, wie dieses Konzept die Freundschaft aushöhlt. In der Annäherung an den gewählten Freund, so raten die Autoren weiter, sei Scham dann fehl am Platze und Komplimente sollen nur seine sexuelle Attraktivität betreffen, nicht seine Persönlichkeit. Schließlich könnte Letzteres ihn irrtümlich glauben lassen, er werde nicht nur sexuell begehrt, sondern vielleicht sogar geliebt. Im Zuge der Anbahnung müsse jedoch unmissverständlich klar werden, dass keine Liebesbeziehung gestiftet werden solle, sondern eine Freundschaft mit Sex. Deshalb sei bei Treffen auch darauf zu achten, dass dieser Sex im Vordergrund stehe. Da dem Primat des Sexuellen eine über die gegenseitige Penetration hinausgehende Behaglichkeit abträglich sei, sollte möglichst schnell zur Sache gekommen und jeder nicht-sexuelle Austausch vermieden werden.

Spätestens hier ließe sich fragen, wo in dieser Beziehung noch Platz für andere Aspekte der Freundschaft sein kann, wenn das Sexuelle so raumgreifend wird. Angesichts des erstrebten Lustgewinns scheinen alle anderen Gemeinsamkeiten jedoch in den Hintergrund treten zu müssen und es ließe sich schon anhand dieser Handlungsempfehlungen fragen, ob der Sex unter Freunden die Freundschaft nicht auf eine reine Sex-Freundschaft einschränkt und aus den Freunden das macht, was der Amerikaner Fuck Buddies nennt. Die sinnlichen Versprechen einer solchen Freundschaft scheinen kritische Überlegungen jedoch zu unterdrücken und Vorstellungen von der erhofften Wollust in den Vordergrund zu drängen.

Das gilt auch für die Debatte über Friends with Benefits, die unter dem Deckmantel des soziologischen Interesses, aber mit dem Eifer des Pornographen das Erotische ausstellt und in einen Konsumartikel verwandelt, um das voyeuristische Verlangen ihres Publikums gleichermaßen zu stillen wie zu stimulieren. Damit tut sie diesem Konzept jedoch keine Gewalt an, sondern macht in ihrer Behandlung der Sexualität explizit, was ihre Handhabung in der Freundschaft plus impliziert. In beiden nämlich herrscht die Logik des Pornos.[213]

Das sexuelle Versprechen der Freundschaft plus liegt für die Beteiligten zum einen darin, überhaupt zum Beischlaf zu kommen, und zum anderen darin, in ihm besonders auszuschweifen. Beim Sex unter Freunden soll alles möglich sein, auch die Erfüllung exotischer Wünsche, die der Einzelne seinem Liebespartner vielleicht nicht zumuten würde oder die er ihm zumindest nicht so einfach antragen möchte, weil er befürchtet, den anderen damit zu verstören oder abzuschrecken. In einer Freundschaft plus muss sich jedoch niemand genieren; hier kann er alle Hemmungen fallen lassen.

Diese Vorstellungen offenbaren eine puritanische Sexualmoral und pornographische Sexualphantasien gleichermaßen, die sich auch hier als Zwillinge zeigen. Einerseits soll die Sexualität in Liebesbeziehungen einer strengen Triebkontrolle unterworfen, gezügelt und gehemmt werden. Andererseits steht dieser Abwehr des Triebhaften ein dunkles Reich pornographisch induzierter Phantasien gegenüber, in denen dann eine von moralischen Anforderungen und sozialen Zwängen befreite Sexualität möglich sein soll. Diese »freie« Sexualität erscheint dabei als ein materielles Konsumgut und der Sex unter Freunden als eine billige Möglichkeit, diesen Appetit zu befriedigen. Im Hintergrund der vermeintlich liberalen Rede vom Sex unter Freunden wird so eine widersprüchliche Auffassung sexueller Leidenschaft sichtbar, die einerseits als das schlechthin Andere erscheint, das strenger Kontrolle bedarf, die jedoch andererseits zu mächtig ist, um sich vollständig unterdrücken zu lassen, und der so gewisse Freiräume eingeräumt werden müssen, in denen sie sich ungehemmt entladen darf. Einen solchen Freiraum bieten Friends with Benefits, die in diesem Sinne neben die Pornographie und das Bordell treten, den üblichen Orten dieser kompensatorischen Ausschweifung.

Wenngleich die Freundschaft plus diesen alten Institutionen aufgrund ihrer Vertrautheit und Intimität und dank ihrer einfachen Ökonomie der gegenseitigen Befriedigung überlegen ist, teilt sie mit ihnen doch die Auffassung der Beteiligten und der Sexualität. Die zeigt auch die entsprechende Facebook-Applikation, *Bang With Friends*. Mit ihr kann der Facebook-Nutzer unter seinen Freunden Sexualpartner auswählen und entsprechend markieren. Stimmten beide in diesem Wunsch überein, wurden sie vom Programm über ihr gegenseitiges Interesse informiert und konnten umstandslos zur Tat schreiten. Im Jargon der Plattform heißt das:»Kiss Kiss Bang Bang. Hör auf zu reden, einfach reinhauen! Welche Freunde willst du vögeln?«[214] Mittlerweile tritt die App allerdings etwas zurückhaltender auf und heißt jetzt *Down*.

Gleichzeitig, und darin zeigt sich eben das doppelte Gesicht dieses Freundschaftsbildes, sprechen aus ihm nicht nur eine pornographische Auffassung der Sexualität als Ware und dunklem Reich der Ausschweifung, sondern auch eine infantile Vorstellung von Erotik und eine recht unausgeprägte soziale Kompetenz. Denn trotz ihrer Emphase der Ausschweifung und des unverbindlichen wechselseitigen Konsums erscheint mir die Freundschaft plus eher als Fortsetzung der Pyjamaparty mit anderen Mitteln denn als erotisches Abenteuer und insbesondere für Menschen gemacht zu sein, die zwischen Freundschaften und sexuellen Beziehungen weder unterscheiden wollen noch können und anscheinend auch nicht in der Lage sind, jemanden Fremden für eine sexuelle Beziehung zu finden.

Alles zusammengerechnet besteht der mit dem Sex unter Freunden verbundene Gewinn in wenig mehr als in einem wechselseitigen Konsum der Körper. Dieser Gewinn ist im Gegensatz zum Preis, den die Freunde für eine solche Freundschaft bezahlen, nicht besonders groß. Denn der Sex unter Freunden verlangt von ihnen offensichtlich nicht nur die Beschränkung der Freundschaft auf eine sexuelle Beziehung, sondern schränkt auch das erotische Selbstbild der Beteiligten so weit ein, dass sie meinen, daraus in pornographischer Ausschweifung ausbrechen zu müssen. Mithin zerstören Friends with Benefits nicht nur die emotionale Intimität unter den Freunden und eine harmonische Beziehung zur eigenen Libido, die einer materialistischen Auffassung der Liebe und einer pornographischen Auffassung der Sexualität geopfert werden, sondern auch die Möglichkeit, in der Freundschaft Anerkennung für die eigene Persönlichkeit zu finden. Denn die Freundschaft plus verlangt von den Freunden, sich ihres romantischen Selbstbildes zu entschlagen und ihre Beziehung rein materialistisch zu betrachten. Damit nehmen sie ihrer Freundschaft jedoch auch ihren proaktiven Charakter, d.h. die Möglichkeit, ihr gegenseitiges Verhalten so zu verstehen, als sei es bewusst gesteuert und entspringe nicht nur einer mechanischen Reaktion auf einen Reiz. Dann aber kann das Verhalten des anderen auch nicht als freie Bestätigung der eigenen Persönlichkeit verstanden werden, sondern muss als blinder Reflex auf jene Eigenschaften erscheinen, die einen für den sexuellen Konsum qualifizieren, die von der individuellen Persönlichkeit jedoch ablösbar sind.

Eine Beziehung, in der die Freunde Anerkennung für ihre individuelle Persönlichkeit gewinnen, ist damit ausgeschlossen. Eben das erhalten sie jedoch, wenn sie an einem romantischen Bild der Liebe und ihrer selbst festhalten.

EROTISCHE ANERKENNUNG ODER WAS DIE ROMANTISCHE LIEBE DEM MENSCHEN SCHENKT

Da das Ideal der romantischen Liebe auch heute noch so eine prägende Kraft hat, gehen die Hollywoodfilme über Friends with Benefits viel feinfühliger mit ihm um. Sie versuchen gar nicht, es zu verdrängen oder sogar zu zerstören, sondern suspendieren es nur für eine kleine Weile – in der sie dann den Voyeurismus ihres Publikums befriedigen –, um es am Ende umso mächtiger wiederkehren zu lassen. So schildert etwa die romantische Komödie *Friends with Benefits*, wie sich Jamie und Dylan anfreunden und dann auch miteinander schlafen, weil sie keine Liebesbeziehung führen, aber auf Sex auch nicht verzichten möchten. Dabei scheut sich der Film nicht, das prickelnde Vergnügen einer Sexfreundschaft genießerisch zu bebildern, bedient aber zugleich das romantische Selbstbild der modernen Persönlichkeit, indem die gemeinsame Lust am unverbindlichen Sex als Ausdruck einer Bindungsschwäche gedeutet wird. Diese Lust legt sich jedoch im Zuge einiger dramatischer Verwicklungen. Letztlich entdecken die Freunde im anderen ihren Seelenverwandten, eine innige Verbindung der Herzen, auf die der wechselseitige sexuelle Appetit schon hingewiesen hatte. Nur wussten sie das damals noch nicht. Auch unter dem Deckmantel der frivolen Sexfreundschaft behauptet sich so die romantische Liebesvorstellung. In ihr eröffnen sich die Liebenden gegenseitig die Welt und entfalten erst durch den anderen und in der Liebe zu ihm ihr wahres Selbst – hier z.b. eines, das sich von den Bindungsängsten und emotionalen Verklemmungen, die es in der Sexfreundschaft noch hinderten, ganz es selbst zu sein, befreit hat.[215]

Mit dem Gedanken der Selbstverwirklichung in der Liebe greift der Film eine alte romantische Tradition auf. Schon Friedrich Schlegel hatte in seinem Briefroman *Lucinde* ein ganz ähnliches Verständnis der Liebe formuliert.»Der Sinn für die Welt«, schreibt dort der verliebte Julius seiner Frau Lucinde,»ist uns erst recht aufgegangen« in der Liebe.»Du hast durch mich die Unendlichkeit des menschlichen Geistes kennengelernt und ich habe durch dich die Ehe und das Leben begriffen und die Herrlichkeit aller Dinge. Alles ist beseelt für mich, spricht zu mir und alles ist heilig.«[216] Julius schreibt so, weil für ihn der Geist männlich und die Natur weiblich ist; das wirkt heute befremdlich, ist aber in diesem Zusammenhang nicht so wichtig. Wichtiger ist, dass Schlegels Roman und die Hollywood-Romanze die Liebe als etwas begreifen, das die Liebenden in eine Art höhere Wirklichkeit führt, weil sie die Liebenden psychologisch und emotional von alldem befreit, was sie nicht wirklich selbst sind. Die Liebe läutert und vervollständigt die Liebenden und setzt sie damit in eine Einheit, die sie jenseits der Liebe nicht haben oder vielleicht verloren haben. Erst in der Liebe gewinnen sie diese ursprüngliche menschliche Einheit und Ganzheit (zurück).»You can make me whole again«, singen in diesem Sinne auch Atomic Kitten, *Du kannst mich wieder ganz machen.*[217]

Die mythologische Vorlage dieser heilenden Vorstellung der Liebe ist der Mythos vom Kugelmenschen, den Platon im *Symposion* vom Dichter Aristophanes erzählen lässt. Dieser Kugelmensch ist ein Doppelwesen aus zwei Männern, zwei Frauen oder einem Mann und einer Frau. Es hat vier Arme und vier Beine, einen Körper und ein doppeltes Gesicht auf einem Kopf. Ein Kugelmensch zu sein, so Aristophanes, war einst unsere ursprüngliche Natur. Wir waren ungeteilte Ganze, bis wir von einem Gott entzweigeschnitten und getrennt wurden. Diese Trennung schmerzt noch immer, weshalb uns ein innerer Trieb zur Wiedervereinigung mit der verlorenen Hälfte drängt. Wir verspüren ein großes Begehren nach dem verlorenen anderen und wollen mit unserer fehlenden Hälfte wiedervereinigt werden. »Und dieses Verlangen eben und Trachten nach dem Ganzen heißt Liebe«, sagt Aristophanes. Sie wirkt, »wenn einer seine wahre andere Hälfte trifft«, denn dann werden die beiden Hälften »von wunderbarer Freundschaft, Vertraulichkeit und Liebe ergriffen und wollen, um es kurz zu sagen, auch keinen Augenblick voneinander lassen.«[218] Die treibende Kraft dieser Vereinigung ist die Sehnsucht der einen Seele nach ihrer verlorenen Hälfte, mit der sie wieder zu einem Ganzen werden will.

Die romantische Vorstellung der Liebe als etwas, das den Menschen wieder ganz macht und seine Entfremdung aufhebt, schließt an diese Vorstellung an. Dabei kommt dem Geschlechtstrieb eine besondere Funktion zu, denn er fungiert als eine große versöhnende und heilende Kraft. Da nämlich die vollständige physische und seelische Vereinigung der getrennten Teile unmöglich sei, sagt Aristophanes – zumindest solange, bis nicht ein Gott die beiden wieder vereint –, müssten sich die Menschen eben anders behelfen und hier böten nun die Geschlechtsorgane immerhin das einfachste Mittel, »durch Nahsein und Verschmelzung mit dem Geliebten aus zweien einer zu werden«.

Indem dieser Mythos die Kopulation als einen Ersatz für eine vollkommene körperliche und vor allem seelische Verschmelzung der Liebenden begreift, die ihr eigentliches Bestreben sein soll, liefert er eine wichtige Vorlage für die Poetisierung des Geschlechtstriebes – auch in der Romantik. Allerdings wird dabei zuweilen kritisiert, dass Aristophanes die Rolle des körperlichen Begehrens in der Liebe vielleicht allzu uneigentlich nehme. Schon in Platons Dialog spottet Sokrates, Aristophanes habe wohl eher das Liebenswerte am Geliebten als die Liebe selber dargestellt, und auch die Romantiker akzentuieren die Rolle des physischen Begehrens stärker als Platons Figur es tut, indem sie das körperliche Begehren als Wurzel der Liebe erkennen, die in ein poetisches Spiel der Körper, der Vorstellungen und der Gefühle verwandelt wird. So schreibt Julius an seine Lucinde: »Wenn man sich so liebt wie wir, kehrt auch die Natur im Menschen zu ihrer ursprünglichen Göttlichkeit zurück. Die Wollust wird in der einsamen Umarmung der Liebenden wieder, was sie im großen Ganzen ist – das heiligste Wunder der Natur; und was für andere nur etwas ist, dessen sie sich mit Recht schämen müssen [er meint den sexuellen Trieb], wird für uns wieder, was es an und für sich ist, das reine Feuer der edelsten Lebenskraft.«

Indem die romantische Vorstellung der Liebe den Trieb ins Idealische wendet, überschreitet sie also die materialistische Auffassung der Liebe. Zwar entspringt auch in der romantischen Konzeption die Liebe einer geschlechtlichen Wurzel, jedoch verwandelt sie diesen Trieb und überführt den Vollzug eines materiellen Instinkts in eine seelische Erfahrung, die den Liebenden die Welt erschließt und sie mit ihr versöhnt. Zu lieben ist damit vor allem eine Frage der persönlichen Entwicklung, die in der Liebe erst vollendet wird. Erst in ihr kommt der Mensch zu sich selbst und befreit sich von all dem, was er nicht eigentlich selbst ist. Die Liebe hebt die Entfremdung vom »wahren Selbst« auf und verhilft dem »wahren Kern« zur Entfaltung, der sonst oft unterdrückt wird. So lässt die romantische Liebe den Menschen zu sich selbst kommen und das verwandelt den ihr zugrunde liegenden Trieb (das, »dessen sich andere mit Recht schämen müssen«) in eine idealische Kraft (»das reine Feuer der edelsten Lebenskraft«).

Diese Verwandlung des Triebes ist ein Grundmotiv der romantischen Liebe – auch in ihrer Adaption in zeitgenössischen Filmen und Fernsehserien. In *Friends with Benefits* befreit die Liebe die Freunde von dem, was sie korrumpiert, und bringt ihre wahre Persönlichkeit zur Geltung. Das ist in der Fernsehserie *How I Met Your Mother* ganz genauso. Dort erzählt Ted seinen Kindern sehr umwegig, wie er ihre Mutter kennenlernte (9 Staffeln mit 208 Folgen) und weist auf diesen Tag, an dem seine Suche nach der großen Liebe schließlich ein Ende haben sollte (und auf den auch die Erzählung zusteuert) immer wieder mit der Formulierung hin, das sei der Tag gewesen, an dem sich sein Leben verändert, nämlich sein »wahres Leben« endlich begonnen habe. In der Liebesbeziehung vollenden sich die Bildung der Persönlichkeit und ihre Integration in die Welt. Der Romantiker ist ohne Liebe im Leben nicht zuhause und jedes Leben ohne Liebe ist für ihn ein falsches Leben, das gar nicht richtig sein kann – denn das richtige Leben fängt für ihn erst mit der Liebe an.

Es ist kein Zufall, dass diese Idealisierung der erotischen Liebe gerade in der Poesie beginnt. Die romantische Dichtung verwandelt das sexuelle Begehren in ein ästhetisches Spiel und beansprucht damit, ein treuer Spiegel dessen zu sein, was tatsächlich passiert, wenn zwei Menschen einander erotisch lieben. Denn auch die erotische Liebe, so die Romantiker bis heute, ist ein poetisches Spiel mit dem geschlechtlichen Trieb. Erotische Liebe, schreibt der Dichter Octavio Paz, ist eine körperliche Poetik und Poesie ist eine verbale Erotik.[219]

Wie Recht die Romantiker mit diesem Anspruch haben, zeigt die Kraft, mit der das romantische Liebeskonzept Beziehungen bis heute prägt – nicht nur in der Fiktion, sondern auch in den Selbstbeschreibungen und Liebesvorstellungen vieler Menschen. Die zahlreichen Interviews, die Illouz mit Liebenden geführt hat, und die historische Analyse des Liebesdiskurses durch Luhmann machen deutlich, dass die moderne Vorstellung von der Liebe ein erlerntes kulturelles Konzept ist, das die Menschen der Literatur und der Philosophie abgelauscht haben und das bis heute von einer ausgeprägten romantischen Gefühlskultur tradiert und bearbeitet wird[220] – in der Literatur, im Film und in allen anderen Künsten.

Allerdings geschieht diese Übertragung nicht nur von der Kunst ins Leben, sondern auch vom Leben in die Kunst, die existenzielle Erfahrungen kristallisiert oder literarisch verdichtet – also poetisiert, wie die Romantiker sagen. Diese Wechselbeziehung zwischen Kunst und Leben lässt sich auch für die Freundschaft feststellen,

wie wir am Beispiel der Kameradschaft gesehen haben. Dabei poetisiert auch hier nicht nur die Kunst das Leben, sondern auch das
Leben ahmt die Kunst nach, indem etwa Liebende oder Freunde den
anderen poetisieren oder idealisieren. Für die romantische Liebe ist
dieser Prozess der wechselseitigen Idealisierung schon vielfach beschrieben worden. So spricht etwa der französische Dichter Stendhal von einer »Kristallisation«. Er meint damit, dass der Liebende
in seiner Vorstellung mit dem Geliebten so verfährt wie eine Saline,
in die ein Ast gelegt wird. Sie überzieht diesen mit Kristallen und
der Liebende macht in seiner Vorstellung aus einem gewöhnlichen
Menschen eine Preziose.[221]

FREUNDSCHAFT UND LIEBE, UNTERSCHIEDLICHE GEFÜHLE

In der Freundschaft findet eine ganz ähnliche Idealisierung des anderen statt wie in der Liebe, denn in beiden Beziehungen geht es
darum, den anderen so aufzufassen, als ob er liebenswert ist. Wie
diese Idealisierung im Einzelnen vonstattengeht und an welche Voraussetzungen sie gebunden ist, hat mit Blick auf die Freundschaft
das elfte Kapitel beschrieben. Während die Freundschaft jedoch
vom Wunsch nach Anerkennung ausgeht, wird die Liebe von einem
libidinösen Begehren getragen, das sie erst in ein Gefühl verwandelt, das Anerkennung möglich macht. Wenngleich sich also auch
in der Freundschaft eine Sehnsucht nach dem anderen artikuliert,
die auch seine körperliche Nähe miteinbezieht, und diese Sehnsucht
mitunter in ganz ähnlichen Bildern beschrieben wird wie in der Liebe, so dass beide einander zum Verwechseln ähnlich sehen können,
ist doch die Rolle, die das Begehren für die Idealisierung des anderen spielt, in der Liebe eine ganz andere als in der Freundschaft und
das unterscheidet beide Gefühle grundlegend.

In der Freundschaft ist der Wunsch nach einer körperlichen
Nähe des anderen weder primär noch sexuell. Er richtet sich nicht
auf den anderen als ein Objekt, das konsumiert werden soll, wie es
der sexuelle Appetit vergleichbar dem Hunger will, sondern er richtet sich auf die unmittelbare körperliche Gewissheit des anderen, mit
dem eine Intimität des Verständnisses und eine gemeinsame Hermeneutik der Welt ausgebildet worden sind, um dieser kommunikativen Intimität einen Körper zu geben.

Die romantische Liebe entspringt dem sexuellen Trieb, ist aber nicht mit ihm identisch, sondern verwandelt ihn in ein Gefühl, das bestimmten kulturellen Mustern folgt. Diese Poetisierung des Geschlechtstriebes charakterisiert die Liebe als im engeren Sinne erotisch. Dabei ist das Verhältnis von Trieb und Gefühl nicht das einer Überformung oder Verschleierung, gegen die sich ein materialistischer Aufklärungsimpuls richten müsste, sondern das von Wurzel und Blüte. Genauso wenig, wie es überzeugt, dass der Liebe ein universeller biologischer Mechanismus zugrunde liegt, der aufgedeckt werden müsste, damit der Mensch nicht den romantischen Illusionen über die Liebe erliegt, wie moderne Materialisten sagen, genauso wenig überzeugt die idealistische Auffassung von der Liebe, nach der sie eine rein seelische Verbindung ist, in welcher der Trieb eigentlich keine Rolle spielt, sondern der Geschlechtsverkehr nur ein fades Substitut für die Unmöglichkeit einer seelischen Vereinigung ist. Vielmehr kommen in der Liebe beide, der Trieb und das Gefühl, überein. Das meint Paz mit seiner Rede von der körperlichen Poetik, die die erotische Liebe sei, und das meint Schlegels Rede von der Rückverwandlung der »Wollust« in »das reine Feuer der edelsten Lebenskraft«.[222]

Dieser Doppelcharakter der Liebe, dass sie, wie Paz sagt, eine doppelte Flamme ist, ist für die Suche nach Anerkennung sehr wichtig. Denn erst die Verwandlung des Triebes in ein Gefühl macht die Erzeugung von Anerkennung in der Liebe überhaupt möglich. Als bloßer Trieb nämlich ist der Eros auch in dieser Hinsicht blind und achtet nur auf die biologischen Merkmale des anderen. Die individuelle Persönlichkeit des Geliebten kann erst in der emotionalen Repräsentation durch den Liebenden Gegenstand der Bewertung werden, und erst wenn diese Persönlichkeit in der erotischen Liebe Anerkennung erfährt, kann der Liebende das Gefühl haben, hier endlich zu sich selbst zu kommen.

Die erotische Liebe erzeugt damit eine andere Art der Anerkennung als die Freundschaft. Indem sie den Geschlechtstrieb miteinbezieht und in ein umfassenderes Gefühl von persönlichem Wert verwandelt, befriedigt sie nämlich nicht nur die Libido, sondern verknüpft diese Befriedigung auch mit der Anerkennung des Geliebten als individueller und einzigartiger Persönlichkeit. Der Wunsch des Menschen, um seiner selbst willen geliebt zu werden, gewinnt damit eine doppelte Bedeutung, nämlich auch die, um seiner individuellen

Persönlichkeit willen sexuell begehrt und traktiert zu werden und andere traktieren zu dürfen. Diese Wendung des Sexuellen ins Individuelle und Persönliche, des blinden Triebs in ein Mittel der Anerkennung, ist ein Ergebnis der romantischen Poetisierung des Sexuellen, das dadurch erst zum Erotischen wird.

Wie zart und doch eindringlich sich diese erotische Anerkennung des Menschen ereignen kann, schildert etwa Felicitas Hoppe in einer Szene, in der ein junges Mädchen zum ersten Mal diese erotische Anerkennung erfährt:»Anstatt weiter zu gehen«, so die Ich-Erzählerin im Roman *Hoppe*,»blieben wir sitzen, Hand in Hand, während zum ersten Mal in meinem Leben eine Hand mir sagte, dass ich mich nicht mehr fürchten muss, weil an mir etwas dran ist und eine flüsternde Stimme behauptet, ich sei wirklich schön.«[223] Diese erotische Anerkennung unterscheidet die Liebe von der Freundschaft. Wenn wir von hier auch noch einmal auf die Freundschaft plus zurückblicken und sie mit der romantischen Liebe vergleichen, dann müssen uns ihre Freuden als schaler Trostpreis erscheinen. Mithin ist es nicht eigentlich der Sex, der einer Freundschaft zwischen Männern und Frauen (oder anderen sexuell affinen Konstellationen) im Wege steht, wie es in *Harry und Sally* heißt,[224] sondern es ist die Neigung der modernen Persönlichkeit, ihr erotisches Begehren in ein romantisches Gefühl zu verwandeln, weil ihr das einen viel größeren Gewinn verspricht als ein bisschen Sex unter Freunden.

Das zeigt auch der Film über Harry und Sally. Nachdem beide, die nach enttäuschten Liebesbeziehungen Freunde geworden waren, miteinander geschlafen haben, verlässt Harry Sally am Morgen danach rasch und distanziert (ohne Frühstück und die Sentimentalitäten, vor denen auch die Ratgeber für Friends with Benefits warnen). Das lässt Sally mit dem unguten Gefühl zurück, entweder nur aus Mitleid von ihm beschlafen oder aber für ein kleines Vergnügen ausgenutzt worden zu sein. Beides verträgt sich nicht mit ihrem Selbstbild und ihrem entsprechenden Verhältnis zur Sexualität. Schließlich verfolgt auch sie ein romantisches Liebeskonzept und so droht auch ihre Einbildungskraft, die sexuelle Erfahrung in ein romantisches Gefühl zu verwandeln – wider ihren Willen, denn Harry und sie sind Freunde und kein Liebespaar. Beim nächsten Treffen versichern sich beide, die gemeinsame Nacht sei toll, schließlich aber doch ein Fehler gewesen und dürfe nie wiederholt werden – zumal sie auf jeden Fall befreundet bleiben wollen. Es kommt natürlich ganz anders.

Sally geht Harry aus dem Weg und ihre Freundschaft zerbricht. Als er sie nach unzähligen Versuchen wenigstens am Telefon sprechen kann, verbietet sie sich jeden weiteren Kontakt. »Harry«, sagt sie zu ihm, »ich will nicht mehr dein Trostpreis sein.« Je romantischer die Freunde veranlagt sind, desto schwieriger gestaltet sich für sie also die Einbeziehung von Sexualität in die Freundschaft. Nicht nur die Freundschaft gerät dadurch in eine prekäre Situation, sondern auch das Selbstwertgefühl der Freunde, die den anderen für sich und sich für ihn als Trostpreis auffassen – und das widerspricht dem Wunsch der Freunde, um ihrer selbst willen geliebt zu werden.

Überdies besteht auch keine große Not, mit seinen Freunden zu schlafen. Es gibt ja noch genug andere Menschen. Unter ihnen kann rein nach sexuellem Interesse ausgewählt werden und sie müssen nicht aus dem kleineren Kreis der Freunde rekrutiert werden, für den schließlich ganz andere Kriterien gelten als die der sexuellen Attraktivität.

Gleichwohl sind damit erotische Spannungen zwischen Freunden nicht ausgeschlossen. Allerdings ist die Erotik überhaupt mehr eine Sache der Phantasie als der Biologie und mehr des Vorstellens als des Tuns.[225] Diese Vorstellung lässt sich unter Umständen vom regelmäßigen Zusammensein mit einem potenziellen Sexualpartner leicht beflügeln und kann sich unter Umständen in eine regelrechte Versuchung verwandeln. Für diejenigen, die ihr romantisches Bild von sich selbst noch nicht aufgegeben haben, stellt sich dann die Frage, ob diese Versuchung so stark ist, dass sie die Freundschaft in eine Liebesbeziehung verwandeln möchten, oder ob sie diese Versuchung aushalten können. Nicht jeder Versuchung nachgeben zu müssen, sondern sich entscheiden zu können, welchen Wunsch man sich zu eigen machen möchte, beweist ja gerade die Freiheit des Menschen und diese Spannung zu ertragen – oder aber die Beziehung zu verwandeln – scheint dem romantischen Selbstbild und der Freundschaft zuträglicher zu sein, als sich gegenseitig als Trostpreis zu behandeln. Tatsächlich sind Freunde nämlich eher ein Hauptgewinn, nur das Spiel ist ein anderes.

Freundschaft und Liebe sind also insofern ganz unterschiedliche Gefühle, als die Freundschaft auf emotionaler Intimität und einer gemeinsamen Hermeneutik der Welt, die Liebe jedoch vor allem auf der Verwandlung eines Triebs in ein Gefühl beruht. Durch diese Verwandlung erhält die Liebe eine besondere Qualität, mit der sich ihre Differenz zur Freundschaft noch genauer beschreiben lässt.

Dazu gehört zum einen die bekannte Vorstellung, dass der Mensch in der Liebe zu sich selbst käme, seine Entfremdung aufgehoben und er mit dem versöhnt werde, was er meine, eigentlich zu sein. Und dazu gehört zum anderen die Einsicht, dass die Liebe trotz aller Vorstellung von Gemeinschaft und Intimität, die wir mit ihr verbinden und die sie Freundschaft ähnlich macht, eine emphatische Erfahrung der Fremdheit ist.

LIEBE HEBT ENTFREMDUNG AUF

Die mit Blick auf die romantische Liebe beschriebene und sehr populäre Vorstellung, dass der Mensch in der Liebe zu sich selbst käme, hängt eng mit der skizzierten Verwandlung eines Triebes in ein Gefühl zusammen, die hier geschieht. Denn indem die erotische Liebe diese Verwandlung vollzieht, verbindet sie Körper und Geist. Sie versöhnt, so der Anthropologe Ferdinand Fellmann, den natürlichen Menschen mit dem geistigen Menschen. Das heißt, in der Liebe werden die beiden Aspekte, unter denen der Mensch betrachtet werden kann, der Körper und der Geist, als die Einheit spürbar, die sie tatsächlich sind. Die erotische Liebe lässt sich also gerade nicht mit einer Unterscheidung von Seele und Körper oder einer Reduktion aller geistigen Prozesse auf physiologische Grundlagen erklären. Sie ist ganz im Gegenteil ein Gefühl, durch das sich der Mensch zugleich in seiner Körperlichkeit und in seiner Geistigkeit bewusst wird. Fellmann nennt die Liebe deshalb auch eine »Chiffre des Menschseins«.[226]

Das heißt, in der Liebe rückt der Mensch in ein natürliches Verhältnis zu sich selbst und zum anderen, das der emotionalen und moralischen Bewertung zugänglich ist, ohne dass sich die körperlichen Interessen des Triebes und die geistigen Interessen der Anerkennung widersprächen. Diese Erfahrung, in der romantischen Liebe zu sich selbst zu kommen, ist also ein Prozess der geistig-körperlichen Versöhnung. In ihm stellt sich eine natürliche Harmonie her, die es jenseits der Liebe nicht gibt oder die für Menschen heute verloren ist, wie manche beklagen. »Nur in der Antwort seines Du kann jedes Ich seine unendliche Einheit ganz finden«, heißt es schon in Schlegels *Lucinde*.[227] Die romantisch Liebenden begreifen sich als unvollständig ohne den anderen, als offene Frage, die nur durch den anderen beantwortet werden kann. Dabei ist auch dieses korrespondierende Verhältnis von einer erotischen Anziehung getragen. In ihr spiegelt sich die Frage- und Antwort-Beziehung der Liebenden und durch diese Entsprechung wird die Wollust »das heiligste Wunder der Natur« und das »reine Feuer edelster Lebenskraft« – so die überschwängliche Diktion der Romantik.

Diese Poetisierung der sinnlichen Leidenschaft ist möglich, weil das Begehren die Vereinigung der Liebenden trägt und weil sich im Frage-und-Antwort-Spiel der Körper die gleichermaßen fragende und antwortende Beziehung der Seelen spiegelt. Diese seelische und körperliche Qualität macht die Liebe zu einer viel grundlegenderen und existenzielleren Erfahrung, als es die Freundschaft sein kann. In ihr gibt sich der ganze Mensch hin, wie Montaigne sagt, und das macht die Liebe umfassender und erfüllter, als auch die schönste Freundschaft sein kann.[228]

LIEBE IST EINE EMPHATISCHE ERFAHRUNG DER FREMDHEIT

Das Verhältnis, das die Liebe zum anderen etabliert, ist jedoch nicht ganz so harmonisch wie das Verhältnis, das sie zu einem selbst etabliert. Während sie dort nämlich eine vor allem heilende Kraft haben kann, hat sie hier auch eine verstörende Wirkung. Denn wenngleich die Liebe die Entfremdung des Einzelnen aufhebt, wird in ihr doch zugleich die Fremdheit des anderen ungleich deutlicher spürbar als in der Freundschaft. Diese verstörende Wirkung hängt eng mit der Rolle zusammen, die das eigene Bewusstsein in der Liebe spielt. Diese Rolle lässt sich gut am Beispiel eines Begehrens illustrieren, das sich auf den ersten Blick gar nicht auf die Geliebte richtet, sondern auf die Natur – oder die Welt, dieses große Gegenüber, von dem her sich ein Bewusstsein überhaupt erst bestimmen lässt. Es stammt aus Goethes Erzählung über *Die Leiden des jungen Werthers*, die im neunten Kapitel schon in Bezug auf die gemeinsame Hermeneutik der Welt, wie sie für Freundschaften wichtig ist, zitiert wurde. Im Brief vom 10. Mai schreibt Werther an seinen Freund Wilhelm, »eine wunderbare Heiterkeit« habe seine »ganze Seele eingenommen« und er sei »so ganz in dem Gefühle von ruhigem Dasein versunken«, dass er es kaum ausdrücken könne. Gleichwohl sei er »nie ein größerer Maler gewesen als in diesen Augenblicken.« »Wenn das liebe Tal um mich dampft«, so Werther,

»und die hohe Sonne an der Oberfläche der undurchdringlichen Finsternis
meines Waldes ruht, und nur einzelne Strahlen sich in das innere Heiligtum
stehlen, ich dann im hohen Grase am fallenden Bache liege, und näher an
der Erde tausend mannigfaltige Gräschen mir merkwürdig werden; wenn ich
das Wimmeln der kleinen Welt zwischen Halmen, die unzähligen, unergründ-
lichen Gestalten der Würmchen, der Mückchen näher an meinem Herzen
fühle, und fühle die Gegenwart des Allmächtigen, der uns nach seinem Bilde schuf, das Wehen des Allliebenden, der uns in ewiger Wonne schwebend
trägt und erhält; mein Freund! Wenn's dann um meine Augen dämmert, und
die Welt um mich her und der Himmel ganz in meiner Seele ruhn wie die Gestalt einer Geliebten«

dann, so schließt der Brief,

»dann sehn ich mich und denke: ach könntest du das wieder ausdrücken,
könntest du dem Papier das einhauchen, was so voll, so warm in dir lebt,
daß es würde der Spiegel deiner Seele, wie deine Seele ist der Spiegel des
unendlichen Gottes. Mein Freund – Aber ich gehe zu Grunde, ich erliege unter
der Gewalt der Herrlichkeit dieser Erscheinungen.«[229]

Was Werther hier beschreibt, ist als ozeanisches Gefühl bekannt
geworden. Es verwandelt den Geschlechtstrieb in eine digressive
Leidenschaft, die das erotische Verschmelzen des Sprechers mit der
Natur betreibt, die hier bildlich für das Verschmelzen des Liebenden mit der Geliebten steht. Die immer drängender werdende Syntax
zeigt die Kraft dieser Leidenschaft an, mit der sich der Liebende in
die Geliebte ergießen, mit der er in sie hinausströmen will – doch das
gelingt ihm nicht. Werthers Sprache zeigt dieses Scheitern schon an,
denn ihr Gehäuse wird ihm zu eng.[230] Er kann den empfindsamen
Gestus seines Sprechens noch so sehr forcieren, immer bleibt eine
Differenz zwischen dem Gefühl und dem sprachlichen Ausdruck,
die hier für eine Differenz zwischen ihm und der Geliebten, zwischen Innen und Außen steht. Deshalb zeigt der Brief diese Grenz-
und Trennungserfahrung als Sprachlosigkeit. Wenn »die Welt um
mich her und der Himmel ganz in meiner Seele ruhn wie die Gestalt
einer Geliebten« und die Lust am höchsten ist, dann geht er zugrunde und erliegt »der Gewalt der Herrlichkeit dieser Erscheinungen«.
   Hinter dieser Sprachlosigkeit verbirgt sich ein philosophisches
Problem. Werther kann diese Grenze zwischen sich und der Geliebten, zwischen Innen und Außen nicht überwinden, ganz egal wie
stark er gegen sie anstürmt, denn diese Grenze ist sein Bewusstsein,

das die Geliebte immer außen sein lässt und ihn von ihr trennt. Das Ineinanderfließen der Liebenden kann nie ganz gelingen, ganz egal wie mächtig das ozeanische Gefühl ist. Die Differenz zwischen beiden, zwischen Innen und Außen, kann nicht aufgehoben werden. Sie bleiben von einer dünnen Haut getrennt. Diese dünne Haut ist das Bewusstsein des Liebenden. Es ist seine »Schnittstelle zur Welt«, die ihn mit ihr interagieren lässt, wie der Biologe Francisco Varela und der Philosoph Slavoj Žižek sagen, eine »Entität ohne substanzielle Dichte und ohne harten Kern«.[231] Dieser Oberflächeneffekt erlaubt dem Menschen, »ich« zu sagen und ein Gefühl für sich selbst, ein Subjekt herauszubilden. Der Satz »Ich liebe dich« wird durch dieses Subjekt erst möglich. Zugleich wird er dadurch aber auch unmöglich – unmöglich in dem Sinne, dass dieses Bewusstsein von sich selbst eine Grenze zwischen dem Liebenden und dem Geliebten zieht, gegen die seine Leidenschaft unermüdlich anstürmt und die sie dennoch nicht überwinden kann.

Die Liebe ist also einerseits eine Erfahrung der leidenschaftlichen Verschmelzung und andererseits der unerbittlichen Trennung und Distanz. Liebe ist eine emphatische Erfahrung der Fremdheit. Das unterscheidet sie ganz grundlegend von der Freundschaft, die viel reiner ein positives, ungebrochenes Gefühl der Nähe ist. In der Freundschaft gibt es weder diese starke Leidenschaft, miteinander zu verschmelzen, noch diese strikte Erfahrung der Trennung. Solche Widersprüchlichkeit eignet dem Gefühl der Freundschaft nicht, weil es sich auf eine gemeinsame Hermeneutik der Welt gründet und nicht auf die erotische Leidenschaft, diesem ozeanischen Gefühl des Verschmelzens und Getrenntseins. Damit ist die Freundschaft viel stärker von einem Gefühl der Übereinstimmung und Harmonie getragen als die Liebe, aber auch ruhiger und milder. Im Gegensatz zur Liebe ist die Freundschaft eine allgemeine und umfassende Wärme, schreibt Montaigne. Sie ist gemäßigt und gleichbleibend, eine beständige und verlässliche Innigkeit und Zartheit.[232]

LIEBE IST EXKLUSIVER ALS FREUNDSCHAFT, ABER NICHT EINSEITIG

Neben der Sexualität sind Symmetrie und Exklusivität die zentralen Kategorien, mit denen die philosophische Literatur zum Thema Freundschaft und Liebe unterscheidet. Dass sich beide nicht im Hinblick auf die Frage unterscheiden, ob Sex vorkommt oder nicht, sondern in der Auffassung des anderen, ist deutlich geworden. Auch die hinsichtlich der Symmetrie und der Exklusivität der Beziehung gängige Unterscheidung, nach der Freundschaften weniger exklusiv sind, Liebesbeziehungen jedoch asymmetrisch sein können, sollte meiner Meinung nach eingeschränkt werden. Denn auch Liebesbeziehungen beruhen auf Gegenseitigkeit. Liebende sind jedoch eher bereit, diese Wechselseitigkeit in einer vorgreifenden Vorstellung herzustellen als Freunde, deren gemeinsame Hermeneutik der Welt und Intimität des Verständnisses einer konkreten Gemeinschaft bedürfen. Die Vorstellung einer einseitigen Liebe ist indes eine Erfindung der Dichter, für die es eine ganze Reihe poetologischer Gründe gibt, aber keinen in der Struktur dieses Gefühls selber. Schließlich wollen auch die Liebenden geliebt werden – oder, wie John Lennon singt:»Love needs to be loved.«[233]

Freundschaften sind ganz offensichtlich weniger exklusiv als Liebesbeziehungen, denn sie können mit mehreren Personen geführt werden, ohne dass dies der Innigkeit der Freundschaft Abbruch täte. In Liebesbeziehungen ist das in der Regel nicht der Fall. Die Liebe verlangt Einzigartigkeit und ist in dieser Hinsicht unerbittlich. Das hat zum Teil kulturelle Gründe, denn die romantische Liebe wird von ihren Ideologen als monogame Beziehung konzipiert,[234] was bekanntlich zu erheblichen Konflikten mit dem individuellen Begehren des Liebenden führt. Inzwischen wird diese Monogamie freilich längst nicht mehr absolut verstanden, sondern verschiedentlich relativiert. Menschen haben wechselnde Lebenspartnerschaften, die nur noch relativ exklusiv sind, oder sie leben polygam.

Ich glaube jedoch nicht, dass der Exklusivitätsanspruch der Liebe nur einer kulturellen Norm entspringt, die dem Gefühl der Liebe äußerlich wäre, sondern ich denke, dass in der Struktur dieses Gefühls selbst Gründe für eine exklusive Auffassung der Liebe zu finden sind. Liebe ist wesentlich exklusiv. Das liegt zum einen daran, dass der ihr zugrunde liegende Trieb unbedingt ist und seine Befriedigung nicht teilen mag.»Alle Lust will Ewigkeit«, sagt Nietzsche; sie ist in ihrem Anspruch unendlich.[235] Das bedeutet nicht, dass die Leidenschaft ein Leben lang demselben gilt – das Gegenteil ist oft der Fall –, als emphatisches Begehren ist die Liebe jedoch wesentlich exklusiv, weil ihr Verlangen total ist. Was sie will, das will sie ganz für sich.

Indem das kulturelle Konzept der romantischen Liebe den sexuellen Instinkt poetisiert, greift es seinen Totalitätsanspruch auf und verwandelt ihn in die soziale Forderung einer exklusiven Bindung der Liebenden.

Ohne diese exklusive Bindung könnten die Liebenden in der Liebe gar nicht die spezielle Form der individuellen Anerkennung finden, die sie darin suchen. Deshalb ist diese Wendung der Totalität des Begehrens in die Exklusivität der Beziehung notwendig. Wo sie fehlt, ist die romantische Liebe beschädigt. Je einzigartiger der Geliebte sich fühlen will, desto exklusiver muss das Begehren nach ihm sein und desto lebenslänglicher soll die Liebe zu ihm andauern. Deshalb sind m.E. polygame Konzepte mit der Idee der romantischen Liebe unvereinbar.

Zugleich bedroht dieser Exklusivitätsanspruch jedoch die Liebe. Ihrer Forderung nach Ausschließlichkeit kann der sublimierte Trieb unter Umständen widersprechen. Denn dieser Trieb ist zwar augenblicklich exklusiv, aber seriell wahllos oder eben blind. Die daraus entstehenden kulturellen oder mitunter auch persönlichen Konflikte zwischen Polygamie und (serieller) Monogamie erscheinen mir jedoch unauflösbar. Sie liegen im Konzept der romantischen Liebe selbst begründet, das mit dem Selbstbild der modernen Persönlichkeit aufs Engste verknüpft ist – und müssen um den Preis der romantischen Liebe ausgehalten werden.

Freundschaften stellt sich dieser Konflikt nicht, weil die gemeinsame Hermeneutik der Welt und die Intimität des Verständnisses, auf denen sie beruhen, die skizzierte Widersprüchlichkeit nicht besitzen. Vielmehr sind Freundschaften ganz grundlegend für mehrere Freunde offen und in manchen Fällen sogar darauf angelegt, möglichst viele Freunde einzubeziehen, wie es z.B. in Freundschaften auf Facebook der Fall ist.

Damit erweisen sich Freundschaften gegenüber dem Gefühl der Eifersucht auch robuster als Liebesbeziehungen. Wie wir im elften Kapitel gesehen haben, entsteht Eifersucht in Freundschaften dann, wenn der Freund das Gefühl hat, nicht soviel Aufmerksamkeit von seinem Freund zu bekommen, wie er braucht oder möchte, und er zugleich meint, dass andere ihm diese Aufmerksamkeit entziehen. Und sie kann dem Eindruck entspringen, dass es dem anderen ungerechtfertigterweise besser geht als einem selbst, oder er etwas besitzt, was man selbst gerne hätte – zumindest dann, wenn man selber nicht zu den sich mitfreuenden, sondern eher zu mitleidenden Freunden gehört und zum Ressentiment neigt.

In Liebesbeziehungen ist das Gefühl der Eifersucht viel stärker an den Wunsch gebunden, sowohl im physischen Begehren als auch in der Vorstellung der Einzige zu sein, den der andere liebt, wie sich z.B. an Prousts literarischer Schilderung der Eifersucht beobachten lässt. So ist im Roman *Auf der Suche nach der verlorenen Zeit* zu lesen, wie Marcel seiner Geliebten Albertine misstraut. Er holt sie zu sich, lässt sie beobachten, wenn sie das Haus verlässt, und würde sie am liebsten daheim einschließen, um zu verhindern, dass sie mit jemand anderem intim ist. Dabei schwindet auch sein Interesse an ihr. Gäbe es nur sie und ihn, sie wäre letztlich reizlos für ihn. Die Tatsache aber, dass andere sie begehren, facht seine Leidenschaft wieder an und schürt seinen Wahn, sie ganz für sich haben zu wollen. Er bringt sie in vollständige materielle Abhängigkeit von sich, macht sie zu seiner »Gefangenen«, die er physisch ganz besitzt – und doch vergeht er vor Unsicherheit und Eifersucht, weil er nie weiß, was sie wirklich denkt, was sie wirklich fühlt. Nur wenn sie schläft und er sie im Schlaf beobachtet, scheint sie ihm in eine Passivität entrückt, die ihn sich sicher fühlen lässt.[236]

Damit macht Proust, so schreibt Sartre in seiner Interpretation der Geschichte, einen wesentlichen Aspekt der Eifersucht, aber auch ganz grundsätzlich der Liebe deutlich, denn die Eifersucht treibt einen Zug der Liebe auf die Spitze, der ihr prinzipiell eigen ist: die Ungewissheit der Liebe des anderen.[237] Das Verlangen des Liebenden, geliebt zu werden, ist offensichtlich widersprüchlich. Einerseits verlangt die moderne Persönlichkeit, dass sie aus freien Stücken geliebt wird und dass der Liebe kein Automatismus zugrunde liegt. Würde der Liebende nur instinktiv auf einen biologischen Reiz reagieren oder einem Zauber verfallen sein, könnte aus seiner Liebe keine Anerkennung generiert werden.

Andererseits soll diese Liebe doch den Charakter einer Notwendigkeit haben. Der Geliebte verlangt, dass es kein Zufall ist, dass gerade er geliebt wird, und es soll auch nicht möglich sein, ihn gegen einen anderen auszutauschen. Vielmehr soll der Liebende einer Notwendigkeit folgen, die den Geliebten in seiner Exklusivität bestätigt. Der Liebende soll also einerseits frei sein, den Geliebten zu wählen. Andererseits soll er angesichts der individuellen Eigenschaften und Besonderheiten des Geliebten jedoch auch gar nicht anders können, als genau und nur ihn zu lieben. Das ist die besondere »Modifikation der Freiheit« des anderen, die der Geliebte »veranlassen will«, wie Sartre schreibt.

Sie nur zu veranlassen, meint hier das Gegenteil von erzwingen. Das heißt, er will sie nicht durch Gewalt erwirken, sondern er will,

dass der Liebende durch die individuelle Persönlichkeit des Geliebten dazu veranlasst wird, seine Freiheit in dieser speziellen Weise
selbst einzusetzen. Deshalb sagt Sartre, dass Liebende einander
nicht als Objekte besitzen wollen, sondern die Freiheit des anderen
besitzen möchten – und zwar als Freiheit.

Wie aber können Liebende sicher sein, die Freiheit des anderen
als Freiheit zu besitzen? Wie können sie sicher sein, dass der andere
sie aus freien Stücken liebt und doch gar nicht anders kann, als sie
um ihrer selbst willen zu lieben? Das könnten sie nur, sagt Sartre,
wenn sie in den Kopf des anderen hineinschauen könnten und wenn
sie wüssten, was der andere wirklich denkt und fühlt – wenn sie das
Bewusstsein des anderen kennen würden und wenn sich dieses Bewusstsein in der Liebe ausschließlich mit ihnen befasste. Deshalb,
sagt Sartre, wollen die Liebenden das Bewusstsein des anderen besitzen. Dieses Streben nach dem Besitz des Bewusstseins des anderen illustriert erneut, wieso die Liebe nicht mit dem Trieb oder
dem sexuellen Begehren identisch ist, denn der physische Besitz des
anderen ließe sich ja leicht überprüfen. Das zeigt auch Marcels Not
in Prousts Roman. Ob der Liebende jedoch das Bewusstsein des anderen besitzt, kann er nie wissen, denn dieses Bewusstsein ist es ja
gerade, das die Liebenden trennt – wie nah sie sich auch immer sein
mögen. Auch das gehört zur emphatischen Erfahrung der Fremdheit, welche die Liebe ist.

Wir kleiden diesen widersprüchlichen Charakter der Liebe, eine
freie und zugleich absolute Wahl zu sein, in Begriffe, die dieser Liebe
etwas Schicksalhaftes verleihen, wie etwa die Interviews von Illouz
zeigen. Darin sprechen Liebende von dem Geliebten als Erwählten,
davon, dass beide füreinander geschaffen worden seien, oder benutzen das auch hier populäre Bild der Seelenverwandtschaft. All diese
Begriffe sollen zum Ausdruck bringen, dass der Liebende ein Gefangener der Freiheit des anderen ist, den er dazu bringen muss, ihn
freiwillig zu lieben.

Das Interaktionsmodell einer solchen freien und doch zugleich
notwendigen Wahl ist die Verführung. Der Geliebte muss den Liebenden in sich verliebt machen. Dafür muss der Liebende vom Geliebten fasziniert sein. Das reicht aber noch nicht aus, denn von etwas, das ihn fasziniert, kann er seinen Blick auch wieder abwenden.
Er ist frei, das Faszinierende zu schätzen – oder auch nicht. Der Geliebte verlangt jedoch, dass die Wahl für ihn auch notwendig ist. Das
geht jedoch nur in einer wechselseitigen Beziehung. Die Liebe setzt

voraus, dass zwei Menschen sich ineinander verlieben. Sie verlieben sich aber nicht nur, und das ist der Clou von Sartres Analyse, weil sie voneinander fasziniert sind, sondern müssen auch gegenseitig geliebt werden *wollen*. Jeder Liebende, sagt Sartre, liebt den anderen, um von ihm geliebt zu werden, und nur dann, wenn der eine vom anderen geliebt werden *will*, können sie sich ineinander verliebt machen. Der Geliebte fordert, geliebt zu werden, sagt Sartre. Oder, wie der schon zitierte John Lennon singt:»Love needs to be loved.«[238] Die Liebe ist also ein wechselseitiges Phänomen der freien Selbstbindung an einen anderen, von dem ich fasziniert bin und von dem ich will, dass er mich liebt. Das ist in Freundschaften ganz ähnlich, da auch hier die Freunde um ihrer selbst willen geliebt werden wollen. Sie wollen also ebenfalls auf die Freiheit des anderen einwirken und auch in ihnen kann sich das Gefühl, ein Gefangener der Freiheit des anderen zu sein, in Vorstellungen einer Schicksalsgemeinschaft und Seelenverwandtschaft artikulieren. Das drückt etwa die schon zitierte Äußerung von Montaigne über seinen Freund Étienne de la Boétie aus, mit dem er »ein Herz und eine Seele« war:»Wenn ich sagen sollte, warum ich ihn so lieb hatte, kann ich mein Gefühl nur in die Worte kleiden: Weil er es war und weil ich es war.«[239] Und noch Kracauer sieht die »ideale Freundschaft« aus dem glücklichen Zusammentreffen zweier Seelen hervorgehen, die im anderen ihre zweite Hälfte finden.[240]

Und doch führt auch hier die geringere Exklusivität dazu, dass der Wunsch, die Freiheit des anderen zu modifizieren, nicht die existenzielle Wucht erhält, die er in der Liebe hat. Deshalb wirkt es komisch, wenn der Modus, in dem diese Modifikation der Freiheit geschehen soll, nämlich die Verführung, auch auf das Knüpfen einer Freundschaft angewandt wird, wie das etwa John Hamburgs romantische Komödie *Trauzeuge gesucht* vorführt.[241] Denn wenngleich sich das Suchen und Finden eines Freundes – beginnend mit der Wahl von jemandem, von dem man glaubt, dass er dazu passen könnte, wie man selbst sein möchte und wie man möchte, dass die Welt ist, über das vorsichtige Herantasten an diesen und die Erkundung, ob er das ebenso sieht, bis hin zur Stiftung von Intimität – strukturell ganz ähnlich vollzieht wie eine Verführung, verleihen jedoch die größere Exklusivität und mithin Verbindlichkeit und die umfassendere Anerkennung und mithin größere Intimität der Liebe der Verführung des Geliebten eine andere Qualität. Wenn John Hamburg also die beiden Freunde auf eine Art und Weise einander kennenlernen und

näherkommen lässt, wie wir das aus Liebesfilmen kennen, mit den ganzen Unsicherheiten, Sorgen und Zweifeln, die Sartre beschreibt, dann wirkt das komisch. Komisch in dem Sinne, als Komik daraus entspringen kann, dass etwas Kleines vergrößert wird, wie hier die Verführung des Freundes zur Verführung des Geliebten.²⁴²
An der Verführung des anderen wird deutlich, warum die Liebe keine einseitige Beziehung sein kann. Denn obwohl keiner von beiden will, dass der andere ihn nur liebt, damit er wieder geliebt wird, ist es doch nur dann möglich, den anderen in ihn verliebt zu machen, wenn dieser andere auch geliebt werden will. Die Liebe ist also ein System unendlicher Verweisung – gerade weil sie sich nicht im physischen Begehren erschöpft, sondern dieses Begehren in ein Gefühl verwandelt, das nicht nur den Körper des anderen, sondern sein Bewusstsein besitzen will. Zu lieben heißt zu wollen, dass der andere will, dass ich ihn liebe.
Diese Wechselseitigkeit der Liebe widerspricht der Vorstellung, Liebesbeziehungen seien mitunter asymmetrische, d.h. einseitige Beziehungen. Damit wird auch eines ihrer gängigen Unterscheidungskriterien von Freundschaften in Frage gestellt, nach dem Freundschaften eine Wechselseitigkeit voraussetzen, Liebesbeziehungen aber nicht. Nach dieser Auffassung wäre es absurd, von jemandem zu behaupten, mit ihm befreundet zu sein, wenn dieser Freund das nicht genauso sieht und das Gefühl erwidert. Freundschaften können nicht einseitig sein – im Gegensatz zur Liebe, die auch als asymmetrisches Gefühl gedacht werden könne, das keine Wechselseitigkeit verlangt. Manche behaupten sogar, dass gerade diese Einseitigkeit für Liebesbeziehungen charakteristisch sei. So schreibt etwa Stendhal in seinem Essay *Über die Liebe*:»Das ganze Reich der Liebe ist von tragischen Geschichten erfüllt«, d.h. von Geschichten, in denen Menschen einseitig lieben.²⁴³
Sartres Analyse der Liebe nennt hingegen gute Gründe dafür, dass Liebe nur als gegenseitiges Phänomen verstanden werden kann und sich von Freundschaft nur im Grad der Symmetrie unterscheidet.
Denn wenngleich beides symmetrische Beziehungen sind, scheinen sie doch eine unterschiedliche Qualität der Wechselseitigkeit zu verlangen. Während sie in Freundschaften, wo sich eine gemeinsame Hermeneutik der Welt und eine Intimität des Verständnisses nur im wechselseitigen Austausch ergeben können, vorausgesetzt wird, wird sie in der Liebe nur gefordert. Diese Forderung stellt die

Wechselseitigkeit jedoch zumindest in der Vorstellung her, so dass sich die Liebe im Unterschied zur Freundschaft als ein in viel stärkerem Maße vorgreifendes Gefühl beschreiben ließe. Das führt z.b. ein Gedicht von Maurice Maeterlinck vor Augen. Es handelt vom Fortdauern der unerfüllten Liebe und zeigt, wie noch das aussichtsloseste Sehnen und Warten die Erlösung von der Liebesqual, den Moment, an dem die Einseitigkeit der Liebe aufgehoben sein wird, antizipiert. Maeterlinck gestaltet das im Dialog zweier Frauen, von denen die eine über das Warten auf ihren untreuen Geliebten verstirbt, aber noch im Moment des Todes seine Rückkehr in ihrer Vorstellung vorwegnimmt. Wenngleich diese Rückkehr zu spät sein wird, um ihre Sehnsucht wahr werden zu lassen, stellt die Liebende sich doch vor, wie der Geliebte erkennen wird, dass er zu spät gekommen ist, um ihre Liebe zu genießen. Von der stummen Klage ihres Todes düpiert, soll er dann erkennen, was er versäumt hat, und bedauern, ihr nicht treu gewesen zu sein, sie nicht so geliebt zu haben, wie sie es verdient hätte. Auch die unerfüllt Liebenden wollen geliebt werden, auch sie wollen, dass der Geliebte will, dass sie ihn lieben:

Und kehrt er einst heim,
Was sag ich ihm dann?

Sag, ich hätte geharrt,
Bis mein Leben verrann.

Wenn er weiter fragt
Und erkennt mich nicht gleich?

Sprich als Schwester zu ihm;
Er leidet vielleicht...

Wenn er fragt, wo du seist,
Was geb ich ihm an?

Mein Goldring gib
Und sieh ihn stumm an ...

Will er wissen, warum
So verlassen das Haus?

Zeig die offene Tür,
Sag, das Licht ging aus.

Wenn er weiter fragt
Nach der letzten Stund'?

Sag, aus Furcht, dass er weint,
Lächelte mein Mund.[244]

Dieses Gedicht zeigt nicht nur, wie auch die einsamste Liebe auf Erfüllung angelegt bleibt. Es zeigt auch, was es heißt, dass der Liebende fordert, geliebt zu werden, und macht damit einen Grundzug der Liebe deutlich, der sie von der Freundschaft unterscheidet. Die Liebe, das bestätigen auch die Interviews von Illouz, ist ein vorgreifendes Gefühl. Sie wird schon empfunden und erträumt, noch bevor sie sich wirklich einstellt, und sie nimmt ihre Erfüllung in der Vorstellung immer schon vorweg.[245] Dieser Vorgriff auf die Erfüllung unterscheidet sie von der Freundschaft, die sich auf konkretere Beziehungen richtet. Für sie reicht eine Vorwegnahme der Gemeinschaft in der Vorstellung nicht aus, wie ihn sich die Liebe erträumen kann, sondern ihr muss eine konkrete Gemeinschaft zugrunde liegen. Nur so können die gemeinsame Hermeneutik der Welt und die Intimität des Austausches entstehen, die die gegenseitige Zuneigung der Freunde zueinander begründen. Liebesbeziehungen sind dagegen weit stärker von der Vorstellungs- und Einbildungskraft getragen, die den ihnen zugrundeliegenden Trieb in ein Gefühl und den Bezug auf den Geliebten in ein Bild der Phantasie verwandeln.

Das Verhältnis zwischen Wechselseitigkeit und vorgestellter Erfüllung ist demnach reziprok. Während die Freundschaft eine stärkere Wechselseitigkeit verlangt, ihre Erfüllung aber weniger stark in der Vorstellung vorwegnimmt, kann die Wechselseitigkeit in der Liebe schwächer sein und wird dann durch eine stärker vorgreifende Erfüllung in der Vorstellung kompensiert.

Mit diesem stärkeren Vorgriff wächst jedoch auch die Möglichkeit, den Dialog in der Beziehung aufzulösen. So droht der Liebende noch stärker als der Freund, sich auf sich selbst zu kaprizieren, und die Liebe, narzisstisch zu werden. Diese Liebe zur Liebe selber ist freilich im Konzept der romantischen Liebe wie auch in der Freundschaft schon angelegt, die beide immer auch selbstreflexiv sind (vgl. Kapitel 7). Der Liebende liebt nicht nur den anderen, sondern auch das Lieben selber. Er liebt auch sich als Liebenden und den anderen dafür, dass er ihn liebt. So verfangen sich auch die Liebenden leicht in narzisstischen Verstrickungen, gegen die die Wechselseitigkeit der Liebe nur einen schwachen Schutz bietet. Denn wenngleich kein Liebender will, dass ihn der andere nur deshalb liebt, weil auch er geliebt werden will, geht sein Bezug auf den anderen, wie Sartre gezeigt hat, doch von dem narzisstischen Prinzip aus, dass jeder geliebt werden will. Jeder *muss* sogar geliebt werden wollen, sonst kann er weder lieben noch geliebt werden, weder verführen noch verführt werden.

Insofern wäre auch hier, wie in der Freundschaft, Zuneigung ohne ein narzisstisches Liebesbedürfnis gar nicht vorstellbar. Während Freundschaften jedoch auf einer konkreten gemeinsamen Praxis beruhen, die Narzissten zur gegenseitigen Anerkennung und Rücksichtnahme zwingt und ihnen deutlich macht, dass ihr Glück Wohlwollen für den anderen voraussetzt, neigen Liebende dazu, die Auseinandersetzung mit dem anderen im Vorgriff ihrer Einbildungskraft zu überspringen und in ihrer Vorstellung eine Gemeinschaft herzustellen, die in der Praxis gar nicht gegeben ist. Damit droht allerdings der andere vom Partner zum bloßen Anlass der Liebe herabzusinken, an dem sich das Liebesgefühl zwar entzündet, dann aber für sich selbst brennt. Es ist das Verliebtsein in die Liebe, die Liebe um der Liebe willen, von der der Schlager singt und von dem aus sich eine Traditionslinie zurück bis hin zur höfischen Liebe und voraus bis zu den frustrierten Liebenden heute ziehen ließe.[246]

Die höfisch Liebenden bedürfen einander nur, um vom anderen in ihrer Leidenschaft entfacht zu werden und entfacht zu bleiben, weil diese Leidenschaft, in der sie sich selbst verzehren oder verbrennen wollen, das eigentliche Ziel ihrer Liebe ist. »Das Leiden, das mich befallen hat«, sagt der Dichter Chrétien de Troyes, »unterscheidet sich von allen anderen Leiden; es gefällt mir; ich habe Freude daran; mein Leiden ist das, was ich will und mein Schmerz ist mein Heil. Ich habe eigentlich gar nichts, worüber ich mich beklagen könnte, denn mein Leiden kommt aus meinem Willen, es ist mein Wollen, das zum Leiden wird, aber ich habe soviel Freude daran, dass ich mit Wonne krank bin.«[247]

Die prosaischer Liebenden sind nicht mit Wonne krank, sondern leiden bloß. Denn sie wollen sich nicht in der Liebe um der Liebe willen selbst verzehren, sondern suchen in der Liebe ein irdisches Glück, und sie meinen, dieses Glück dadurch zu finden, dass sie sich auf die Liebe des Liebens selbst kaprizieren. Davon versprechen sie sich die höchste Intensität des Gefühls und die Möglichkeit, ihre Leidenschaft ganz auszuleben, und müssen doch an der Erfüllung dieser Wünsche scheitern und notorisch frustriert werden, wie die Interviews von Illouz zeigen, weil ein bloßes Lieben um der Liebe willen entweder das Leiden an der Liebe kultivieren oder aber in die bekannten Pathologien des Narzissmus führen muss.

Vor diesen Pathologien sind Menschen in der Freundschaft besser gefeit als in der Liebe, denn dass niemand eine Insel ist, wie der Dichter John Donne sagt, sondern Teil einer Gemeinschaft, von der er abhängt, wird ihnen dort deutlicher als in der Liebe. In der Liebe hingegen, so die über Ernest Hemingway vermittelte Antwort der Bee Gees, sind wir Inseln im Strom.[248]

Anmerkungen

1 | Etwa Peter Sloterdijk, *Du musst dein Leben ändern. Über Anthropotechnik*, Frankfurt/Main 2009, aber auch schon früher, so z.B. in dem Interview mit Frans Boenders für die Sendung *Fundamenten* im niederländischen Fernsehen am 12.01.1987.

2 | So Sloterdijk zu Boenders, ebd.

3 | Wilhelm Schmid, *Philosophie der Lebenskunst. Eine Grundlegung*, 12. Aufl., Frankfurt/Main 2012, S. 113ff. Bei Foucault sind die Überlegungen verstreut. Einen Überblick geben Clemens Kammler und Gerhard Plumpe, »Antikes Ethos und postmoderne Lebenskunst. Michel Foucaults Studien zur Geschichte der Sexualität«, in: *Philosophische Rundschau*, 3, 1987, S. 186-194. Sie beziehen sich dabei u.a. auf Michel Foucault, *Der Gebrauch der Lüste. Sexualität und Wahrheit*, Bd. II, übers. v. Ulrich Raulff und Walter Seitter, Frankfurt/Main 1989. Ders., »Sex als Moral. Gespräch mit H. Dreyfus u. H. Rabinow«, in: *Von der Freundschaft als Lebensweise. Michel Foucault im Gespräch*, Berlin 1984, S. 69-83. Außerdem wäre zu nennen: Ders., *Ästhetik der Existenz. Schriften zur Lebenskunst*, Frankfurt/Main 2007.

4 | Eva Illouz, *Warum Liebe weh tut. Eine soziologische Erklärung*, Berlin 2012.

5 | Immanuel Kant, »Über den Gemeinspruch: Das mag in der Theorie richtig sein, taugt aber nicht für die Praxis«, (*Werksausgabe*, Bd. 11, hg. v. Wilhelm Weischedel, Frankfurt/Main 1977, S. 125-172, hier: S. 127f.)

6 | Alain Ehrenberg, *Das erschöpfte Selbst. Depression und Gesellschaft in der Gegenwart*, 6. Aufl., Frankfurt/Main 2008. Axel Honneth, »Organisierte Selbstverwirklichung. Paradoxien der Individualisierung«, in: Christoph Menke, Juliane Rebentisch (Hg.), *Kreation und Depression. Freiheit im gegenwärtigen Kapitalismus*, 2. Aufl., Berlin 2012, S. 63-80. Byung-Chul Han, *Müdigkeitsgesellschaft*, 7. Aufl., Berlin 2012.

7 | Illouz, *Warum Liebe weh tut.*, S. 50ff., 214f.

8 | Michel de Montaigne, »Von der Freundschaft«, in: Ders., *Die Essais*, hg. u. übers. v. Arthur Franz, Stuttgart 1969, S. 100-106, hier: S. 102 [Erstausgabe 1580].

9 | *Die drei von der Tankstelle* (Deutschland 1930, R: Wilhelm Thiele). Comedian Harmonists, *Ein Freund, ein guter Freund*, Electrola 1930.

10 | Für die große kulturelle Popularität des Themas spricht der Erfolg etwa der französischen Komödie *Ziemlich beste Freunde* (*Intouchables*, Frankreich 2011, R: Olivier Nakache, Eric Toledano), aber auch von Fernsehserien wie *Friends* (USA 1994-2004), *Scrubs* (USA 2001-2010) oder *How I Met Your Mother* (USA 2005-2013), die allesamt weltweit einige Hundert Millionen Zuschauer fanden. Die philosophische Literatur zum Thema beschäftigt sich hingegen vor allem mit historischen Texten und historischen Problemen. Einen Überblick gibt die Bibliographie in Andreas Schinkel, *Freundschaft. Von der gemeinsamen Selbstverwirklichung zum Beziehungsmanagement. Die Verwandlung einer sozialen Ordnung*, Freiburg 2003. Neuere Titel sind Katharina Münchberg, Christian Reidenbach (Hg.), *Freundschaft. Theorien und Poetiken*, Paderborn 2013; sowie die Publikationen des Graduiertenkollegs »Freunde, Gönner, Getreue« der Universität Freiburg. Einen Reader mit klassischen Texten hat Hans-Dieter Eichler erstellt: *Philosophie der Freundschaft*, hg. v. Hans-Dieter Eichler, Leipzig 1999. Für mich sehr fruchtbar waren Neera Kapur Badhwar, *Friendship. A Philosophical Reader*, Ithaka u. London 1993 und Jacques Derrida, *Politik der Freundschaft*, übers. v. Stefan Lorenzer, Frankfurt/Main 2002.

11 | Platon, »Lysis«, 223, übers. v. Friedrich Schleiermacher, in: Platon, *Sämtliche Werke*, Bd. 2, hg. v. Ursula Wolf, 33. Aufl., Reinbek bei Hamburg 2011, S. 11-36, hier: S. 36 [um 380 v. Chr.]. Platons Schriften zitiere ich immer auch nach der Paginierung der Ausgabe, die der Schweizer Drucker Henri Estienne (latinisiert Henricus Stephanus) 1578 veröffentlichte, weil diese (die so genannte Stephanus-Paginierung, hier also die Seite 223) in allen besseren Ausgaben verzeichnet ist und sich die Stellen so leicht auch in anderen Ausgaben wiederfinden lassen.

12 | Richard Sennett, *Der flexible Mensch*, Berlin 2006, Kap. 5.

13 | Niklas Luhmann, *Liebe als Passion. Zur Codierung von Intimität*, Frankfurt/Main 1985, S. 125.

14 | Illouz, *Warum Liebe weh tut*, S. 48f. Zum Wandel der Anerkennung in der Moderne vgl. ebd., S. 208ff.

15 | Ebd., S. 220f.

16 | Johann Wolfgang Goethe, »Wilhelm Meisters Wanderjahre«, in: Ders., *Werke*, Bd. VI, *Wilhelm Meisters Lehrjahre. Wilhelm Meisters Wanderjahre*, München 1973, S. 547-980, hier: S. 802 [1821/29].

17 | *Rebel Without a Cause* (USA 1955, R: Nicolas Ray).

18 | Die Ärzte, *Freundschaft ist Kunst*, Hot Action Records (Die Ärzte)/Universal, 2012.

19 | Christoph Menke, »Ein anderer Geschmack. Weder Autonomie noch Massenkonsum«, in: Ders. u. Rebentisch (Hg.), *Kreation und Depression*, S. 226-239, hier: S. 233.

20 | Oscar Wilde, *Das Bildnis des Dorian Grey*, übers. v. Siegfried Schmitz, Düsseldorf/Zürich 1972, S. 259 [1890/91].

21 | Glenn O'Brien, »The Style Guy's Guide to Friendship, Schmoozing, and Social Advancement«, *GQ*, April 2011.

22 | Jaap J.A. Denissen, David P. Schmitt, Lars Penke, Marcel A.G. van Aken, »Self-Esteem Reactions to Social Interactions: Evidence for Sociometer Mechanisms Across Days, People, and Nations«, in: *Journal of Personality and Social Psychology*, 95.1, S. 181-196.

23 | Robert Spaemann, *Glück und Wohlwollen. Versuch über Ethik*, Stuttgart 1989, S. 110f.

24 | Immanuel Kant, *Kritik der praktischen Vernunft*, A 130 (*Werksausgabe*, Bd. 7, hg. v. Wilhelm Weischedel, Frankfurt/Main 1974, S. 193) [1788]. Kants Schriften zitiere ich immer auch nach der Paginierung der ersten Auflagen, weil diese in allen besseren Ausgaben verzeichnet ist und sich so die Stellen leicht auch in anderen Ausgaben wiederfinden lassen.

25 | Aleida Assmann, »Freundschaft im Kommunikationszeitalter«, in: Münchberg, Reidenbach (Hg.), *Freundschaft*, S. 79-94, hier: S. 80.

26 | Jean M. Twenge and W. Keith Campbell, *The Narcissism Epidemic. Living in the Age of Entitlement*, New York 2009.

27 | »We mean by character psychological muscles that allow a person to control impulses and defer gratification, which is essential for achievement, performance and moral conduct.« Amitai Etzioni, *The Spirit of Community. The Reinvention of American Society*, New York 1993, S. 91.

28 | Eva Illouz, »Der Aufstieg des homo sentimentalis«, in: Dies., *Gefühle in Zeiten des Kapitalismus. Frankfurter Adorno-Vorlesung*, Frankfurt/Main 2004, S. 7-64.

29 | Byung-Chul Han, *Transparenzgesellschaft*, Berlin 2012.

30 | Jean-Jacques Rousseau, *Bekenntnisse*, übers. v. Ernst Hardt, mit einer Einleitung von Werner Kraus, Frankfurt/Main 1985, S. 37 [1781].

31 | Martin Voigt, *Mädchenfreundschaften unter dem Einfluss von Social Media. Eine soziolinguistische Untersuchung*, Frankfurt/Main 2015. Beate Wild, »Wenn Schulmädchen zu Lolitas werden«, *Süddeutsche Zeitung*, 30.11.2012.

32 | Illouz, *Gefühle im Zeitalter des Kapitalismus*, S. 7ff.

33 | Bruce Springsteen, *No Surrender*, Columbia Records 1984. Stephen King, *The Body*, New York, 1982. *Stand by Me* (USA 1982, R: Rob Reiner).

34 | *Frankie und seine Spießgesellen* (*Ocean's Eleven*) (USA 1960, R: Lewis Milestone), *Ocean's Eleven* (USA 2001, R: Steven Soderbergh).

35 | Tobias Rüther, *Männerfreundschaft*. *Ein Abenteuer*, Berlin 2013, S. 41.

36 | Rolf Grimminger, »Eros und Kultur. Über das Verschmelzen, Zerstören und Verzichten«, in: *Kursbuch*, 123, *Erotik*, März 1996, S. 101-118, hier: S. 105. Octavio Paz, *Die doppelte Flamme. Liebe und Erotik*, übers. v. Rudolf Wittkopf, 2. Aufl. Frankfurt/Main 1995, S. 14.

37 | Carl Schmitt, *Der Begriff des Politischen. Text von 1932 mit einem Vorwort und drei Corollarien*, Berlin 1994, S. 26f.

38 | Platon, *Lysis*, 220, *Sämtliche Werke*, Bd. 2, S. 33f.

39 | Ebd., S. 34.

40 | Georg Wilhelm Friedrich Hegel, *Grundlinien der Philosophie des Rechts. Werke*, Bd. 7, hg. v. Eva Moldenhauer u.a., Frankfurt/Main 1986, § 193 [1821].

41 | Friedrich Schiller, »Die Götter Griechenlands«, in: Ders., *Sämtliche Werke in fünf Bänden*, Bd. 1, hg v. Peter-André Alt u.a., München 2004, S. 193-169, hier: S. 169 [1788].

42 | Friedrich Schiller, »An die Freunde«, in: Ders., *Sämtliche Werke in fünf Bänden*, Bd. 1, S. 419-421 [1802].

43 | Johann Wolfgang Goethe, »Prometheus«, in: Ders., *Werke. Jubiläumsausgabe*, Bd. I, hg. v. Friedmar Apel u.a., Frankfurt/Main 1998, S. 60-62 [1772-74].

44 | Alois Hahn, »Zur Soziologie der Freundschaft«, in: Franz J. Felten u.a. (Hg.), *Institution und Charisma. Festschrift für Gert Melville zum 65. Geburtstag*, Köln 2009, S. 617-627.

45 | Arthur Schopenhauer, »Aphorismen zur Lebensweisheit«, in: Ders., *Zürcher Ausgabe. Werke in zehn Bänden*, Bd. 8, *Parerga und Paralipomena. Kleine philosophische Schriften*, hg. v. Claudia Schmölders u.a., Zürich 1977, S. 499 [1851].

46 | Ebd., S. 500.

47 | Sigmund Freud, »Zeitgemäßes über Krieg und Tod«, In: *Imago. Zeitschrift für Anwendung der Psychoanalyse auf die Geisteswissenschaften*, IV, 1915, S. 1-21, hier: S. 5.

48 | Claude-Adrien Helvétius, *Vom Geist*, Berlin/Weimar 1973, S. 315-320.

49 | Thomas Carlyle, *Die französische Revolution*, Bd. 1, übers. v. P. Feddersen, Paderborn 2015 (Nachdruck der Ausgabe Leipzig 1897) S. 57 [1837].

50 | Heinrich Heine, »Reinigung«, *Buch der Lieder*, Die Nordsee, 1. Zyklus, in: Ders., *Sämtliche Schriften*, Bd. 1, hg. v. Klaus Briegleb, 2. Aufl., München 1975, S. 194f., hier: S. 195 [1825-26].

51 | Kant, Metaphysik der Sitten, A 153, 158 (Werksausgabe, Bd. 8, hg. v. Wilhelm Weischedel, Frankfurt/Main 1977, S. 609, S. 612 [1798].

52 | Schopenhauer, »Aphorismen zur Lebensweisheit«, S. 499.

53 | Ebd., S. 500.

54 | How I Met Your Mother (USA 2005-2014, R: Carter Bays, Craig Thomas).

55 | Immanuel Kant, Anthropologie in pragmatischer Hinsicht, BA 44 (Werksausgabe, Bd. 12, hg. v. Wilhelm Weischedel, Frankfurt /Main, 1974, S. 444) [1798].

56 | Baltasar Gracián, Handorakel oder Kunst der Weltklugheit, übers. v. Arthur Schopenhauer, Stuttgart 1992, Aphorismus Nr. 32, S. 40 [1653].

57 | Gracián, Handorakel, Aphorismus Nr. 272.

58 | Gracián, Handorakel, Aphorismus Nr. 5.

59 | Gracián, Handorakel, Aphorismus Nr. 13.

60 | Gracián, Handorakel, Aphorismus Nr. 26.

61 | Der Pate – Teil II (The Godfather – Part II) (USA 1974, R: Francis Ford Coppola).

62 | Marcus Tullius Cicero, Laelius de amicitia / Laelius über die Freundschaft, lateinisch-deutsch, hg. v. Max Faltner, 3. verb. Aufl., München 1980, S. 70ff. [um 44 v. Chr.].

63 | Danielle Grider, »Barnabus ›Barney‹ Stinson: A Legen ... Wait for It ... Dary but Brief Character Analysis«, www.academia.edu/8495919/Barney_Stinson_Psychological_Perspective vom 5.12.2016.

64 | Art. »Empfinden«, in: Jakob u. Wilhelm Grimm, Deutsches Wörterbuch, Bd. 3, Leipzig 1862, Sp. 426-428. Art. »Ergetzen«, ebd., Sp. 820-822. Art. »Genießen«, ebd., Bd. 4, Leipzig 1897, Sp. 3454-3467.

65 | Vgl. Manfred Frank, Selbstgefühl. Eine historisch-systematische Erkundung, Frankfurt/Main 2002, S. 26-33.

66 | Kant, Anthropologie in pragmatischer Hinsicht, BA 44 (Werksausgabe, Bd. 12, S. 444).

67 | Kant, Kritik der praktischen Vernunft, A 155 (Werksausgabe, Bd. 7, S. 210).

68 | Ebd., A 156 (S. 210).

69 | Kant, Anthropologie in pragmatischer Hinsicht, BA 44 (Werksausgabe, Bd. 12, S. 444).

70 | Immanuel Kant, Eine Vorlesung über Ethik, hg. v. Gerd Gerhard, Frankfurt/Main 1990, S. 265 [etwa 1779].

71 | Immanuel Kant, Kritik der reinen Vernunft, B 348/A 292 (Werksausgabe, Bd.3, S. 307) [1781].

72 | Immanuel Kant, Die Religion innerhalb der Grenzen der bloßen Vernunft, B 74/A 68 (Werksausgabe, Bd. 8, S. 713) [1793/94].

73 | Römer 8, 38f., Lutherbibel 1984.

74 | Claude-Adrien Helvétius, *Vom Geist*, übers. v. Theodor Lücke, Berlin/ Weimar 1973, S. 315-320 [1758].

75 | Ebd., S. 317.

76 | Freundschaften werden hier verstanden als intime, nicht sexuelle und nicht familiäre Beziehungen. Die Untersuchung an Schimpansen ist C. Crockford u.a., »Urinary oxytocin and social bonding in related and unrelated wild chimpanzees«, in: *Proceedings of the Royal Society. B*, Band 280, Nr. 1755, 22.3.2013. Daran anschließend über Hunde: Teresa Romero u.a., »Oxytocin promotes social bonding in dogs«, in: *Proccedings of the National Academy of Sciences*, Bd. 111, Nr. 25, 24.6.2014, S. 9085-9090.

77 | John Locke, *Versuch über den menschlichen Verstand in vier Büchern*, Bd. 1, *Buch I und II*, übers. v. Carl Winckler, 5. durchges. Aufl., Hamburg 2006, S. 315 (Zweites Buch, Kap. 21, § 47) [1689].

78 | Thomas Reid, »The Liberty oft he Moral Agent« aus »Essays on the Active Powers«, in: Ders., *Inquiry and Essay*, Indianopolis 1963, S. 297-386 [1788].

79 | J. Fischer, M. Ravizza, *Responsibility and Control*, Cambridge 1998. Peter Bieri, *Das Handwerk der Freiheit*, München 2001, S. 80. Ansgar Beckermann, »Willensfreiheit aus kompatibilistischer Sicht«, in: Ders., *Aufsätze*, Bd. II, *Erkenntnistheorie, Philosophie und Wissenschaft, Willensfreiheit*, Bielefeld 2012, S. 267-287.

80 | Jean-Jacques Rousseau, *Discours sur l'origine et les fondements de l'inégalité parmi les hommes / Diskurs über den Ursprung und die Grundlagen der Ungleichheit unter den Menschen*, hg. v. Heinrich Meier, Paderborn u.a. 1984, S. 369-375 [1755].

81 | Dies und die folgenden: Mark Twain, *Huckleberry Finns Abenteuer*, übers. v. Lore Krüger, Berlin 2010, S. 282ff. [1884/85].

82 | Gefühle, sagt die Philosophin Sabine Döring, haben einen repräsentativen und evaluativen Charakter und bewerten ihren Inhalt im Hinblick auf eine ought-to-Relation, d.h., die Bewertung richtet sich danach, wie die Welt in den Augen desjenigen, der sie vornimmt, sein soll. Sabine Döring, »Warum emotional sein?«, in: Achim Stephan, Jan Slabi (Hg.), *Affektive Intentionalität*, Paderborn 2011, S. 127-143.

83 | Dies und die Folgenden: Luhmann, *Liebe als Passion*, S. 175.

84 | Chris Roberts, *Ich bin verliebt in die Liebe*, Polydor 1970.

85 | Luhmann, *Liebe als Passion*, S. 175.

86 | Sabine Döring, »Seeing What to Do. Affective Perception and Rational Motivation«, in: *Dialectica* 61, 2007, S. 363-394.

87 | Zur Abhängigkeit unseres Moralisch-Seins von unserem Wollen vgl. Ernst Tugendhat, *Vorlesungen über Ethik*, Frankfurt 1993, S. 29.

88 | Friedrich Nietzsche, *Die fröhliche Wissenschaft*, Fünftes Buch, Kap. 353, *Kritische Studienausgabe*, Bd. 3, hg. v. Giorgio Colli u. Mazzimo Montinari, Berlin 1999, S. 589f. [1887].

John Rawls, *A Theory of Justice*, Cambridge 1999 [1971].

89 | Siegfried Kracauer, »Über die Freundschaft«, in: Ders., *Über die Freundschaft. Essays*, hg. v. Karsten Witte, Frankfurt/Main 1971, S. 49f. [1917/18].

90 | Hannes Kuch, *Herr und Knecht. Anerkennung und symbolische Macht im Anschluss an Hegel*, Frankfurt, New York 2013, S. 60. Ich beziehe mich in meiner Darstellung von Hegels Begriff der Anerkennung im Folgenden auf die Interpretation von Kuch, ebd., S. 35-73.

91 | Georg Wilhelm Friedrich Hegel, *Phänomenologie des Geistes*. Werke, Bd. 3, hg. v. Eva Moldenhauer u. Karl-Markus Michel, Frankfurt/Main 1986, S. 144 [1807].

92 | Ebd., S. 150.

93 | Hans-Georg Gadamer, »Hegels Dialektik des Selbstbewußtseins«, in: Hans Friedrich Fulda u. Dieter Henrich (Hg.), *Materialien zu Hegels ›Phänomenologie des Geistes‹*, Frankfurt/Main 1973, S. 217-242, hier: S. 226f.

94 | Hegel, *Phänomenologie des Geistes*, S. 152.

95 | Ebd., S. 153f. (Im Einzelnen schildert Hegel das so und bezieht sich dabei auch auf den feudalen Kontext, in dem die Phänomenologie 1807 erschienen ist: Der Knecht beginnt für den Herrn zu arbeiten. Durch diese Arbeit verschafft er dem Herren Dinge, die dieser konsumiert. Damit manifestiert sich seine Anerkennung des Herrn. Zugleich wird aber auch dessen Herrschaft instabil. Denn der Herr, und hier scheint Hegel tatsächlich ganz konkret die alte Aristokratie vor Augen zu haben, arbeitet selber nicht, und wird so in der Befriedigung seiner Bedürfnisse vom Knecht abhängig. Damit kehrt sich das Verhältnis aus dem Zweikampf um. Den hatte der Herr gewonnen, weil er nicht am Leben und nicht am Konsum der Dinge hing, sondern sich von diesen Bedürfnissen so frei machen konnte, dass er sogar bereit war, für die Anerkennung des anderen sein Leben zu riskieren. Das war beim Knecht gerade umgekehrt. Nun aber, da der Herr seine Bedürfnisse nur durch den Knecht befriedigen kann, ist der Herr eben aufgrund dieser Bedürfnisse vom Knecht abhängig und der Knecht gewinnt dadurch Macht über ihn. Der Knecht verringert hingegen seine Abhängigkeit von der Welt, denn er macht sie sich durch seine Arbeit zu eigen. Damit gewinnt er Macht über die Welt der Dinge und eine neue Souveränität, die ihm im Zweikampf noch gefehlt hatte, was ihn damals zur Unterwerfung bewegte. Nun aber erweist »der Herr sich nach und nach als Knecht«, schreibt Kuch, und damit »erwächst zugleich der Knecht zum eigentlichen Herrn« (Kuch, *Herr und Knecht*, S. 57.). Im Kontext der feudalen Gesellschaft ist damit auch ein revolutionärer Impetus verbunden, denn die Herrschaft der Herren über die Knechte löst sich nach der Dialektik von Herr und Knecht in eine Gemeinschaft freier und gleicher Menschen auf, in der es keine Herren und keine Knechte im alten Sinne mehr gibt, sondern jeder Herr seiner selbst und Knecht des anderen ist.)

96 | Ebd., S. 62.

97 | Adolph Freiherr von Knigge, *Über den Umgang mit Menschen*, hg. v. Gert Ueding, Frankfurt/Main 1977, S. 207 [1788].

98 | Max Frisch, *Montauk*, Frankfurt/Main 1975, S. 50. Vgl. dazu auch Rüther, *Männerfreundschaft*, S. 172ff.

99 | Jean Paul,»Leben des Quintus Fixlein«, in: Ders., *Sämtliche Werke*, Bd. 4, hg. v. Norbert Miller, München 1963, S. 208ff. [1796].

100 | Hegel, *Grundlinien der Philosophie des Rechts*, §§ 207, 245.

101 | Derrida, *Politik der Freundschaft*, S. 396f.

102 | Alexandra,»Akkordeon«, auf: Dies., *Premiere mit Alexandra*, Philips 1967.

103 | Montaigne,»Über die Freundschaft«, S. 103.

104 | Jean-Bertrand Pontalis, *Nach Freud*, übers. v. Peter Assion u.a., Frankfurt/Main 1968, S. 49.

105 | Vgl. Menke,»Ein anderer Geschmack«.

106 | Kracauer,»Über die Freundschaft«, S. 59.

107 | Martin Hecht, *Wahre Freunde. Von der hohen Kunst der Freundschaft*, München 2006.

108 | Kracauer,»Über die Freundschaft«, S. 55.

109 | Johann Wolfgang Goethe,»Die Leiden des jungen Werthers«, Brief vom 16. Juni, in: Ders., *Jubiläumsausgabe*, Bd. 4, hg. v. Wilhelm Voßkamp u. Waltraut Wiethölter unter Mitarbeit v. Christoph Brecht, Frankfurt/Main 1998, S. 7-102, hier: S. 25f. [1774].

110 | Antoine de Saint-Exupéry, *Der kleine Prinz*, übers. v. Grete u. Josef Leitgeb, 63. Aufl., Düsseldorf 2006, S. 72 [1943].

111 | Friedrich Nietzsche,»Jenseits von Gut und Böse«, Neuntes Hauptstück, Nr. 268, in: Ders., *Sämtliche Werke. Kritische Studienausgabe in 15 Bänden*, Berlin 1999, Bd. 5, hg. v. Giorgio Colli und Mazzimo Montinari, S. 221f. [1886].

112 | Für alle, die sich jetzt fragen, was wir da gelesen haben: Es war Friedmar Apels Rezension von Siegfried J. Schmidts Buch *Kalte Faszination. Medien, Kultur, Wissenschaft in der Mediengesellschaft*, Weilerswist 2000, die unter dem Titel»Er hat den Hut auf« am 16.11.2000 in der *Frankfurter Allgemeinen Zeitung* erschienen ist.

113 | Honoré de Balzac, *Verlorene Illusionen*, hg. u. übers. v. Melanie Walz, München 2014, S. 267 [1837-39].

114 | Ernst Cassirer, *Philosophie der symbolischen Formen*, Bd. 3, 10. Aufl. [Reprografischer Nachdruck der 2. Aufl. 1954], Darmstadt 1994, S. 109 [1923].

115 | Ebd., Bd. 1, S. 43.

116 | Dieter Mersch,»Grammatik der Kultur. Ernst Cassirers Philosophie der symbolischen Formen als semiotische Theorie«, unveröffentlichter Vortrag auf der Internationalen Semiotischen Herbstakademie, Kiel 2003, S. 2.

117 | Johann Georg Hamann,»Aesthetica in Nuce. Eine Rhapsodie in Kabbalistischer Prose«, in: Ders., *Sämtliche Werke. Historisch-kritische Ausgabe*, hg. v. Josef Nadler, Bd. 2, *Schriften über Philosophie, Philologie, Kritik 1758-1763*, Wien 1951, S. 158-218, hier: S. 198 [1762].

118 | Laurentii Vallae, *Opuscula Tria*, Bd. 3, hg. v. Johannes Vahlen, Wien 1869, S. 150 [1540-43]. Im Original lateinisch. Die deutsche Übersetzung entstammt dem Exposé einer Münchner Tagung des Sonderforschungsbereichs 573 über»Humanistische und vernakulare Kulturen der *aemulatio* in Text und Bild (1450–1620)«.

119 | Jacques Derrida,»Signatur, Ereignis, Kontext«, in: Ders., *Randgänge der Philosophie*, übers. v. Gerhard Ahrens u.a., Wien 1988, S. 291-314.

120 | Immanuel Kant, *Eine Vorlesung über Ethik*, hg. v. Gerd Gerhard, Frankfurt/Main 1990, S. 263 [etwa 1779].

121 | Jürgen Habermas, *Strukturwandel der Öffentlichkeit. Untersuchungen zu einer Kategorie der bürgerlichen Gesellschaft*, Berlin 1962.

122 | Immanuel Kant,»Vorarbeiten zur Metaphysik der Sitten«, in: Ders., *Sämtliche Werke. Akademie Ausgabe*, Bd. 12, S. 410. Ders., *Metaphysik der Sitten*, §§ 46f. (*Werksausgabe*, Bd. 8, S. 608ff.). Ders.,»Eine Vorlesung über Ethik«, S. 261.

123 | Hans-Werner Bierhoff, *Sozialpsychologie. Ein Lehrbuch*, 6. Aufl., Stuttgart 2006, S. 74.

124 | Vgl. Albrecht Koschorke, *Körperströme und Schriftverkehr. Mediologie des 18. Jahrhunderts*, München 1999.

125 | Matthias Claudius,»Von der Freundschaft«, in: Ders., *Ausgewählte Werke*, hg. v. Walter Münz, Stuttgart 1990, S. 129 (Zuerst in der Zeitung *Der Wandsbecker Bote*, Nr. 150, 1770-1775).

126 | Johann Gottfried Herder, *Plastik*, Riga 1778, S. 14, S. 12. Moderne Ausgabe: Johann Gottfried Herder,»Plastik«, in: *Herders sämtliche Werke*, Bd. 8, hg. v. Bernhard Suphan, Berlin 1892, S. 116-163.

127 | Hans Blumenberg, *Beschreibung des Menschen*, aus dem Nachlass hg. v. Manfred Sommer, Frankfurt/Main 2014, S. 827.

128 | Ich übernehme diesen starken Erfahrungsbegriff von Bernhard Waldenfels, vgl. ders., *Phänomenologie der Aufmerksamkeit*, Frankfurt/Main 2004, S. 13f. Vgl. Ders., *Sinne und Künste im Wechselspiel. Modi ästhetischer Erfahrung*, Frankfurt/Main 2010, S. 31f.

129 | Martin Heidegger, *Sein und Zeit*, 18. Aufl., Tübingen 2001, S. 121ff. [1927].

130 | Emmanuel Bove, *Meine Freunde*, übers. v. Peter Handke, Frankfurt/Main 1981, S. 51 [1924].

131 | Im Original französisch: »Dans mon enfance on avait encore l'habitude de se faire des gants »sur mesure«; c'était une assez curieuse expérience que de tendre sa main au gantier. En lisant le dernier livre de Bove, ce souvenir tout entier m'est revenu, y compris le sentiment physique dans mes doigts exposés au calcul.« Rainer-Maria Rilke an Maurice Betz, 5. November 1925, in: Maurice Betz, *Rilke vivant. Souvenirs, lettres, entretiens*, Paris 1936, S. 221-225. Meine Übersetzung.

132 | Platon, *Symposion*; *Georgias*, 466d; *Charmides*, 1163. Emmanuel Levinas, *Totalität und Unendlichkeit. Versuch über Exteriorität*, übers. v. Wolfgang Nikolaus Krewani, 4. Aufl., Freiburg i. Br. 2002 [1961]. Vgl. Drew M. Dalton, »The Vaccination of the Infinite. Levinas' Metaphysical Desire and the Call of the Other«, *Journal for Culture and Religious Theory*, Bd. 11, Nr. 3, 2011, S. 22-29.

133 | Herman Melville, *Moby-Dick oder der Wal*, übers. v. Matthias Jendis, München 2001, S. 103f. [1851].

134 | Ebd., S. 33, S. 105f.

135 | Ebd., S. 108.

136 | Wilhelm Heinrich Wackenroder, *Werke und Briefe*, hg. v. Lambert Schneider, Heidelberg 1967, S. 280.

137 | Wackenroder an Tieck, 27.11.1792, ebd., S. 382f.

138 | Wackenroder an Tieck, nach dem 27.11.1792, ebd., S. 382ff.

139 | Melville, *Moby-Dick*, S. 109. Vgl. Herman Melville, *Moby-Dick. Or The Whale*, London 1973, S. 149.

140 | Zit.n. Joachim Dyck, »Freundschaft in Briefen. Gottfried Benn und F.W. Oelze«, in: Karlauf, *Deutsche Freunde*, S. 321-347, hier: S. 324.

141 | Ebd., S. 326.

142 | Ebd., S. 339.

143 | Ebd., S. 330.

144 | Ebd., S. 331.

145 | Kant, *Eine Vorlesung über Ethik*, S. 222.

146 | Erving Goffman, *Wir alle spielen Theater. Selbstdarstellung im Alltag*, übers. v. Peter Weber-Schäfer, mit einem Vorwort von Lord Ralf Dahrendorf, 14. Aufl., München 2014, S. 80 [1959].

147 | Friedrich Nietzsche, »Von der Erleichterung des Lebens«, in: Ders., *Menschliches, Allzumenschliches*, 5. Hauptstück, Nr. 279, *Kritische Studienausgabe*, Bd. 5, hg. Giorgio Colli u. Mazzimo Montinari, 10. Aufl., München 2012, S. 229 [1878].

148 | Gracián, *Handorakel*, Aphorismus Nr. 289.

149 | Ernest Hemingway, *Fiesta*, übers. v. Annemarie Horschitz-Horst, Hamburg 1963, S. 209 [1926].

150 | Shakespeare, *Heinrich IV.*, London 1598. Ich zitiere die Übersetzung von August Wilhelm Schlegel, Stuttgart 1978.

151 | Kuch, *Herr und Knecht*, S. 157.

152 | Jean-Paul Sartre, *Gesammelte Schriften*, Bd. 1, *Das Sein und das Nichts. Versuch einer phänomenologischen Ontologie*, übers. v. Hans Schöneberg u. Traugott König, Reinbek 1991, S. 467ff. [1943].

153 | Freud, »Zeitgemäßes über Krieg und Tod«, S. 5.

154 | Im Original spanisch: »Es la amistad un [...] cristal que hace el rostro semejante«, Pedro Liñan de Riaza, »A la amistad«, in: *Antología Catedra de Poesía de las Lettras Hispánicas*, hg. v. José Francisco Ruiz Casanova, 3. Aufl., Madrid 1998, S. 333 [um 1600]. Meine Übersetzung.

155 | Friedrich Nietzsche, »Der Mensch im Verkehr«, 6. Hauptstück, Nr. 300, in: Ders., *Menschliches, Allzumenschliches*, S. 240.

156 | Goffman, *Wir alle spielen Theater*, S. 67.

157 | Spaemann, *Glück und Wohlwollen*, S. 110f.

158 | Heidegger, *Sein und Zeit*, S. 118f.

159 | Ebd., S. 122.

160 | Bernhard Waldenfels, *Sozialität und Alterität. Modi sozialer Erfahrung*, Berlin 2015, S. 104ff.

161 | Ebd., S. 179f.

162 | Lawrence Blum, »Friendship as a Moral Phenomenom«, in: Neera Kapur Badhwar (Hg.), *Friendship. A Philosophical Reader*, Ithaca, London 1993, S. 192-210.

163 | Anthony Earl of Shaftesbury, »Die Moralisten. Eine philosophische Rhapsody«, in: Ders., *Der gesellige Enthusiast. Philosophische Essays*, hg. v. Karl-Heinz Schwabe, München 1990, S. 80-84 [1708].

164 | Kant, *Kritik der praktischen Vernunft*, A 212 (*Werksausgabe*, Bd. 7, S. 247).

165 | Honoré de Balzac, *Verlorene Illusionen. Roman aus der Provinz*, hg. u. übers. v. Melanie Walz, München 2014, S. 561. [1837-43].

166 | Ebd., S. 562.

167 | Knigge, *Über den Umgang mit Menschen*, S. 15, S. 331, S. 62.

168 | Ebd., S. 44.

169 | Ebd., S. 37.

170 | Ebd., S. 39.

171 | Ebd., S. 39.

172 | Ebd., S. 39.

173 | Marcel Proust, *Auf der Suche nach der verlorenen Zeit. Ausgabe in zehn Bänden*, Bd. 1, übers. v. Eva Rechel-Mertens, Frankfurt/Main 1979, S. 286ff. [1913].

174 | Ebd., S. 267f.

175 | Knigge, *Über den Umgang mit Menschen*, S. 39, 41.

176 | Ebd., S. 41.

177 | Ebd., S. 42.

178 | Glenn O'Brien,»The Style Guy's Guide to Friendship, Schmoozing, and Social Advancement«.

179 | Friedrich Nietzsche,»Der Mensch im Verkehr«, Nr. 300.

180 | Nietzsche,»Der Mensch im Verkehr«, Nr. 321.

181 | Jean-Jacques Rousseau, *Emile oder Über die Erziehung*, übers. v. Eleonore Sckommodau, Stuttgart 2004, S. 459.

182 | Friedrich Nietzsche,»Der Mensch im Verkehr«, Nr. 300.

183 | Bove, *Meine Freunde*, S. 58f., S.76f.

184 | Balzac, *Verlorene Illusionen*, S. 563f.

185 | Spaemann, *Glück und Wohlwollen*, S. 246ff.

186 | Ebd., S. 249.

187 | Knigge, *Über den Umgang mit Menschen*, S. 42.

188 | Heidegger, *Sein und Zeit*, S. 122f.

189 | Aristoteles, *Politik*, I, 9 1257b, Ders., *Nikomachische Ethik*, 1097 b20. Aristoteles' Schriften zitiere ich immer (auch) nach der Paginierung der ersten kritischen Gesamtausgabe, die Immanuel Bekker zwischen 1831 und 1837 herausgegeben hat, weil diese (die sogenannte Bekker-Paginierung) allen besseren Ausgaben verzeichnet ist und sich die Stellen so leicht auch in anderen Ausgaben wiederfinden lassen.

190 | Georg Simmel, *Gesamtausgabe*, Bd. 6, *Philosophie des Geldes*, hg. v. David H. Frisby u. Klaus Christian Köhnke, Frankfurt/Main 1989, S. 292ff. [1901].

191 | Zur Unterscheidung von natürlicher und sozialer, Rousseau sagt politischer Ungleichheit, vgl. Rousseau, *Diskurs über den Ursprung und die Grundlagen der Ungleichheit unter den Menschen*, S. 172.

192 | Aristoteles, *Rhetorik*, 1360b.

193 | Schopenhauer, »Aphorismen zur Lebensweisheit«, S. 345.

194 | Schmid, *Philosophie der Lebenskunst*, S. 113ff.

195 | Harry G. Frankfurt, »Uns selbst ernst nehmen«, in: Ders., *Sich selbst ernst nehmen*, hg. v. Debra Satz, mit Kommentaren v. Christine M. Korsgaard, Michael E. Bratman u. Meir Dan-Cohen, übers. v. Eva Engels, Frankfurt/Main 2007, S. 15-42.

196 | Ebd., S. 29.

197 | Baruch de Spinoza, *Sämtliche Werke*, Bd. 2, *Ethik in geometrischer Ordnung dargestellt*, übers., eingel. u . hg. v. Wolfgang Bartuschat, lateinisch-deutsch, Hamburg 1999, S. 468, S. 489 (*Ethik*, 4. Teil, Lehrsatz 52) [1677]. Bartuschat übersetzt Spinozas »acquiescentia in se ipso« mit dem heute leider missverständlichen Begriff »Selbstzufriedenheit«.

198 | Frankfurt, »Uns selbst ernst nehmen«, S. 34.

199 | Michel Foucault, »Eine Ästhetik der Existenz. Gespräch mit Alessandro Fontana«, in: *Von der Freundschaft. Michel Foucault im Gespräch*, S. 133-141, hier: S. 136.

200 | Platon, *Politeia*, 430d-435a, insbes. 431a, *Sämtliche Werke*, Bd. 2, S. 330-335.

201 | Zur Spannung zwischen der Freiheit und Beliebigkeit vgl. Juliane Rebentisch, *Die Kunst der Freiheit. Zur Dialektik demokratischer Existenz*, 2. Aufl., Berlin 2014, S. 47ff. u.ö.

202 | Aristoteles, *Nikomachische Ethik*, 1155b.

203 | Zu meiner Interpretation vgl. Jan Slaby, »Sklaven der Leidenschaft. Überlegungen zu den Affektenlehren von Kant und Hume«, in: A. Stephan, H. Walter (Hg.), *Natur und Theorie der Emotion*, Paderborn 2003, S. 287-308.

204 | Kant, *Anthropologie*, §§ 78ff. (*Werksausgabe*, Bd. 12, S. 600ff.).

205 | Kant, *Anthropologie*, § 78, (*Werksausgabe*, Bd. 12, S. 600).

206 | David Hume, *Ein Traktat über die menschliche Natur*, übers. v. Theodor Lipps, Hamburg 1973, S.153 [1738].

207 | Kant, *Kritik der praktischen Vernunft*, A 212 (*Werksausgabe*, Bd. 7, S. 247).

208 | Antonia Wagners, »Zehn goldene Regeln für den Sex unter Freunden«, *Bild*, 28.7.2011.

209 | Knigge, *Über den Umgang mit Menschen*, S. 208.

210 | *Family Guy*, Staffel 8, Episode 2, »Family Goy« (USA 2009).

211 | www.wikihow.com/index.php?title=Start-a-Friends-With-Benefits-Relationship&printable=yes

212 | Vgl. Albrecht Schöne, *Der Briefeschreiber Goethe*, München 2015, S. 385f.

213 | Zur Logik des Pornos vgl. Byung-Chul Han, *Agonie des Eros*, Berlin 2012, S. 22-25, S. 41-45.

214 | www.bangwithfriends.com/fuck

215 | *Friends with Benefits* (USA 2011, R: Will Gluck).

216 | Friedrich Schlegel, »Lucinde«, in: Ders., *Dichtungen. Kritische Neuausgabe*, 1. Abt., Bd. 5, hg. v. Hans Eichner, Paderborn 1962, S. 1-92, hier: S. 67 [1799].

217 | Atomic Kitten, *Whole Again*, Virgin Records 2001.

218 | Platon, *Symposion*, 189ff., übers. v. Friedrich Schleiermacher in: Platon, *Sämtliche Werke*, Bd. 2, S. 37-101, hier: S. 60ff., Zitate S. 64f., S. 193f. [um 380 v. Chr.].

219 | Paz, *Die doppelte Flamme*, S. 14.

220 | Illouz, *Warum Liebe weh tut*. Luhmann, *Liebe als Passion*.

221 | Stendhal, *Über die Liebe*, übers. v. Günther Steinig, Berlin 1999, S. 20ff. [1822].

222 | Schlegel, *Lucinde*, S. 67.

223 | Felicitas Hoppe, *Hoppe*, Frankfurt/Main 2012, S. 160.

224 | Rob Reiner, *When Harry Met Sally*, Castle Rock Entertainment 1989.

225 | Han, *Agonie des Eros*, S. 53ff.

226 | Ferdinand Fellmann, *Das Paar. Eine erotische Rechtfertigung des Menschen*, Berlin 2005, S. 67.

227 | Schlegel, *Lucinde*, S. 61.

228 | Montaigne, »Von der Freundschaft«, S. 103.

229 | Goethe, »Die Leiden des jungen Werthers«, S. 11.

230 | Grimminger, »Eros und Kultur«, S. 102 u. Ders., *Die Ordnung, das Chaos und die Kunst. Für eine neue Dialektik der Aufklärung*, mit einer Einleitung zur Taschenbuchausgabe, Frankfurt/Main 1990, S. 146.

231 | Slavoj Žižek, *Die gnadenlose Liebe*, übers. v. Nikolaus G. Schneider, Frankfurt/Main 2001, S. 51f.

232 | Montaigne, »Von der Freundschaft«, S. 102.

233 | Sartre, *Das Sein und das Nichts*, S. 656. John Lennon, »Love«, auf: Ders., *Plastic Ono Band*, Apple Records 1970. Vgl. dazu auch Luhmann, *Liebe als Passion*, S. 174.

234 | Luhmann, *Liebe als Passion*, S. 170ff., S. 183ff.

235 | Friedrich Nietzsche, *Also sprach Zarathustra. Ein Buch für alle und keinen*, Kritische Studienausgabe, Bd. 4, hg. v. Giorgio Colli und Mazzimo Montinari, Berlin 1999, S. 404 [1883-1885].

236 | Proust, *Auf der Suche nach der verlorenen Zeit*, Bd. 8, S. 2759ff.

237 | Sartre, *Das Sein und das Nichts*, S. 638ff.

238 | Ebd., S. 656. John Lennon,»Love«, auf: Ders., *Plastic Ono Band*, Apple Records 1970. Vgl. dazu auch Luhmann, *Liebe als Passion*, S. 174f.

239 | Montaigne,»Über die Freundschaft«, S. 103.

240 | Kracauer,»Über die Freundschaft«, S. 71f., S. 48.

241 | *Trauzeuge gesucht* (*I Love You, Man*) (USA 2009, R: John Hamburg).

242 | Diese Definition des Humors als»das umgekehrte Erhabene« findet sich bei Jean Paul, *Vorschule der Ästhetik*, n. d. Ausgabe von Norbert Miller hg., textkritisch durchgesehen und eingeleitet v. Wolfhart Henkmann, Hamburg 1990, S. 125, § 32 [1804, 2., hier zugrunde gelegte Ausgabe 1825].

243 | Stendhal, *Über die Liebe*, S. 310.

244 | Maurice Maeterlinck,»Fünfzehn Lieder. II«, in: Ders., *Gedichte*, übers. v. K.L. Ammer u. Friedrich von Oppeln-Bronikowski, Jena 1906, S. 49, S. 118

245 | Illouz, *Warum Liebe weh tut*, S. 372.

246 | Chris Roberts, *Ich bin verliebt in die Liebe*, Polydor 1970.

247 | Zitiert nach Denis de Rougemont, *Die Liebe und das Abendland*, übers. v. Friedrich Scholz u. Irène Kuhn, Gaggenau 2007, S. 40 [1938].

248 |»No man is an island, entire of itself; every man is a piece of the continent, a part of the main. If a clod be washed away by the sea, Europe is the less, as well as if a promontory were, as well as if a manor of thy friend's or of thine own were: any man's death diminishes me, because I am involved in mankind, and therefore never send to know for whom the bells tolls; it tolls for thee.« John Donne,»Meditation XVII«, in: Ders., *Devotions upon Emergent Occasions*, Cambridge 1923, S. 98 [1624]. Und in Antwort darauf Barry, Robin u. Maurice Gibb, *Islands in the Stream*, gesungen von Kenny Rogers und Dolly Parton, RCA Records 1984. Vermittelnd zwischen beiden stehen die Romane *Wem die Stunde schlägt* (*For Whom the Bell Tolls*, 1940) und *Inseln im Strom* (*Islands in the Stream*, posthum 1970) von Ernest Hemingway. Knapp zehn Jahre nach *Islands in the Stream*, nämlich in ihrer Single *For Whom the Bell Tolls* (Polydor 1993) haben die Bee Gees diesen Zusammenhang noch einmal vom Ende einer Liebe her beleuchtet: Während in der Freundschaft, wo wir keine Inseln sind, wie wir mit den Versen John Donnes sagen können, niemand fragen soll, wem die Stunde schlägt, weil sie immer auch ihm schlägt, schlägt sie in der Liebe, wo wir Inseln im Strom sind, wie die Bee Gees sagen, nur dem Verlassenen:»For you it's good-bye, for me it's to cry / For whom the bell tolls, for me«.

Philosophie

Les Convivialistes
Das konvivialistische Manifest
Für eine neue Kunst des Zusammenlebens
(herausgegeben von Frank Adloff und Claus Leggewie in
Zusammenarbeit mit dem Käte Hamburger Kolleg / Centre
for Global Cooperation Research Duisburg, übersetzt aus dem
Französischen von Eva Moldenhauer)

2014, 80 S., kart., 7,99 € (DE), ISBN 978-3-8376-2898-2
als Open-Access-Publikation kostenlos erhältlich
E-Book: ISBN 978-3-8394-2898-6
EPUB: ISBN 978-3-7328-2898-2

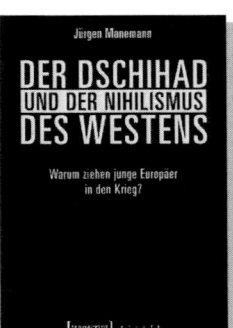

Jürgen Manemann
Der Dschihad und der Nihilismus des Westens
Warum ziehen junge Europäer in den Krieg?

2015, 136 S., kart., 14,99 € (DE),
ISBN 978-3-8376-3324-5
E-Book: 12,99 € (DE), ISBN 978-3-8394-3324-9
EPUB: 12,99 € (DE), ISBN 978-3-7328-3324-5

Hans-Willi Weis
Der Intellektuelle als Yogi
Für eine neue Kunst der Aufmerksamkeit
im digitalen Zeitalter

2015, 304 S., kart., 22,99 € (DE),
ISBN 978-3-8376-3175-3
E-Book: 20,99 € (DE), ISBN 978-3-8394-3175-7
EPUB: 20,99 € (DE), ISBN 978-3-7328-3175-3

**Leseproben, weitere Informationen und Bestellmöglichkeiten
finden Sie unter www.transcript-verlag.de**

Philosophie

Jürgen Manemann
Kritik des Anthropozäns
Plädoyer für eine neue Humanökologie

2014, 144 S., kart., 16,99 € (DE),
ISBN 978-3-8376-2773-2
E-Book: 14,99 € (DE), ISBN 978-3-8394-2773-6
EPUB: 14,99 € (DE), ISBN 978-3-7328-2773-2

Franck Fischbach
Manifest für eine Sozialphilosophie
(aus dem Französischen übersetzt
von Lilian Peter, mit einem Nachwort
von Thomas Bedorf und Kurt Röttgers)

Juli 2016, 160 S., kart., 24,99 € (DE),
ISBN 978-3-8376-3244-6
E-Book: 21,99 € (DE), ISBN 978-3-8394-3244-0

Claus Dierksmeier
Qualitative Freiheit
Selbstbestimmung
in weltbürgerlicher Verantwortung

Mai 2016, 456 S., kart., 19,99 € (DE),
ISBN 978-3-8376-3477-8
E-Book: 17,99 € (DE), ISBN 978-3-8394-3477-2
EPUB: 17,99 € (DE), ISBN 978-3-7328-3477-8